U0829852

国家出版基金项目
NATIONAL PUBLICATION FOUNDATION

21世纪中国城市图书馆丛书

深圳图书馆

SHENZHEN TUSHUGUAN

主 编 张 岩
副主编 王 林

天津大学出版社
TIANJIN UNIVERSITY PRESS

图书在版编目（CIP）数据

深圳图书馆／张岩主编．—天津：天津大学出版社，2017.11

（21世纪中国城市图书馆丛书）

ISBN 978-7-5618-5936-0

Ⅰ.①深… Ⅱ.①张… Ⅲ.①市级图书馆—介绍—深圳 Ⅳ.①G259.252.2

中国版本图书馆CIP数据核字（2017）第272819号

出版发行	天津大学出版社
地　　址	天津市卫津路92号天津大学内（邮编：300072）
电　　话	发行部：022-27403647
网　　址	publish.tju.edu.cn
印　　刷	北京华联印刷有限公司
经　　销	全国各地新华书店
开　　本	202mm×265mm
印　　张	25.5
字　　数	494千
版　　次	2017年11月第1版
印　　次	2017年11月第1次
定　　价	180.00元

凡购本书，如有缺页、倒页、脱页等质量问题，请与我社发行部联系调换

版权所有　侵权必究

“21 世纪中国城市图书馆丛书”编委会

主　任：吴慰慈

副主任：吴建中　李国新　张树俊

编　委：（以姓氏笔画为序）

于　婧　王云石　王宗义　李静霞　肖　平
宋兆凯　张　岩　范并思　林丽萍　赵淑梅
胡海荣　胥文哲　徐建华　徐益波　郭秀海
褚树青　潘　洁

主　编：吴建中

副主编：褚树青　徐建华

《深圳图书馆》编委会

主　　编：张　岩

副 主 编：王　林

编　　委：（以姓氏笔画为序）

马　婕　王　洋　李　璟
洪光宗　倪连红　蔡　箐

英文翻译：王　祎

英文审订：宋志强

"Series of China's City Libraries in the 21st Century" Editorial Board

Director: Wu Weici

Associate Director: Wu Jianzhong, Li Guoxin, Zhang Shujun

Editor: Yu Jing, Wang Yunshi, Wang Zongyi, Li Jingxia, Xiao Ping, Song Zhaokai, Zhang Yan, Fan Bingsi, Lin Liping, Zhao Shumei, Hu Hairong, Xu Wenzhe, Xu Jianhua, Xu Yibo, Guo Xiuhai, Chu Shuqing, Pan Jie

Chief Editor: Wu Jianzhong

Associate Editor: Chu Shuqing, Xu Jianhua

Shenzhen Library Editorial Board

Chief Editor: Zhang Yan

Associate Editor: Wang Lin

Editor: Ma Jie, Wang Yang, Li Jing, Hong Guangzong, Ni Lianhong, Cai Qing

Translator: Wang Yi

Proofreader: Song Zhiqiang

总 序

中华文化源远流长，历久弥新。中华优秀传统文化是我们最深厚的文化软实力，也是中国特色社会主义植根的文化沃土。要实现“两个一百年”的奋斗目标、实现中华民族伟大复兴的“中国梦”，就必须充分运用中华民族数千年来积累下的伟大智慧。图书馆作为文献机构，汇集了由中华文化五千年精华浓缩而成的一本本图书，具有极高的文化价值。自古代的藏书楼发展至今天的公共图书馆，图书馆的本体在不断生长和变化着，图书馆事业在党和政府的积极扶持下，蓬勃发展，呈现出一片欣欣向荣的景象。

与此同时，我国正在努力构建的公共文化服务体系，是中国特色社会主义事业总体布局的重要内容，是实现经济、政治、文化、社会协调发展战略布局的重大安排。公共文化服务体系的建设关系到最广大人民群众的利益，是促进社会和谐稳定、建构中华民族共有精神家园的重要保障。而公共图书馆服务体系作为其中的重要组成部分和支撑力量，在公共文化服务的标准化、均等化建设和公共文化网络的布局上有其天然优势，责无旁贷。现代图书馆虽然延续了传统图书馆的储存功能，但更加偏重于知识的传播。面向大众的公共图书馆以阅读为中心功能，跳出了传统的知识特权与垄断，实现了书籍和知识的社会化和民主化。在中国当今的图书馆事业中，最具活力的当推公共图书馆，而在公共图书馆之中，又以大中城市的图书馆最有特色。

城市图书馆总是与文化生活联系在一起。城市图书馆是隐藏在喧闹匆忙城市中安静隽永的一隅，巧妙融合传统文明与现代化都市时尚，镌刻属于一座城市的特有的文化印记。在这里，一缕书香、一次活动就将城市的文化生活唤醒了。市民们在图书馆中畅享活色生香的世俗生活与传统民族文化，感受着城市图书馆对于城市文化的保存与维护、传承与发扬。

城市图书馆及其体系是城市化进程中的重要一环。城市中由公共图书馆组成的公共图书馆服务体系和以公共图书馆等公共文化设施为重点构成的公共文化设施网络，是全面推进基本公共文化服务标准化与均等化的重要措施与手段。通过城市图书馆与公共图书馆服务体系建设推动现代公共文化服务体系的发展、提高公共文化服务效能，是当代中国图书馆的发展目标之所在。

城市图书馆是集中展示图书馆职业专业性的场所。图书馆职业从诞生至今一直与非专业化的职业刻板印象进行抗争，我国的图书馆员也在为职业形象的专业化不懈奋斗。好在这样的付出已经收获了回报，我国图书馆职业的专业性已经得到读者的广泛认同。这之间，城市图书馆与图书馆员功不可没。图书馆员将专业性融入图书馆的愿景、规划、改革举措、日常运行、读者活动之中，让市民体会着职业专业性为城市文化生活带来的亮色。

中国的城市图书馆是对外宣传的文化名片。提高国家文化软实力，是党和国家的一项重大战略任务。作为公共文化设施之一的城市图书馆，一直履行着夯实国家文化软实力根基的责任，使中华民族最基本的文化基因与当代文化相适应、与现代社会相协调。在本套丛书中，我们不难发现城市图书馆在此方面付出的努力，这也是我们想要通过本套丛书向外传达的信息。

“21 世纪中国城市图书馆丛书”第一批收录的 12 个图书馆是我国 21 世纪城市图书馆整体风貌的缩影，由南至北分布在近 10 个省，具有很强的代表性。这 12 个图书馆各具特色，在管理运营、文化活动、资源开发与服务等众多方面有许多创新之处被总结积累下来。值此“一带一路”倡议推广之际，双语版的形式能更好地将我国城市图书馆在 21 世纪的创新与特色与世界分享，将优秀文化传播出去，让更多的人了解中国的城市图书馆，进而了解中国。

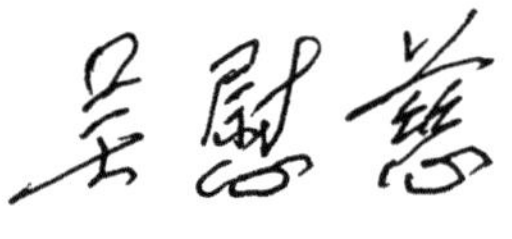

2017 年 9 月 20 日

General Preface

Chinese culture has a long and eternally renewed history. Excellent Chinese traditional culture is the most profound cultural soft power and the cultural fertile soil where the socialism with Chinese characteristics is rooted. In order to achieve "Two Centenary Goals" and realize the "Chinese Dream" of the great rejuvenation of the Chinese nation, we must make full use of the great wisdom that the Chinese nation has accumulated for thousands of years. The library, as the institution of literature, which has collected a large number of books involving the essence of Chinese culture with five thousand years, has high cultural value. The library has been evolving from the ancient library to the public library today. The librarianship, supported by the Communist Party of China (CPC) and Chinese government, shows a vigorous and flourishing trend.

At the same time, China is trying to construct a public cultural service system, which is an important part of the overall layout of the cause of socialism with Chinese characteristics and the important arrangement of the strategic layout to achieve the coordinated development of economy, politics, culture and society. The construction of the public cultural service system, closely related to the people's interests, is an important guarantee to promote social harmony and stability and build the common spiritual home of the Chinese nation. The public library service system, as an important part and supporting strength of the public cultural service system, has its own natural advantage and responsibility in the construction of standardization and equalization of public cultural services and the layout of the public cultural network. Although modern libraries retain the storage function of traditional libraries , they focus more on the spread of knowledge. With reading as the core function, public libraries are open to the public. They get rid of the traditional privilege and monopoly on knowledge and realize the socialization and democratization of books and knowledge. The most dynamic libraries in Chinese modern librarianship are public libraries , among which the ones in the large and medium-sized cities are the most distinctive.

City library is always associated with cultural life. As a quiet and meaningful place hidden in the noisy and busy city, city library offers a subtle blend of traditional civilization and modern urban fashion, engraved with the unique cultural mark belonging to a city. One book or one activity will wake up the cultural life of a city. Citizens in the library can enjoy the rich and colorful secular life and the traditional culture, and feel the efforts of the city library in preservation and maintenance, the inheritance and spread of urban culture.

City libraries and their system are an important part of the process of urbanization. The public library service system composed of public libraries in cities, and the public cultural facilities network focusing on the public cultural facilities such as public libraries, are the important measure and means to comprehensively promote the standardization and equalization of the basic public cultural services. To promote the modern public cultural service system and improve the efficiency of the public cultural services by constructing the service system of city library and public library is the goal of Chinese libraries.

City library is a place to intensively show the professionalism of the library profession. Since the birth of the library profession, it has been resisting against the non-professional stereotypes. Librarians also strive to establish a professional image. Fortunately, such efforts have been paid off. The library profession has been widely recognized by readers. City libraries and their librarians have made a great contribution to it. Librarians integrate the professionalism into the vision, planning, reform initiatives, daily operation and reader activities of their libraries, so that the public are able to enjoy the beauty of urban cultural life created by the professionalism.

City library in China is a cultural card for publicity. Improving the national cultural soft power is a major strategic task of the CPC and the nation. City library, as one of the public cultural facilities, has been performing the duty to consolidate the foundation of the national cultural soft power, and coordinate the most basic cultural genes of the Chinese nation with contemporary culture and modern society. It is not hard to find the great efforts of city libraries, which we want to spread through the series.

12 libraries of the first batch included in "Series of China's City Libraries in the 21st Century" are the epitome of the overall scene of China's city libraries in the 21st century. From the South to the North, they are distributed in nearly 10 provinces and have strong representativeness. These 12 libraries with their own characteristics have a lot of innovations in various aspects such as management and operation, cultural activities, resource development and service. On the occasion of promoting the Belt and Road Initiative, the bilingual version will be helpful in sharing the innovations and characteristics of China's city libraries in the 21st century with the world, and spreading the excellent culture, trying to enable more people to know China's city libraries and to know China well.

Wu Weici

Sept. 20, 2017

目 录

历史篇

服务篇

CONTENTS

CONTENTS

Library Collection

历史篇

01

第一章 深圳的历史与文化

深圳又名鹏城，地处广东省南部，珠江三角洲东岸，依山面海，东临大亚湾与大鹏湾，西至珠江口伶仃洋与中山市、珠海市相望，南至深圳河与香港毗邻，北与东莞市、惠州市接壤，全市总面积约2020平方公里。深圳是一座新兴移民城市，是一座因改革开放而闻名于世的城市，更是一座因热爱阅读而受人尊敬的城市。来到深圳，走进深圳的图书馆，可以感受到这座城市浓厚的文化气息，感受到它澎湃的生命律动。深圳图书馆和深圳市“图书馆之城”的建设，记载着文化对深圳这座城市的灵魂塑造。深圳三十多年的历史，不仅创造了经济的奇迹，也正在创造着文化的奇迹。

鹏城新貌

第一节

从南部边陲到移民都市

深圳的经济特区发展史只有 30 余年，但深圳却有着 6700 多年的人类活动史。新石器时代中期就有原住居民繁衍生息在深圳土地上，留下了咸头岭新石器时代遗址、大梅沙古遗址等文化遗址。位于南山区的屋背岭商代遗址更是岭南地区目前发现及发掘的规模最大的商代墓葬群。

自秦代始，深圳即属南海郡（郡治广州）。深圳地处海滨，制盐业发达，公元前 118 年，西汉在南海郡设置番禺盐官。东晋咸和六年（331 年），朝廷置辖地六县的东官郡，郡治在宝安县。位于今宝安沙井的“岭南人文始祖”——晋人黄舒的墓就是较早的深圳名人墓。

深圳在宋朝时期即是南方海路贸易的重要枢纽，属于广州香山县。元代隶属广州路，明代隶属广州府。明万历元年（1573 年），明朝政府扩建东莞守御千户基地，建立新安县，并建县治于南头，辖地包括今天的深圳市及香港区域。清代隶属广肇罗道广州府。鸦片战争后，原属新安的香港岛、九龙半岛、新界等地陆续被英国占领和管辖，深圳与香港从此分治。

民国 3 年（1914 年），新安县复称宝安县，县治仍在南头。抗日战争时期，南头沦陷，宝安县政府临时迁往东莞县。1953 年，宝安县治东迁至距南头 10 公里外的深圳墟。

一、南头古城

南头古城（又名新安故城）地处珠江入海口东岸。自东晋成帝咸和六年（331 年）设立东官郡治，东官郡治和宝安县治同在今南头古城一带。唐设立的屯门镇，镇治就设

南头古城新安县衙

在南头，至明、清，南头古城包括屯门镇与新安县，成为岭南沿海地区的行政管理中心、海防要塞、海上交通和对外贸易的集散地。

南头古城现存遗址始建于明洪武二十七年（1394 年），是明代海防要塞——东莞守御千户所城变迁而来，亦是自明万历元年设新安县县治之所在。南头古城现存较为完整的历史文物景点有东莞会馆、海防公署、新安关帝庙（又称南头关帝庙）、新安古城南城门、南头信国公文氏祠等。

二、大鹏所城

大鹏所城位于大鹏半岛险要处，始建于明洪武二十七年（1394 年），占地约11 万平方米。

深圳大鹏所城南门

大鹏所城是明清两代的海防军事要塞，城内留下了一批建于清代的将军府第，其中尤以清嘉庆、道光年间的广东水师提督赖恩爵“振威将军第”规模最大，保存基本完整。古城内近 10 万平方米的明清民居建筑群古色古香，综合了广府和客家民居的特点，保存了大鹏仓、天后宫、烟墩遗址等一批古迹。村民一直沿用大鹏话这一独有语言，并保留了牛神节、对唱山歌、嫁娶等独特民俗。

三、岭南文化与客家文化建筑

地处南部边陲的深圳较好地保留了岭南文化与客家文化。

坪山大万世居

宋文天祥后人留居岭南，现存于世的岭南文化的典型代表主要有松岗镇东方大村的文氏宗祠（留有弥足珍贵的《宝安文氏族谱》）、南头信国公文氏祠、深圳唯一保存完好的古村落——凤凰古村等。

客家围屋是汉族客家文化中著名的特色民居。清康熙年间“迁海复界”（1666—1669）后，大量客家人由粤东涌入，客家人修建的围屋式民居也随之遍布各地，主要分布在今龙岗区的布吉、横岗、龙岗、坪山、坪地、坑梓、葵涌等地，此外，盐田区以及宝安的观澜、石岩也有一部分。坪山大万世居、鹤湖新居、三面环水的龙田世居等围屋至今保存较为完整，其中鹤湖新居是我国目前规模最大的客家民居建筑群之一。

四、经济特区

1979 年 3 月，撤宝安县设立深圳市；11 月，深圳市改为地区一级省辖市。1980 年 8 月 26 日，第五届全国人大常委会第十五次会议决定，同意在广东省深圳、珠海、汕头和福建省厦门市设置经济特区，批准了《中华人民共和国广东省经济特区条例》。深圳经济特区正式成立，地域包括今罗湖、福田、南山三个区。1981 年 3 月，深圳市升格为副省级市。1988 年 11 月，国务院批准深圳市在国家计划中实行单列，并赋予其相当于省一级的经济管理权限。1992 年 2 月，全国人大常委会授予深圳市人民代表大会及其常委会、市政府制定地方法律和法规的权力。2010 年 5 月 31 日，中央批准深圳扩大经济特区版图的申请，深圳特区范围延伸至全市，特区总面积由 395 平方公里扩容为 1948 平方公里，接近香港面积的两倍。

目前，深圳共有罗湖、福田、南山、盐田、宝安、龙岗六个市辖行政区和光明、坪山、龙华、大鹏四个市辖功能区，下辖 57 个街道 792 个居委会。

深圳自建立经济特区以来，一直保持着经济的高速发展，全市经济总量从最初的 1.96 亿元发展到 2014 年的 1.5 万亿元，人均可支配收入达到 4 万多元，创造了“世界工业化、城市化、现代化史上的奇迹”。

三天盖一层楼的“深圳速度”、发行新中国第一支股票、敲响中国土地拍卖“第一槌”……深圳作为改革开放的“试验田”和“窗口”，以 30 多年的创新和实干不断探索中国可持续发展的道路，成为中国与世界交往的重要门户。

第二节

“十大观念”彰显城市精神

深圳的发展离不开观念的变革。在迎接深圳经济特区建立30周年之际，深圳举办了“深圳最有影响力十大观念”的评选活动，全民投票产生了“时间就是金钱，效率就是生命”“空谈误国、实干兴邦”“敢为天下先”“改革创新”“让城市因热爱读书而受人尊重”“鼓励创新，宽容失败”“实现市民文化权利”“送人玫瑰，手有余香”“深圳，与世界没有距离”“来了就是深圳人”的十大观念。每一个观念的产生都是不同时代、不同发展阶段社会思潮的总结。十大观念的形成彰显了深圳发展的原动力，成为最有代表性、最能反映深圳精神的观念，折射着当代深圳乃至当代中国的精神，也为转型期的中国提供了更富冲击力、创造性、多元化的思想资源。

一、城市文化战略

深圳，不仅是当代改革开放精神的标志和践行者，更以“保障市民文化权利”和“弘扬国家文化主权”为基点，以高度的文化自觉、文化自信、文化自强精神，在全社会倡导创新型、智慧型、力量型城市主流文化，试点文化体制改革，坚持推广全民阅读，推进文化惠民，打造城市文化的精神高地。

特区成立的初期，深圳市政府就下决心采取特殊措施加快文化建设，加大地方财政投资文化建设的比例，从1982年起，连续三年都将地方财政收入的三分之一用于文化建设。深圳图书馆、深圳大学、深圳博物馆等八大文化设施拔地而起，成为特区的标志性建筑。进入20世纪90年代，邓小平同志南方谈话之后，全国掀起了改革开放热潮。深圳经济特区以增创新优势为指导，通过发展高新技术产业实现新的飞跃，在社会经济和文化生态建设领域实现了跨越式发展，建成了深圳图书馆新馆、深圳书城、关山月美术馆等新六大重点文化设施。

进入21世纪，深圳确立了“文化立市”“文化强市”的发展战略，确定了建设“钢琴之城”“图书馆之城”“设计之都”的目标。2005年，深圳市政府提出深圳将把文化产业作为第四大支柱产业来发展，文化产业将与高新技术、物流、金融三大产业一起，共同构成建设和谐深圳、效益深圳的支柱。在“文化立市”“文化强市”发展战略目标的指导下，深圳对文化事业的投入逐年增长，近年来年均增长率达到16%。

如今，深圳“文化立市”“文化强市”战略全面开花结果：在新的中心区，深圳图书馆、深圳音乐厅、博物馆、少年宫、深圳书城中心城等重点文化设施开放并取得巨大效能；“深圳读书月”“中国（深圳）国际文化产业博览会”“市民文化大讲堂”等大型文化活动已成为全国知名品牌；深圳成为全国文化体制改革试点城市。2008年，联合国教科文组织授予深圳“设计之都”称号；2009年，深圳入围世界“最受尊重的知识城市”；2012年，统一服务基本实现，“图书馆之城”建设全城“一个图书馆”的目标初具规模；2013年，联合国教科文组织向深圳颁发“全球全民阅读典范城市”证书；2014年，由中国社会科学院发布的《中国城市竞争力报告2014》蓝皮书指出深圳城市竞争力紧随香港，在中国排名第二。

深圳图书馆成为中心区文化地标（左前）

二、来了就是深圳人

深圳是一座移民城市，95% 以上的人口来自全国各地，来自五湖四海的人群怀揣着各自的梦想和追求，形成了创新、多元、包容的特区文化。

在深圳，社会主义核心价值观、岭南文化与本土文化融合着西方文化、中原文化和港台文化，成就了精英文化和大众文化的繁荣，同时也兼容并包容边缘文化，在传统文化和现代文明之间形成了较好的结合点。

以大家乐舞台为标志的打工文化、以明华轮和明斯克航母为代表的海洋文化、以大芬村为代表的文化创意产业、以文博会和高交会为代表的创新文化……这种多元共存、丰富多样的文化特性，使得深圳开拓创新、务实竞争、高效进取，促进了深圳文化创新事业发展；形成了“大鹏鸟”“开荒牛”“红树林”等精神符号；深圳是全国义工最多、义务献血最多的城市……

而今，“深圳人”不再仅仅是一个简单的户籍观念，而是一种共同的身份认同，一种对深圳“多元、包容”元素的深刻体验。而这种对城市文化的认同，更使得所有深圳人自发地、用真实的行动去奋斗，去拼搏，去接纳。深圳接纳了来自世界各地、文化迥异的上千万人，为他们提供了大展宏图的舞台。

三、城市因阅读而改变

深圳坚持将阅读从“高贵的坚持”转为市民的文化“幸福享受”，致力于营造书香社会。

2000 年，由深圳市政府相关单位主办、深圳出版发行集团总承办、深圳图书馆等 30 多家单位共同承办的首届“深圳读书月”开幕。“深圳读书月”以“阅读 · 进步 · 和谐”为总主题，每年 11 月围绕特定的主题组织开展各类读书文化活动，成为深圳文化阅读的盛宴。参加人次从首届的 170 余万，增至 2014 年的上千万。“深圳读书月”提高了城市的影响力与文化品位，有力推动了全民阅读，也给城市发展战略、文化研究及创意城市建设提供了很多新的思考和借鉴。

2014 年“读书月”活动之王京生对话白岩松

为鼓励文化创意，自 2005 年始，深圳在每年的 12 月举办“创意十二月”活动，吸引国内外创意文化产业领域的众多专家学者参加，成为创意设计行业的重要活动之一。“创意十二月”见证了深圳文化产业的迅猛增长，在深圳掀起了文化创意的风潮。

“深圳关爱行动”是以提高外来工、农村城市化居民和青少年素质为重点开创出的一个新型社会救助模式，也为缩小信息鸿沟，推广特殊群体阅读提供了契机和平台。深圳各界踊跃参与关爱行动，深圳图书馆也与关爱行动组织者密切合作，不仅提高了对市民的服务能力，更将关爱行动辐射到深圳以外的贫困、边远地区。

图书馆工作人员在帮助视障人士使用电脑

“深圳读书月”“创意十二月”“深圳关爱行动”等城市文化举措促进了市民公共文化权利的落实，在全社会营造出良好的阅读氛围，提升了市民文化归属感和城市认同感。随之而来的是市民在阅读量、阅读时间方面的增长和阅读热情的显著提升，涌现出一大批具有榜样力量的阅读达人和“优秀书香家庭”。

深圳市、区公共图书馆是推进全民阅读的重要场所。早在 1998 年，时任深圳图书馆馆长、市政协委员的刘楚材提交了一份建议开办“深圳读书节”的提案，引起市相关部门的高度重视，直接推动了“深圳读书月”的产生。市、区图书馆一方面大力推进城市图书馆网络建设，联合打造以“均等化、一体化”为目标的“图书馆之城”，让市民在城市文化发展中受益，共同享受改革开放的成果；另一方面，每年直接组织数以千计的各种形式的阅读推广活动，发挥了图书馆的文献资源优势、空间优势与专业性优势，产生了广泛的社会影响。

在深圳，各种民间力量也成为弘扬阅读风气、引领阅读风尚的重要参与者。阅读逐渐由政府引导走向民间自觉，各类民间读书组织大量涌现，蓬勃发展，并与图书馆、书城等文化场所合作互动，优势互补。

在深圳，阅读越来越成为市民的一种文化需要，越来越多的人通过阅读“用大气压制浮躁，用优雅驱除粗俗”，整座城市的内涵与气质获得了提升，也因此越来越优美、文明、和谐、宜居。

第三节

“文化 + 科技”的图书馆发展之路

城市图书馆具有精神家园、城市教室的功能，它在高度发展的城市中创造了一个宁静而和谐的学习环境，在数字网络环境中仍然是广大市民学习教育和文化休闲的重要选择。

特区设立后，作为深圳市首批八大文化设施之一、位于红荔路的深圳图书馆馆舍一经开放即广受读者欢迎，在深圳掀起了读书热潮；位于市中心区的新馆建成后，旗帜鲜明地打出“开放、平等、免费”口号，倡导图书馆基本服务全免费，成为全国公共文化场所免费开放的引领者。

文化的创新追求离不开科技的支撑。以人文关怀为核心，以现代科技为手段，深圳图书馆及深圳市“图书馆之城”建设不断改变着图书馆服务和管理的固有模式，推动了整个图书馆行业服务理念的变革和图书馆现代化的进程，也为深圳市建立健全公共文化服务体系做出了重大贡献。

一、宝安县图书馆

深圳图书馆的前身是宝安县图书馆。中华人民共和国成立后，宝安县文化馆图书室（1951—1962）建立。1962 年起改名为宝安县图书馆。1975 年宝安县图书馆从县文化馆独立出来，利用几间馆舍和有限的馆藏开展服务。

二、“一片开放的绿洲”

1979 年 10 月，因宝安县改建为市，宝安县图书馆易名为深圳市图书馆，地址为解放路151号。

1983年11月12日，在荔枝公园旁的新址上打下了深圳市图书馆桩基工程的第一根混凝土桩；1984年更名为深圳图书馆；同年，深圳市政府下发了《批转市文化局〈关于做好特区地方文献资料征集工作的报告〉的通知》(深府办〔1984〕127号)，为特区文献中心资源建设提供了政策保障。深圳市领导也做出了重要指示：“深圳图书馆应加强港台文献资料收藏与交流，发挥桥梁和窗口作用。深圳图书馆应该是深圳地区图书馆事业的母体，应对特区各图书馆起指导协调和中心作用。(图书馆）应当形成一个有机的整体，而不是孤立地各自为政。”

坐落在荔枝公园旁的深圳图书馆

1986年12月20日，坐落在荔枝公园旁造型美观、风格独特的深圳图书馆正式开放。深圳图书馆吸收了国际现代图书馆的服务理念，在全国率先推行“藏、借、阅一体化”服务模式，提供开架借阅服务，免证进馆，全面采用自行研制的“实时多用户计算机光笔流通管理系统”，每本馆藏图书有了唯一的条形码，每种馆藏图书有了基本的书目数据。1987年6月，“实时多用户计算机光笔流通管理系统”通过文化部技术鉴定，这也是文化部在图书馆界举行的首次部级鉴定会。

“藏、借、阅一体化”模式掀起读书热

深圳特区报
周日特刊
一片开放的绿洲
——深图迈向“大图书馆”纪实
周日 特写

1996 年 12 月 22 日《深圳特区报》专题报道

深圳图书馆吸取国内外先进经验，不断创新图书馆服务。1992 年 11 月，剪报服务中心正式成立，成为公共图书馆为政府企事业单位开展信息服务的典型模式。1994 年 8 月，“时装图书馆”开放服务，成为具有地区特色的专题图书馆。1998 年 4 月，与深圳市数据通信局合作建设的“多媒体阅览室及 Internet 俱乐部”对外服务，成为国内较早提供互联网服务的电子阅览室。2000 年 12 月，“法律图书馆”开馆并接待读者……

深圳图书馆的迅速发展为市民所称道，为业界所瞩目，被赞誉为“一片开放的绿洲”。

三、“最繁忙的图书馆”

1998 年 12 月，作为深圳中心区六大重点工程之一的深圳文化中心（中心图书馆 · 音乐厅）奠基。2000 年 7 月，深圳文化中心主体工程开工。2006 年 7 月，深圳图书馆新馆（即深圳文化中心的中心图书馆）开馆服务，成为深圳市重要的城市文化标志性建筑。

深圳图书馆新馆位于深圳市行政文化中心区内风景秀美的莲花山南面，总建筑面积近

位于莲花山脚下的深圳图书馆新馆舍

5 万平方米，读者座席 2040 个。主体建筑风格极具现代气息：图书馆大厅的“银树”造型寓意文化森林；南侧的三栋黑色放射性建筑状若三本翻开的图书；东面柔美变化的水幕和三维玻璃曲面犹如委婉韵律的竖琴。从莲花山鸟瞰，图书馆在阳光下熠熠生辉，可谓刚柔并济，煌煌大观。

进馆读者日均过万 城乡处处能借能还

深圳图书馆缘何“全球最繁忙”

2013 年 7 月 31 日《人民日报海外版》对深圳图书馆的报道

馆内座无虚席

开馆瞬间

深圳图书馆新馆秉承“服务立馆、技术强馆”的理念，践行“开放、平等、免费”的公共图书馆精神，全面实行计算机化管理，全面推行自助服务，塑造多彩的文化空间，开展丰富的读者活动，为市民提供多元化的服务和交流平台……

深圳图书馆每天读者接待量超过万人，每逢周末和节假日，来馆的读者更是成倍增长。年轻的深圳图书馆已成为深圳最为繁忙的文化场所，成为文化深圳的一个重要标志和名片。

四、“中国图书馆自动化的骄傲”

1988 年，受文化部委托，深圳图书馆联合全国 8 个省级图书馆开始共同研制“图书馆

新一代数字图书馆系统 ILAS III

自动化集成系统（ILAS）”。该系统成为最早的国产图书馆自动化软件系统之一，在深圳图书馆和几个合作图书馆全面应用后，于 1991 年 11 月通过文化部鉴定。为推进 ILAS 的持续升级、推广，打造国产图书馆自动化系统品牌，深圳图书馆成立了“深圳市科图自动化新技术应用公司”，组建起一支专业化的技术研发与应用团队。ILAS 软件从 1.0 升级到 5.0 版本只用了 3 年的时间，在推动深圳图书馆业务全面发展的同时，加快了全国图书馆自动化的发展进程，ILAS 系统用户数量快速增长。进入 20 世纪 90 年代后期，以图书馆自动化网络系统（ILAS II）为核心的公共版、大学版、BIG5 版、Unicode 版相继问世，形成了功能齐备的行业软件产品系列，综合技术指标始终保持国内领先水平。文化部教科司和图书馆司于 1998 年 5 月联合召开新闻发布会，ILAS 的推广与应用达到了一个新的高潮，用户数量迅速突破 4000 家。目前，新一代数字图书馆系统 ILAS III 已投入应用，成为国产现代化的大型图书馆综合应用系统。

1998 年，随着图书馆编目工作的广泛开展，深圳图书馆又成功研制出 ILAS 的配套产品——联合采编网络系统（UACN）。UACN 的诞生，有力促进了各地区采编中心和编目中心的建立和发展，各地先后建成了具有一定规模的联合书目数据库，逐步代替传统卡片式目录，提高了图书馆采编工作效率和分编工作的标准化程度，面向读者的联机公共目录查询系统（OPAC）走向普及，奠定了区域文献资源合理布局、共建共享的基础。2000 年 12 月，以 UACN 为支撑，深圳图书馆牵头并联合湖南图书馆、福建省图书馆、上海图书馆、天津图书馆、辽宁省图书馆，在“各取所长、整体发展、服务业界、共同面向社会”的指导思想下，建立了一个非营利性的地方版文献联合采编协作网（CRLNet），网络中心设在深圳图书馆。CRLNet 在平等协

1999 年通过文化部鉴定的联合采编网络系统（UACN）在全国被广泛采用

作、互利互惠的基础上，建立起实时上下载制度、上载登记制度、持证编目员制度、中心质量控制制度等一系列技术保障措施。深圳图书馆不仅为地区采编协作提供了平台，而且形成了全面性采编合作的范例，同时也成为 CRLNet 的直接受益者，回溯书目数据覆盖率超过 90%，新出版书目数据覆盖率可达 70%。2005 年，CRLNet 荣获首届“文化部创新奖”。

ILAS 是我国图书馆自动化的知名品牌，其诞生和发展极大地推动了我国图书馆自动化、网络化进程，促进了我国图书馆业务工作的规范化、标准化，避免了重复开发，减少了昂贵的国外同类系统的引进，通过竞争促进了国内同类系统的发展，提高了我国图书馆自动化软件系统的整体水平。ILAS 先后荣获“国家科技进步奖”“文化部科技进步奖”“文化部优秀科技成果推广应用奖”等 11 项大奖，在第 62 届国际图联大会展出时，ILAS 被誉为“中国图书馆自动化的骄傲”。

ILAS 先后获得 11 项大奖

第四节

城市图书馆网建设

进入21世纪，构建完善的公共文化服务体系已成为政府文化事业建设的重要内容，政府更加关注公民公平的信息获取与文化权利。

一、公共图书馆网络

图书馆数量及人均藏书量是城市文化发展的重要指标之一。深圳市政府始终致力于发展公共图书馆网络，把建设资源丰富、服务便捷的“图书馆之城”作为深圳的特色文化来加以规划和实施。

深圳市文化局为全面推进“文化立市”发展战略，以文化带动整个城市的发展，推进全市图书馆事业的升级，根据文化部、财政部《关于实施全国文化信息资源共享工程的通知》（文社图发〔2002〕14号）、深圳市政府《关于印发〈深圳市文化事业发展（1998—2000）二年规划及2010年远景目标〉的通知》（深发〔1998〕4号）和《深圳市社会主义精神文明建设“十一五”规划》对图书馆事业发展的总体要求，制定了《深圳市建设“图书馆之城”（2003—2005）三年实施方案》（简称《三年规划》）。

《三年规划》的总体目标：至2005年底，深圳实现每15万人拥有一座公共图书馆，每1.5万人拥有一个社区图书馆；实现常住人口人均2册图书藏量指标；初步实行图书借还“一卡通”。“图书馆之城”建设正式纳入政府的民生长远规划。从2003年起，以“三年规划”为指导，深圳市、区各级图书馆大力推进图书馆网络建设，落实民生净福利指标和公共图书馆人均藏书指标，公共图书馆网络进入快速发展时期。

随着文化体制改革中公共图书馆地位的日益凸显、《国家“十一五”时期文化发展规划纲要》的颁布，深圳市文化局制定了《深圳市建设“图书馆之城”（2006—2010）五年规划》（简称《“十一五”规划》）。《“十一五”规划》的总体发展目标：到2010年，拥有3个按省级标准建设的市级公共图书馆、6个按地级（市）标准建设的区级图书馆、55个参照国家县级标准建设的区图书馆分馆/街道图书馆，600家达到《深圳市基层图书馆（室）达标定级评估标准》的社区图书馆（室）；初步形成网络健全、布局合理、文献丰富、管理先进、服务高效、资源共享、体制创新、经费保障的图书馆发展格局，进一步完善以深圳图书馆为龙头，深圳科技图书馆、深圳少年儿童图书馆和各区图书馆为骨干，各区分馆/街道图书馆为基础，社区图书馆为网点，全市各级各类图书情报机构参与合作的图书馆网络体系。截至2010年底，“图书馆之城”的建设规模、体系结构、服务效益都获得了长足的发展，实现了《“十一五”规划》的目标。

“十二五”期间，中央、省、市高度重视公共文化发展，先后出台了《中共中央办公厅、国务院办公厅关于加强公共文化服务体系建设的若干意见》《珠江三角洲地区改革发展规划纲要（2008—2020）》《广东省建设文化强省规划纲要（2011—2020）》等重要文件。深圳市政府也提出加快推进文化强市建设，建设国家创新城市、现代化国际化先进城市的定位。特区“一体化”步伐的加快及申报“世界图书之都”为深圳市图书馆事业的发展提出了新的发展要求。深圳市政府制定了《深圳市建设“图书馆之城”（2011—2015）规划》，对完善基础设施、丰富文献资源、打造“无边界图书馆网络”、提高专业服务水平、积极推进全民阅读、开展交流与合作、实施保障等方面进行了进一步的规划。

如今，在各级政府和各级公共图书馆的共同努力下，深圳市已经形成了较为完善的市、区、街道、社区四级图书馆网络，形成适应本地区发展的、各具特色的文献资源体系，基本实现了全市统一服务。至2014年底，深圳市已拥有各级公共图书馆617个，其中市级图书馆3个，区级图书馆8个，街道及以下基层图书馆606个，形成了覆盖全市的公共图书馆服务网络。全市公共图书馆馆舍总面积达35.5万平方米，阅览座席4.3万个，读者用机数达到5230台，普遍提供无线网络服务环境。

表1－1　深圳市公共图书馆网络建设情况对比

（单位：个）

年份	公共图书馆总数	市级馆	区级馆	街道馆	社区馆
2002	323	2	6	30	285
2008	624	3	6	51	564
2014	617	3	8	69	537

二、市、区图书馆导览

深圳各级政府高度重视文化建设，进入21世纪，市、区图书馆基础设施建设投入不断加大，新建2个市级图书馆、5个区级图书馆，改建1个市级图书馆、2个区级图书馆。

1. 深圳大学城图书馆（深圳市科技图书馆）

深圳大学城图书馆（深圳市科技图书馆）位于南山区大学城西校区核心地带，是国内第一家兼具高校图书馆和公共图书馆双重功能的新型图书馆，总建筑面积4万平方米。至2014年底，累积纸质文献总量约126万册（件），累积电子文献总量约239万册（件），网络节点1700个，阅览座位2500个，于2006年12月开馆服务。深圳大学城图书馆是国家科技图书文献中心（NSTL）深圳服务站，其查新工作站是深圳市唯一的具有部级查新职能的查新咨询机构。所创办的深圳大学城“名家讲坛”讲座在全市具有较大影响。深圳大学城图书馆与北京大学国际法学院合作建立深圳大学城图书馆法律研究中心，是按照美国ABA（美国律师协会）标准要求创立的国际化图书馆，2011年2月28日正式开馆。该中心拥有英文纸本图书约8500种，专业电子资源数据库33种，其中“美国法”相关文献资料尤其丰富。

深圳大学城图书馆

2. 深圳少年儿童图书馆

深圳少年儿童图书馆

深圳少年儿童图书馆，位于深圳市福田区荔枝公园北侧，占地面积2.2万平方米，累积纸质文献总量约130万册（件），累积电子文献总量约67万册（件），阅览座位1216个。2009年4月正式开馆。深圳少年儿童图书馆是深圳特区及港澳地区目前唯一一家独立的专门为少儿、家长及教育工作者服务的文献信息中心，该馆创立了“阅读积分制”，其自主研发的一站式数字资源阅读平台——“e读站”及“喜阅365”亲子共读计划广受读者好评。少儿馆中设立了经典读物阅览区、“读画世界”、国学文献区等特色专区，注重与少儿教育相关的经典读物、动漫连环画、教育教学资源、绘本、国学文献等资源的建设。

3. 福田区图书馆

福田区图书馆

福田区图书馆筹建于1999年7月，2001年12月对外开放。位于图书馆大厦的新馆2008年8月正式对外服务。建筑面积10260平方米，累积纸质文献总量约79万册（件），累积电子文献总量约100万册（件），阅览座位1209个。全区实行“总分馆制”管理模式，已建起10个街道分馆、94个社区图书馆。福田区图书馆在全市首创以区图书馆为中心的“总分馆制”管理与服务新模式，形成了“大家讲坛”“读书沙龙”等系列活动。设有地方文献阅览专区，收藏地方文献3296种5676册（件），以及近百件视听资料和福田区六大百姓族谱，建有“福田地方文献全文数据库”和“福田文艺精品多媒体数据库”。

罗湖区图书馆

4. 罗湖区图书馆

罗湖区图书馆始建于1985年，现馆舍位于怡景路和黄贝路交会处，于1998年9月正式对外服务。建筑面积8014平方米，累积纸质文献总量约54万册（件），累积电子文献总量约61万册（件），阅览座位900个。全区已建成区级公共图书馆1个，街道图书馆5个，社区图书馆91个。重点建设了金融·珠宝图书馆、国学·参考图书馆等特色馆，其首创的“悠”图书馆是利用“第三空间”概念改造社区馆服务的范例。在“2013年社区乡镇阅读推广活动优秀案例征集”活动中，罗湖区图书馆主办的“阅读通古今，开卷颐身心——罗图品书”获优秀案例奖，“真人图书馆”获推广奖。

5. 宝安图书馆

宝安图书馆原馆舍于1993年7月启用，新馆则于2013年底正式对外服务。新馆建筑面积3.7万平方米，累积纸质文献总量约99万册（件），累积电子文献总量约15万册（件），阅览座位近2000个。全区已建成区图书馆1个、街道图书馆6个、社区图书馆89个（含社区阅读中心30个）。宝安区图书馆为外来务工子女开展特色托管服务，设立了专门为劳务工服务的劳务工图书馆，并形成了“宝图星期讲座”“宝图英语沙龙”“宝图少儿英语”等系列活动。2006年开始规模性开展地方文献征集、整理加工及二次开发工作，先后出版《宝安文库》系列丛书第一辑——《宝安文献志（卷一）》和《宝安文献志（卷二）》。2009年，宝安区图书馆编印出版《宝安地理雕塑志》，对全区城市雕塑进行系统介绍，记录宝安改革开放以来城市面貌的巨大变化。

宝安图书馆

6. 南山图书馆

南山图书馆

南山图书馆 1997 年 3 月正式对外服务。建筑面积 18770 平方米，累积纸质文献总量约 92 万册（件），累积电子文献总量约 43 万册（件），阅览座位 1340 个。全区已建成区级公共图书馆 1 个，街道图书馆 10 个，社区图书馆 73 个。南山图书馆全年 365 天天天开馆，“通往幸福的阶梯——层级儿童阅读推广体系”在“2013 年社区乡镇阅读推广活动优秀案例征集”活动中获最佳案例奖。2000 年南山图书馆开始致力于南山新老照片的收集与整理工作，目前已收藏了南山区各时期、各种主题的图片 2000 余幅，2003 年部分图片精选结集出版成《与时俱进看南山》图片集；2006 年《南山图库》开始建设。

7. 龙岗图书馆

龙岗图书馆 2005 年 7 月正式对外开放，建筑面积 23784 平方米，累积纸质文献总量约 97 万册（件），累积电子文献总量约 16 万册（件），阅览座位 1206 个。全区已建成区级公共图书馆 1 个，劳务工分馆 11 个，街道图书馆 7 个，社区图书馆 80 个。龙岗图书馆以“提供阅读、引导阅读、宣传阅读”为服务主旨，其百龙墨宝收藏室收藏了全国百名书法家“龙”字书法真迹。创办“龙岗大讲堂”和“龙岗读书会（品书会）”等活动品牌；制定了《关于做好地方文献和客家文献征集工作的实施细则》，由专人负责在区属范围内征集客家文献资料，并逐步建立客家文献藏书体系和专题数据库。

龙岗图书馆

盐田区图书馆

8. 盐田区图书馆

盐田区图书馆2003年8月正式对外开放，建筑面积10192平方米，累积纸质文献总量约22万册（件），累积电子文献总量约16万册（件），阅览座位642个。全区已建成区级公共图书馆1个，街道图书馆4个，社区图书馆20个。盐田区图书馆将海洋文献作为收藏重点并专设海洋文献馆，策划的“海洋文化系列阅读活动”广受好评；还为1～6岁儿童开设少儿玩具图书馆。建立的海洋文献馆目前已收藏2000多册海洋类图书、5000册海洋类电子文献，收集了170多幅古今中外的海图（复制品），为有关海洋研究和深圳地理特色研究提供文献支持。

坪山新区图书馆

9. 坪山新区图书馆

坪山新区图书馆2012年7月正式对外开放，建筑面积3300平方米，累积纸质文献总量约19万册（件），阅览座位316个。全区已建成区级公共图书馆1个，街道图书馆2个，社区图书馆13个。政府规划坪山新区还要兴建一个更先进的图书馆，目前使用的过渡馆将作为坪山新区图书馆的分馆。合作开展的面向新区企业员工的手机阅读活动受到辖区内企业的广泛欢迎。

10. 光明新区图书馆

光明新区图书馆2012年8月正式开放，建筑面积1万平方米，累积纸质文献总量约20万册

光明新区图书馆

（件），阅览座位600个。全区已建成区级公共图书馆1个，街道图书馆2个，社区图书馆23个。其“阅读与我的生活”论坛与“找到啦！”读者找书活动被深圳市文体旅游局列为全市重点项目。2014年9月该馆推出“寻找‘光明记忆’”专题，建立了“光明记忆专藏室”，收集地方文献178种（册），通过搜集相关地方文献等资源，追寻文化传统，记载文化史事。

三、多元化办馆模式

深圳市、区图书馆积极探索并实践多样化的办馆模式，包括总分馆制、合作办馆、图书服务站、自助图书馆等。在2003年制定的《深圳市建设“图书馆之城”（2003—2005）三年实施方案》中，对总分馆制作为“图书馆之城”的特征和建设内容进行了明确阐述，认为以“统一布局、统一采购、统一编目、统一配送”为主要特点的总分馆制是构建公共图书馆服务体系的较好形式。

1. 深圳图书馆总分馆制

深圳图书馆在推进全市公共图书馆服务体系建设的同时，与各区图书馆错位互补，探索建立不同类型的分馆或服务点。2002年11月，深圳图书馆将梅林一村、莲花北村、益田村3个社区图书馆作为本馆服务网点，统一配置文献资源，采用通借通还服务模式。从2008年起，先后在创维工业区、桃源居和新百丽工业区建起三个分馆。2008年7月，深圳图书馆组织实施的自助图书馆建设逐渐展开，全市220个自助图书馆成为深圳图书馆的分馆，纳入统一的运行与服务管理。

2. 深圳少年儿童图书馆“常青藤”计划

“常青藤”计划依托深圳少年儿童图书馆的管理和资源平台，联合全市中小学图书馆，坚持公益原则，实现深圳少年儿童图书馆和全市各中小学图书馆文献资源共建共享、图书通借通还，开展深圳市中小学生阅读推广活动，培养并提高中小学图书馆员阅读推广技能。2009 年，深圳少年儿童图书馆在宝安大浪街道建起一个劳务工子女分馆。目前已有 70 多所中小学图书馆加入“常青藤”计划。

3. 福田区图书馆创建“图书馆之区”

福田区图书馆为创建图书馆之区，完善福田区一公里文化圈，2003 年率先实施总分馆制，建立起以区图书馆为总馆，各街道图书馆和社区图书馆为分馆的组织架构，由区财政统一拨款、统一采购、统一编目、统一配置、统一管理，已形成了比较完备的运行机制。截至 2014 年底，福田区共建有公共图书馆 105 个，图书馆社区覆盖率达 99% 。

福田区水围社区图书馆

4. 宝安图书馆建设社区阅读中心

宝安区将社区图书馆网络建设纳入政府公共服务体系建设中，采取与社会共同办馆的模式。2007 年起，宝安图书馆启动了较为全面的总分馆制模式——直属分馆建设。2012 年，宝安图书馆通过建立社区阅读中心改变了原有社区图书馆自建自管的旧模式，通过纳入全区统一的公共图书馆服务体系，享受全区范围内的信息共享和互通互联服务。社区阅读中心除设有传统的图书阅览区、报刊阅览区外，还新开辟了电子阅览区、亲子阅览区、Pad 体验区等。2013 年 1 月，西乡香缇湾等 30 家社区阅读中心如期开放，为广大社区居民提供了优质、温馨、便捷的阅读服务。

宝安区新安街道分馆

宝安社区阅读中心——西乡香缇阅读中心

5. 南山图书馆一体化管理模式

2004 年起，南山区借深圳建设“图书馆之城”的契机，加大了对基层图书馆的建设力度。南山图书馆结合本区实际，逐步探索出适合自身发展的一体化管理办馆模式，截至 2014 年底，按照一体化管理模式建设了众冠等 8 家直属分馆。

南山图书馆育才分馆

龙岗图书馆联创分馆

6. 龙岗图书馆创建劳务工图书馆

龙岗图书馆总分馆建设起步于2007年，选择外来工比较密集的工业区，创建劳务工图书馆，并直接作为区馆的分馆，形成了“政府推进、企业参与、统一规划、统一管理”的架构，先后建成了联创、天基等20个直属分馆。

7. 罗湖区图书馆打造“悠”图书馆

罗湖区根据区内公共图书馆四级架构的实际情况，实行了不同模式的总分馆管理体制，包括5家紧密型分馆和91家半紧密型分馆。罗湖区图书馆借鉴图书馆作为“第三空间”的理念，于2012年12月在全市建立了首个“悠”图书馆，以文华社区图书馆为试点，致力于打造社区图书馆全新服务模式，通过整合、调整现有社区图书馆功能及布局，增加电子资源服务和网络服务功能，把社区图书馆打造成市民除家庭居住空间和职场空间外的第三空间。

罗湖区图书馆“悠”图书馆

罗湖区图书馆弘法寺分馆

8. 图书服务站

图书服务站是公共图书馆服务延伸的又一种尝试，通常设立在利用图书馆存在困难、又有较大阅读需求的区域或单位；采取双方共建的方式，由图书馆提供文献资源，由共建单位提供场地和管理人员，共同提供服务。截至 2014 年底，市、区图书馆共设置各类型图书服务站 399 个。

四、国家重点文化工程

近年来，国家为构建内容丰富、技术先进、覆盖城乡、传播快捷的公共数字文化服务体系，先后实施了全国文化信息资源共享工程、公共电子阅览室建设计划、数字图书馆推广工程等文化惠民工程。同时，国家重视古籍保护工作，2007 年国务院办公厅发布《关于进一步加强古籍保护工作的意见》（国办发〔2007〕6 号），提出在“十一五”期间大力实施“中华古籍保护计划”，各地图书馆对馆藏古籍保护的力度也逐渐加大。

1. 全国文化信息资源共享工程

深圳图书馆作为共享工程深圳市支中心，自 2003 年实施共享工程项目以来，一直积极推进共享工程资源与服务体系建设，建立全市共享工程技术平台，规范和完善市中心和各基层服务点的建设，依托现有文化设施网点，以市、区公共图书馆为主体，利用共享工程国家中心、广东省中心以及深圳市、区公共图书馆的资源，为深圳广大市民提供共享工程资源服务。

共享工程深圳市支中心网站

深圳图书馆履行全国文化信息资源共享工程深圳市支中心的职责，负责共享工程深圳市支中心（图书馆之城）网站的维护与管理，承担共享工程资源加工组织、资源配置、业务培训及读者活动的组织工作，与市党员远程办联合签署了共享工程服务合作协议，并通过天威有线电视网络播放文化共享工程精品节目。

2008 年，深圳市荣获“全国文化信息资源共享工程示范市”称号，成为文化部正式授予该称号的首批三个城市之一。2009 年，共享工程深圳市支中心新网站建成并投入使用。2012 年，宝安图书馆被国家文化部评为深圳市唯一一家“全国文化信息资源共享工程·公共电子阅览室示范点”。

2. 公共电子阅览室建设计划

按照国家《“公共电子阅览室建设计划”实施方案》的要求，深圳市、区图书馆共同推进本地区图书馆的公共电子阅览室建设，借助“图书馆之城”统一服务平台，实现了市、区公共电子阅览室的规范化管理和一体化服务。

深圳市府办发布《进一步加强我市公共图书馆电子阅览室建设的实施方案》（深府办〔2008〕38 号），提出了达标社区图书馆电子阅览室电脑设备不少于 10 台等要求；市文化局也发布了《关于加快推进公共图书馆电子阅览室建设的通知》（深文〔2008〕237 号），要求 2008 年内，各区须完成试点电子阅览室建设比例为占达标社区图书馆的 20%。各区分别制定了本区的公共电子阅览室建设方案并加以实施。政府用“宣传文化基金”对定级达标的基层公共图书馆进行奖励，资助其购置文化共享工程所用电脑和网络设备，建设公共电子阅览室。统一服务实施后，全市采用统一的电子阅览室服务制度和管理规范，实行读者统一认证管理和违章监控管理等。全市逐步形成资源丰富、服务完善、持续发展、社会效益显著的电子阅览室服务网络。

深圳图书馆采取集中与分散部署相结合的方式，主要电子阅览室服务区建筑面积达 1222 平方米。电子阅览室共部署读者用机 190 台，所有读者服务区均提供免费无线上网服务。

3. 数字图书馆推广工程

深圳图书馆在国家图书馆、省立中山图书馆的指导下，按照《广东省文化厅转发文化部关于加快实施数字图书馆推广工程的意见的通知》（粤文社〔2012〕179 号）的文件精神，专门成立“数字图书馆推广工程项目工作组”，认真、积极组织实施数字图书馆推广工程，全力构建深圳地区数字资源服务网络和服务体系，联合打造深圳地区数字资源服务门户——“深圳文献港”，同时积极创造条件，部署完成与国家图书馆虚拟网互联以及应用系统平台互通工作。2014 年，深圳图书馆从国家图书馆引入 100M 的 VPN 专线，配备了专用服务器，建立推广工程网站链接和本馆宣传导视标识系统，积极参与全国“网络书香”数字阅读推广活动，并通过网站、导视系统、微博、微信等多渠道进行宣传。

深圳图书馆国家重点文化工程宣传板

4. 中华古籍保护计划

深圳图书馆按照国家图书馆制定的《图书馆古籍特藏书库基本要求》建设古籍书库，满足古籍的温湿度要求、空气净化要求、光照和防紫外线要求，提供消防、安防等保障文献安全的基本条件；贯彻《国务院办公厅关于进一步加强古籍保护工作的意见》（国办发〔2007〕6 号）和《广东省人民政府办公厅关于进一步做好全省古籍保护工作的通知》（粤府办〔2008〕66 号）精神，投入经费开展古籍文献修复、整理和普查工作。同时，注重古籍保护宣传、交流与知识普及，加强古籍保护人才培养，积极探索古籍联合收藏新模式。2012 年深圳图书馆完成馆藏古籍普查，是广东省最早完成本馆古籍普查工作的单位之一。2014 年古籍修复室建成并投入使用。

古籍樟木柜

《续修四库全书》

五、学会工作

深圳图书情报学会成立于1986年，是由深圳市图书情报领域专业人员及相关行业或机构科技工作者自愿结合、依法登记成立的地区性、公益性、学术性的专业团体，现有团体会员10多个，个人会员700多名。

在深圳市民政局、深圳市科协、深圳市社科联的领导下，深圳图书情报学会充分发挥会员的积极作用，不断创新学会活动，在普及科学知识、开展学术交流、科学决策咨询服务等方面做出了显著的成绩，为促进深圳市图书情报事业的发展做出了积极的贡献。深圳图书情报学会多次被深圳市社科联合会和深圳市科协评为“先进学会”，并荣获历次大型活动的“先进组织奖”。

“学术论文讲座实证谈” 学术讲座

学会积极鼓励会员参与学术研究，承担全市图书馆科研课题的日常管理工作；与社科联合会、市科协等组织合作，举办报告会和讲座；联合各级图书馆，开展大型公益性阅读推广活动；通过“深圳市公共图书馆网络建设成果展”“深圳市‘图书馆之城’建设成果展”等展览宣传城市图书馆发展成就；组织全市图书馆业务培训，组织人员参与国家、省级图书馆学会活动；组织图书情报界专家进行专题调研，为深圳市图书情报事业的发展提供科学的参考依据；组织编辑图书情报类专著，编辑出版学术刊物《公共图书馆》。

近年来，学会多次举办多场学术交流活动。2014 年，学会全年共举办 30 余场学术讲座，开阔了全市各级各类图书馆馆员的视野，加强了彼此的交流和联系，同时组织编制了 2014—2015 年深圳市“图书馆之城”课题研究指南，确立“深圳模式”为全市指定研究课题，倡导全市公共图书馆开展“深圳记忆”联合制作，审定“图书馆之城”建设的规范化和标准化成果，确立了 30 多个覆盖各领域的研究课题。

2009 年 7 月，中国图书馆学会阅读推广委员会成立，吴晞馆长任委员会主任，深圳图书馆开始更多地参与全国性阅读推广活动，牵头组织公共图书馆阅读推广服务的实践和理论研究，组建“全民阅读”网站。2010 年 3 月，深圳图书馆成功举办了中国图书馆学会阅读推广委员会全体委员工作会议以及第四届“全民阅读论坛”。并于 2009 年 11 月、2010 年 11 月成功举办“公共图书馆高峰论坛”，来自全国各地的业界专家学者齐聚深圳，共同总结回顾公共图书馆事业过去五年来的发展，展望“十二五”期间公共图书馆事业新发展。

中图学会阅读推广委员会正在举行会议

第五节

立法保障与机制探索

一、首部公共图书馆条例

为发展深圳经济特区公共图书馆事业，满足人民群众对科学文化知识的需求，1997 年 7 月 15 日，《深圳经济特区公共图书馆条例（试行）》（以下简称《图书馆条例》）经深圳市第二届人民代表大会常务委员会第十六次会议通过，自 1997 年 10 月 1 日起施行。

《图书馆条例》是全国首部由拥有立法权的地方人大颁布的公共图书馆法规。《图书馆条例》把政府有关图书馆事业的方针、政策以法律条文的形式确定下来，以法律的权威保证其贯彻执行；把政府主管部门和协管部门处理图书馆事务纳入法治轨道，保障图书馆的独立地位；保障图书馆事业的可持续发展；将呈缴本制度以法律形式确定下来。

《图书馆条例》的推出保障了深圳市公共图书馆事业的发展，加快了国内图书馆立法工作的进程。

二、公共图书馆藏书指标体系

为坚持以人为本、关注民生，全面推进和谐社会建设，推进和谐深圳、效益深圳和国际化城市、国家创新型城市建设，深圳市政府于 2007 年 1 月制定并实施《深圳市民生净福利指标体系》。该体系立足深圳实际，以物质财富的增长为基础，以政府有效提供公共产品和公共服务作为保障社会公平的重要条件，力求从收入分配、政府公共产品和公共服务等多环节反映深圳市民的生存、生活和福利状况。

深圳市文化局制定《落实深圳市民生净福利指标体系公共图书馆人均藏书指标体系工

作方案》，该方案指示从2007年到2010年，深圳市公共图书馆图书总藏量要达到1800万册（含电子文献），实现常住人口人均藏书2册、户籍人口拥有6册的藏书目标，建立健全全市文献信息资源保障体系。

“人均公共图书馆馆藏图书”被列入政府民生净福利指标体系，首次成为政府保障市民文化需求、绩效考核的重要一环。方案的实施加大了政府对公共图书馆的投入力度，加快了深圳地区公共图书馆文献资源建设的步伐，促进了公共图书馆事业的均衡发展。

三、图书馆理事会制度先行者

深圳图书馆在2007年被深圳市编办列为首批适宜组建理事会的十家事业单位之一，之后又被列为中央编办与深圳市共抓的试点单位，作为理事会制度的先行者，是全国首家试行法人治理结构的公益性文化机构。

深圳图书馆理事会揭牌仪式暨第一届理事会第一次会议合影

自2007年底起，深圳图书馆开始进行相关案例的调研分析，拟定了《深圳图书馆法人治理结构实施方案》，确立了总体目标、基本要求并建立了相关程序，成立了“深圳图书馆建立和完善法人治理结构推进工作小组”，起草了《深圳图书馆理事会章程（草案）》及相关制度草案。2010年，深圳图书馆按照《深圳市事业单位社会人士理事资格条件及推荐程序规则（试行）》推荐产生了第一届理事会组成人员。2010年12月，深圳市文体旅游局举行了“深圳图书馆理事会揭牌仪式”，聘任了首届理事。随后召开深圳图书馆第一届理事会第一次会议，制定了《深圳图书馆理事会章程》及信息公开制度等配套制度。

深圳图书馆理事会作为议事和决策机构，负责确定深圳图书馆的发展战略和发展规划，行使重大事项议事权和决策权。理事会经过几年的运行实践取得了一定成效，广邀社会各界贤达共同参与，群策群力，推动了图书馆事业发展，提升了公共文化服务水平。理事会成员包括专业人士、学者、社会知名人士和政府代表等。

四、城市全民阅读促进条例

2013 年以来，阅读立法工作受到了中央和地方各级政府的重视。深圳作为拥有独立立法权的特区城市，率先通过顶层法律制度设计推动深圳全民阅读的可持续发展，组织制定了《深圳经济特区全民阅读促进条例》（以下简称《条例》）。《条例》根据深圳市全民阅读存在的问题，结合未来全民阅读发展的趋势，使深圳地区的阅读立法拟解决组织管理、设施建设、资源配置、未成年人阅读、法定阅读活动、阅读保障等重点问题，规范政府推动公共阅读服务的责任和义务，为全民阅读提供法制保障。

《条例》特别强调了加强未成年人阅读，从法律层面更好地推进保障未成年人的阅读服务；提出了鼓励企业组织、社会组织等民间力量参与全民阅读的相关法律措施；《条例》还设计了公益性的全民阅读基金，整合资金资源支持全民阅读的发展。

《条例》以法律的形式深层次地推进阅读，让阅读在城市成为一项常态化的行为，并深入到市民的生活。《条例》的实施将进一步推进全市图书馆服务均等化，进一步保障市民的基本阅读权利，进一步发挥全民阅读在提升城市竞争力和文化软实力、促进城市活力提升和促进城市形象优化的作用。

服务篇

02

第二章

服务立馆　技术强馆

深圳图书馆在 1986 年开馆之初，就开始推行全方位开架阅览模式，自行研制自动化管理系统，全面采用计算机化管理。作为一座年轻的图书馆，深圳图书馆选择了一条“服务立馆、技术强馆”的发展道路，秉承“开放、平等、免费”的服务理念，推行藏、借、阅一体的服务模式，不断创新服务手段，完善服务体系，深化服务层次，延伸服务范围，努力为市民营造出阅读环境舒适、科技气息浓厚、功能多样化、知识殿堂般的城市文化氛围。30 年来，深圳图书馆一直都是科技应用与科技创新的积极践行者，以科技驱动服务创新，以科技促进业务发展，图书馆的服务和管理也因技术而便利，因技术而人文，因技术而精彩。

第一节

“开放、平等、免费”回归公共图书馆精神

深圳图书馆2006年7月新馆建成开放之时向市民庄重承诺：“我们向所有读者敞开大门，免费提供服务。无论你的身份、地位如何，有没有工作、户口、住房，衣着是否鲜亮，囊中是否羞涩，既然来到图书馆，就是渴求知识、拥抱文明，都会受到一视同仁的热情接待。”在国内倡导“开放、平等、免费”服务理念，推行“全面开放、免证进馆、分层管理、一卡通行”服务方式，面向所有市民开放，推动了全国公共文化场所全面免费开放。

一、全开放、大开间建筑模式

深圳图书馆新馆建筑造型独特，构思精巧，极富现代感，采用全开放、大开间、无间隔的“模数式”布局，是深圳这个年轻而充满活力的城市中一道独具特色的文化景观。

宽敞的大开间结构，良好的采光条件，优雅的阅览环境，完善的图书馆导视系统，使得图书馆空间通透、开放，给市民带来视觉、触觉及心理上轻松、舒适的体验。馆内人书分流，直梯、扶手梯、步行梯合理分布，错落有致。书架、阅览桌椅与地面装饰相互搭配，依功能区不同而专门定制，考虑功能、环境、使用的协调统一。

深圳图书馆部分阅览区域

深圳图书馆外景

全馆服务区共分六层，设有各类阅览座位 2040 个，采用藏、借、阅一体的服务模式。读者可根据需要自行前往借阅区挑选自己喜爱的图书、期刊或音像资料，自助办理借还手续。

二、全方位的大众化服务格局

深圳图书馆 1～3 层为大众服务区，提供报刊阅览、现刊外借、过报过刊查阅、中外文图书借阅等服务，4 层提供音像资料外借服务。2014 年，深圳图书馆到馆读者 391 万人次，书刊外借 357 万册次。

一楼报刊服务区

1. 报刊阅览区

提供当年 350 余种中文报纸、4200 多种中文纸本期刊的查阅服务，配有 2 台电子报纸触屏查询系统，8 台电脑用于电子报刊查阅服务；提供过期报刊调阅服务，包括中文过期报纸 100 余种、中文过期刊物 8000 余种、港台过期报刊 400 余种、外文过期报刊 500 余种。

2. 期刊外借区

甄选中文期刊700多种，专设期刊外借区，期刊总量逾3万册，每月更新2000余册，提供两年内中文现刊外借服务。读者凭证自行取阅期刊后至服务台办理借阅手续，并可自助还刊。

3. 图书借阅区

收藏近100万册中文图书、3万余册外文原版进口图书，涵盖英文、法文、德文等语种。借阅区设有54台OPAC查询终端、12台自助借还机，设立服务台解答咨询及人工办理图书借还手续。馆舍出入口处另设置2台自助借书机，方便读者检查、补办借书手续。

二楼图书借阅区

4. 音像资料外借区

收藏音像资料近1.8万种14.5万片，包括电视剧、电影及语言学习、纪录片等。设有2台音像资料视读设备、1台自助借还机，设立服务台解答咨询及人工办理音像资料借还手续。

四楼音像资料外借区

深圳图书馆大浪服务站

5. 图书服务站

深圳图书馆面向偏远地区、缺乏文化设施地区和特殊群体，延伸图书馆服务，合作共建图书服务站。至今，深圳图书馆已在老人院、边防部队、福利中心、武警部队、司法机构等地设置了 63 个图书服务站，提供集体办证、集体外借等服务。

2014 年，深圳图书馆与企业合作，在大浪时尚创意城共建深圳图书馆大浪服务站（“简·阅书吧”），成为一种新的合作办馆模式。

三、数字化服务环境

全馆布设信息点 2846 个，网络出口总带宽合计 402Mbps，提供读者用计算机 363 台，读者服务区无线网络全覆盖，设置电子导览系统和电子信息屏。数字化环境为读者提供了便利的互联网服务和数字阅读体验。2014 年，数字学习空间和网络信息空间共服务读者 36.7 万人次，无线上网服务读者 24.6 万人次。

深圳图书馆自行研制的电子导览系统

1. 网络信息空间

深圳图书馆网络信息空间读者用机保护屏

网络信息空间位于4层，可供读者使用的计算机总量为118台，是一个集互联网访问、文化信息共享工程资源使用、影视节目点播为一体的综合信息服务区。读者可持证免费自助上下机，浏览互联网资源，浏览本馆数字资源和共享工程提供的各类资源，包括经典电影、中外电视剧、科普专题片、艺术和语言教学片、动画、音乐资料等，并可自助打印相关资料。2014年，网络信息空间服务读者28.5万人次。

2. 数字学习空间

数字学习空间毗邻网络信息空间，设置72台计算机供读者使用，是一个为个体读者和团体读者提供免费数字资源查询、视听教育、信息素质教育培训等的多媒体学习共享空间。读者持证免费自助上下机，可在线查阅图书馆33大类74个子数据库，涵盖电子图书、电子期刊、电子报纸、学位（会议）论文、音视频资料等，利用国家数字图书馆推广工程的相关数字资源，并可自助打印相关资料；可使用22种自建数据库，内容包含非物质文化遗产、城市景观雕塑、盲人在线阅读与视听、深圳文库等；可观看信息技能培训的多媒体影视课件，参与图书馆主办的数据库培训、电脑培训、信息素养专题讲座等活动。2014年，数字学习空间服务读者6.4万次。

四楼宽敞的数字学习空间

3. 数字阅读体验空间

数字阅读体验空间位于 4 层连廊处，是读者体验新技术、享受数字化阅读、开展休闲社交的空间。读者可通过此处提供的电子图书借阅机、平板电脑、触摸屏读报机等多种终端设备畅享 100 万册电子图书、50 种报纸、200 余种期刊，聆听 9000 多位艺术家、100 多种乐器、约 50 万首曲目的音乐作品，体验学术视频、大学课堂、人物专访、《百家讲坛》《国学精粹》《上下五千年》等多媒体资源，还可以通过手机等移动设备随时随地畅享移动图书馆及其资源与服务。

4. 无线网服务

无线 WiFi 信号覆盖全馆服务区，面向 16 周岁以上持证读者提供馆内免费无线上网服务。无线网注册管理使读者能方便地连接互联网，数字资源统一认证、一站式检索使读者能够利用自带设备访问本馆、本地区数字资源。

第二节

全自助凸显图书馆服务的自主、便利

深圳图书馆是国内首家全面应用 RFID 技术的图书馆，参照国际规则建立了一整套数据模型，制订了 RFID 技术应用规范，在流通服务、文献阅览服务、典藏管理、架位管理、仓储管理等领域整体规划与应用 RFID 技术，全面推进自助服务。深圳图书馆新馆开馆之初，对馆藏百万册纸质图书全部粘贴了 RFID 标签，对馆内 3000 余个书架和 3.85 万余个层架进行标识，引进自助借还机 17 台、自助办证机 2 台、自助复印机 8 台，有效实现与图书馆自动化系统的互操作，研制 OPAC 检索定位系统和自助上机服务系统等，构建起全方位的自助服务体系，彰显图书馆服务的自主、便利。深圳图书馆在 RFID 技术应用领域先后申请专利多达 8 项。

表 2－1　RFID 技术应用领域申请专利一览表

序号	专利名称	专利类型	专利号
1	图书馆自助服务系统	发明专利	ZL 2007 1 0124308.7
2	图书馆自助终端	实用新型专利	ZL 2007 2 0172766.3
3	图书馆自助终端柜机结构	实用新型专利	ZL 2007 2 0172630.2
4	图书馆自助终端（1）	外观设计专利	ZL 2007 3 0173427.2
5	图书馆自助终端（2）	外观设计专利	ZL 2007 3 0173426.8
6	图书文献智能分检归位装置	实用新型专利	ZL 2008 2 0213196.2
7	文献资料智能排架分检运送装置	实用新型专利	ZL 2005 2 0009361.9
8	户外遮阳防雨组件	外观设计专利	ZL 2011 3 0266585.9

一、OPAC 目录检索与文献定位

深圳图书馆在全馆设置了 78 台 OPAC 自助查询终端，提供全市图书馆馆藏图书、期刊、音像资料查询服务和电子图书在线阅读服务。OPAC 详细信息页面汇集封面图片、目次、内容提要、书评等相关信息。

读者可通过分面检索功能从主题词、作者、分类号、出版年份等多个途径对检索结果进行扩检或缩检。增设热词云功能，为读者提供热词指引。同时，利用大数据技术对读者检索行为进行分析，为读者提供个性化文献推荐服务。在 OPAC 中，读者可直接提交预借申请，2 个工作日后在读者指定地点自取预借文献。

OPAC 检索页面

以 RFID 技术为支撑，OPAC 实现了深圳图书馆文献的准确定位，在实时揭示文献流通状态的基础上，将读者引导到文献所在的层架位置。同时，OPAC 也能实现文献在全市各馆的定位，实时定位文献所在图书馆的地理位置。

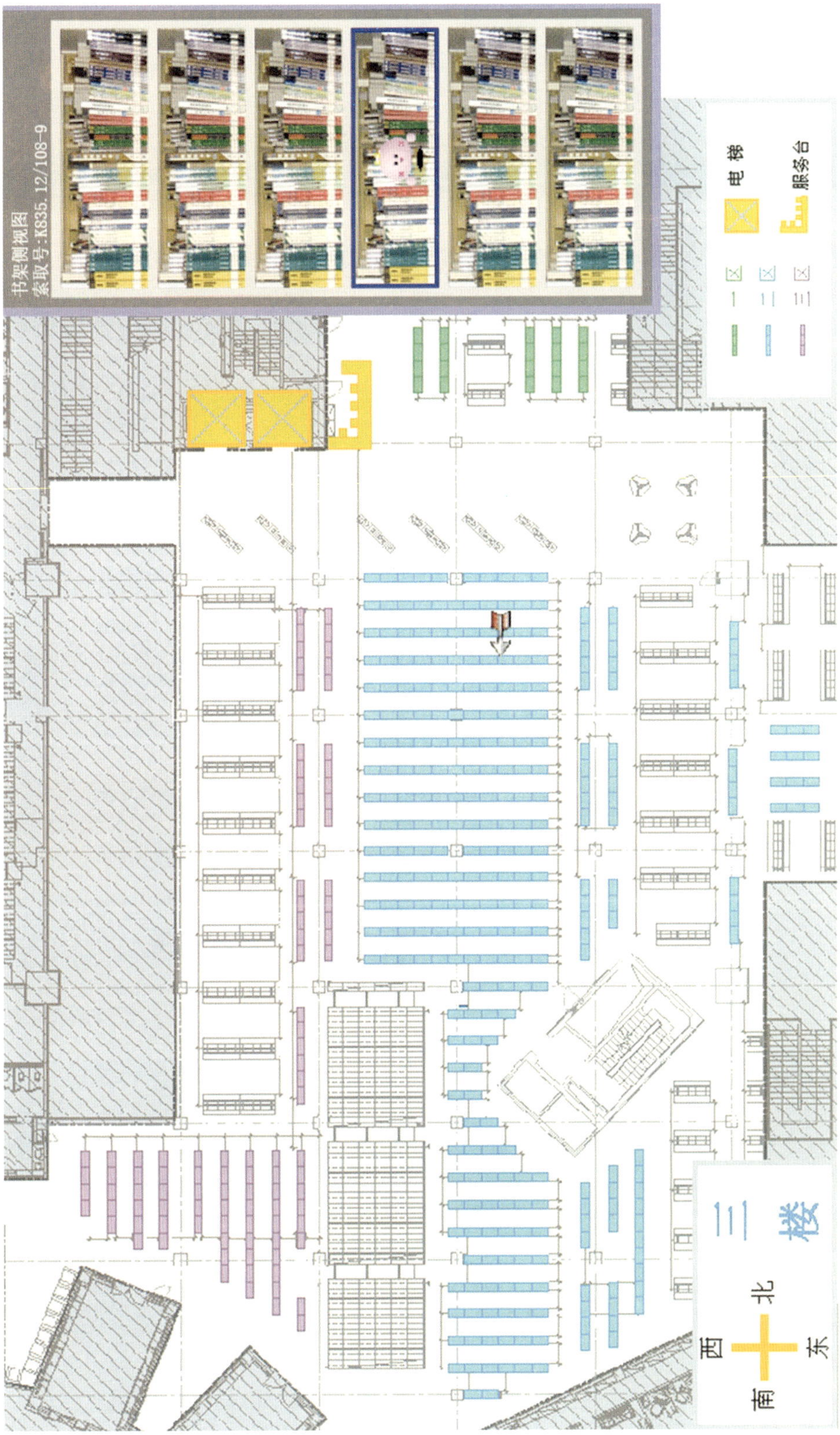

OPAC实现深圳图书馆文献定位

OPAC实现文献全市定位

二、自助办证机办证

深圳图书馆在总服务台区域设置了 2 台自助办证设备。读者持本人二代身份证借助自助办证机可免费办理 RFID 读者证、预存现金、自助扣缴逾期滞还费等。

2014 年，读者使用自助办证设备办证 51251 张，自助办证占总服务台办证总量的 95.46%。

三、自助借还机服务

读者使用自助借还机

深圳图书馆引进 17 台自助借还机，设置在馆内主要服务楼层。读者凭证输入密码，可实现多本文献的一次性借还操作，数秒钟内就能办好借还手续。自助借还机还提供读者借阅信息查询、自动扣缴逾期滞还费等功能。

深圳图书馆外借服务量中 95% 以上是通过自助借还机完成的，且比例逐年上升。2014 年，深圳图书馆馆内自助借还图书 121.2 万册次（不含少儿服务区），人工借还仅 2.56 万册次，自助借还占馆内图书外借量的 97.9%。

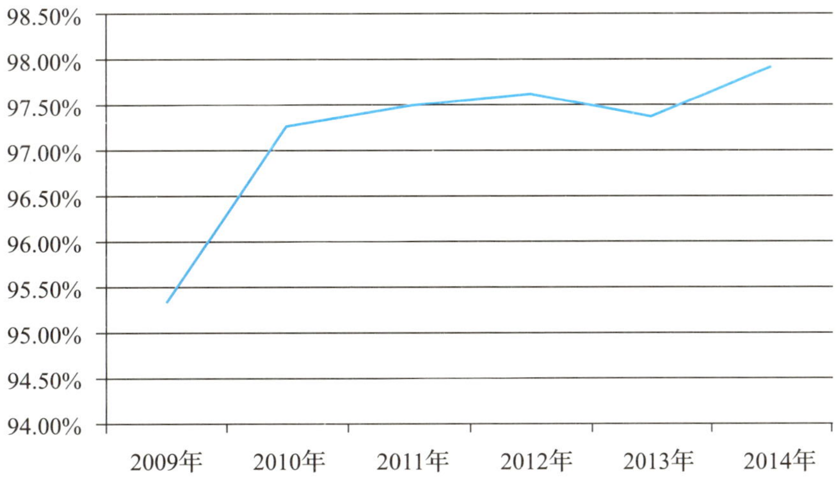

自助借还量占馆内外借还服务总量比例

四、全自助的电子阅览服务模式

深圳图书馆提供集纸本资源与数字资源于一体的阅览服务模式。各楼层均设有电子阅览区，采用统一的自助上机管理模式，读者凭证免费申请机位、自助上下机，系统自动计时，提前提醒读者下机。上机期间读者可提出打印申请，到服务台确认后打印。

报刊阅览区自助上机管理

各服务区设置8台自助复印设备，读者凭证输入密码即可实现自助复印，系统自动计算印张，扣缴耗材费用。

第三节

全媒体平台提供多元化服务与互动

针对不断涌现的新技术、新媒介，深圳图书馆不断整合文字、图片、音频、视频等信息资源，以互联网、移动网络等为主要渠道，以各类型电脑、电视、手机、PAD等设备为终端，打造全媒体服务平台，为市民提供了多元化、时尚、便利的服务选择，增强互动性，聚集了人气，扩大了图书馆影响力。

一、网站服务平台

深圳图书馆网站主页

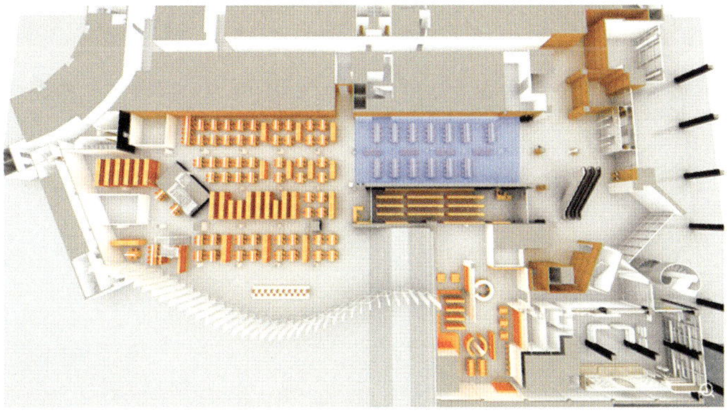

网站图书馆服务区导览

深圳图书馆门户网站（http：//www. szlib. org. cn）是网络化时代的综合性服务平台，是图书馆服务与对外宣传、交流的重要窗口。

2014年深圳图书馆新网站正式上线服务，由新闻资讯、资源导航、资源检索、服务指南、“问图书馆员”、自助图书馆、“我的图书馆”等模块组成，支持全设备自适应访问方式。新网站在设计上更加注重读者体验，将馆藏资源推荐、馆藏资源搜索等常用功能置于显著位置，方便读者快速定位资源，获得所需服务。2014 年，网站点击量达 2100.6 万次。

深圳图书馆网上实时咨询系统

网上实时咨询系统的引进与“网络机器人”技术的应用，使网上实时咨询服务更加有效。2014 年，网上实时咨询服务达 7627 人次。

数字资源服务专栏统一揭示了本馆数字资源，发布数字资源服务动态，并借助“深圳文献港”统一检索平台实现数字资源“馆外访问”服务。2014 年，馆外访问下载 130.7 万篇次。

二、短信服务平台

短信服务是针对移动终端开展的早期服务形式。2007 年，深圳图书馆引进短信服务平台，实现了图书馆各类业务系统的有效对接。读者可通过手机接收自己定制的信息，包括借阅到期提醒、预借取书通知、通知公告等服务；读者也可通过短信实时查询借阅信息、续借图书、挂失读者证等。

短信服务目前仍占据一定的服务份额，始终是预借服务的重要支撑，并逐步成为推进图书馆智能化管理、及时发出预警、及时响应服务的重要路径。2014 年，短信服务共 32 万人次，其中到期提醒服务 17.2 万人次，预借通知服务 14.4 万人次。

三、电话语音平台

2012 年 3 月，深圳图书馆引进电话语音服务平台，将自助语音服务与人工电话服务整合成统一的平台，统一了咨询服务电话，实现了相关业务的自动应答和呼叫服务的有效管理。自动应答部分采用自动语音导航，发出通知公告，对接图书馆相关业务系统提供自动应答服务，如查询开闭馆时间、查询办证规则、查询借阅规则、查询已借图书、自助续借图书、修改密码和读者证挂失等。呼叫管理部分可自动分配座席，提供录音和语音信箱留言等功能。非工作时间范围内采用录音播报服务方式。2014 年，通过电话语音服务平台人工接听读者咨询的电话达 45126 个。

电话语音服务中心

四、新媒体平台

2011 年 1 月，深圳图书馆开通新浪微博，随后开通腾讯微博和微信，组建“微团队”，创设微信公众服务平台，吸引了越来越多的读者。

深圳图书馆微博服务平台

深圳图书馆微信服务

深图微信推出读者个人 2014 年度阅读账单

深圳图书馆微博设有“深图讲座”“深图活动”“共享工程影视节目展播”“深图书讯”“深图资源”“媒体报道”“深图回应”等栏目；微信设有“深图服务”“深图咨询”“互动”等栏目，每周定期推送深图活动、深图微书架、深图动态、名家推荐等信息。针对“微平台”的特点，通过二次开发，嵌入常用图书馆服务，如续借、预借查询、读者证绑定与逾期滞还款扣缴等功能。

深圳图书馆创新性地将微博、微信、微社区三平台进行联动营销，构建“三微联动”服务网络，实现立体宣传与服务，开展无处不在、无时不在的特色微服务。“三微”平台自 2011 年 1 月推出以来已吸引近 20 万用户订阅关注。2014 年推出微信版“2014，我的阅读时光”更是得到了市民的赞誉。

第四节

多层次参考咨询打造研究型图书馆

深圳图书馆系统地收藏深圳地区地方文献和中文保障本图书，结合城市经济、产业和文化发展重点，创设专题文献服务区，构建特色馆藏。通过学科馆员制度和参考咨询协作，深圳图书馆开展专业化的知识导引和参考咨询服务，深化文献资源建设，提升文献信息服务水平，朝着研究型图书馆的目标迈进。

一、特色与专题文献服务

深圳图书馆围绕城市经济建设与社会发展的需要，设立了多个特色与专题文献服务专区，集中展示相关文献，供读者免费查阅。每个专区定位不同的读者服务群体，系统收集与本专区相关的文献资源，纸本文献服务与数字资源服务相互配套，由参考服务人员提供专业化服务。

1. 参考工具书专区

提供中外文工具书7000多册，包括字典词典、百科全书、地方志、手册等，其他存放在闭架书库的非常用工具书可通过服务台申请调阅。

2. 深圳地方文献专区

20世纪90年代开始，深圳图书馆就致力于搜集、整理、收藏、展示深圳本地区文献以及政府公开信息和相关资讯，建设地方文献专题数据库。至今共搜集、收藏图书5万余册，各类期刊、报纸及过刊合订本400余种。

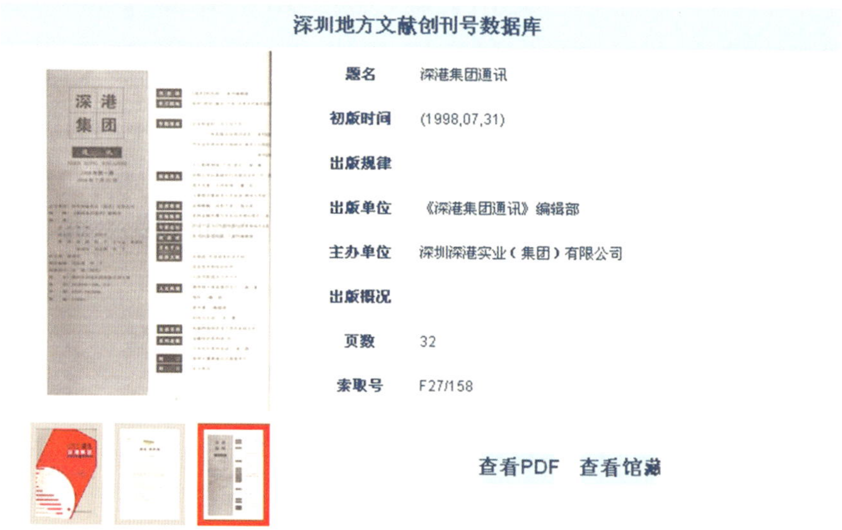

深圳地方文献创刊号数据库

2013 年构建的深圳学派文献专区集学人推荐、文献展示、信息发布、沟通交流等功能于一体，成为深圳地方文献的重要组成部分。

3. 港澳台文献专区

利用毗邻港澳台的地理优势，深圳图书馆一直将选取香港、澳门、台湾三地的优质进口文献作为收藏重点之一。目前，港澳台文献专区已收藏图书 5 万余种、主要期刊 500 余种、报纸 25 种，成为深圳地区的港澳台文献中心。

港澳台文献专区

4. 时装与平面设计文献专区

1994 年，深圳图书馆结合地区产业特点成立了时装图书馆，重点收集服装设计、生产、销售信息资料。2014 年，配合深圳“设计之都”建设，调整建立时装与平面设计文献专区，联合深圳市平面设计协会，为深圳设计师和专业读者服务，为深圳市创意设计产业服务，合作开展时装与平面设计展览，举办各类专业沙龙等活动。收藏时装与平面设计类中外文图书 5000 余册、期刊 200 多种以及特种文献，提供专题数据库及相关数字资源服务。

时装与平面设计文献专区

5. 法律文献专区

深圳图书馆于 2000 年创建法律专题图书馆，现为法律专题文献区，提供法律文献导读服务、法律信息咨询服务、法律文献代查代检服务、法律课题定题服务等。近年来，以读者需求为导向，以普及法律为目标，通过形式多样的普法宣传活动揭示法律馆藏文献资料，指引读者利用法律文献服务，帮助读者学法、用法，引导读者知法、守法，成为深圳法治研究及实务的文献基地、法制宣传教育的示范窗口。法律文献专区收藏中外文法律图书 2.62 万余册、中外文期刊 174 种、报纸 39 种，提供法律数据库查询服务。“中华人民共和国法律单行本系列”专架集中陈列由中国法制出版社、法律出版社出版的四个系列的法律单行本 100 多种。2009 年，深圳图书馆被广东省委宣传部、广东省普法办授予“全省‘五五’普法中期先进集体”荣誉称号。2013 年，依托法律文献专区文献资源和服务团队，创建“公益法律服务平台”，组建80人的“深图律师服务志愿者”团队，为市民提供法律咨询和法律讲堂服务，引导市民“学习法律知识”，践行公共图书馆“传承法治精神”之社会职能，至今服务读者约3000名。2014年“公益法律服务平台”普法项目荣获“深圳市文化志愿服务示范项目”荣誉称号。

商贸文献专区

6. 商贸文献专区

商贸文献专区以投资环境与招商资料、行业分析与市场报告、企业与产品目录资料、贸易机会与关税资料、统计年鉴以及展会资料等资源为收藏重点，集中了有关商业、贸易以及市场活动的各种资料，以贸易经济类文献为主，并涵盖经济类中的研究参考文献、时效性强的信息类文献，为读者提供商贸类专题文献服务。收藏中外文商贸文献2.3万余册，其中中国行业和地方年鉴500多种4800多册。

7. 东盟文献专区

东盟文献专区以东盟各国的地方特色文献为主题，为读者提供东盟各国的文献信息与相关资讯。收藏东盟专题图书2300册、中外文期刊110多种、报纸15种，其中通过征集获得文献200多种500多册。

东盟文献专区

二、专题信息开发

深圳图书馆针对政府机关、事业单位、社会机构提供决策信息参考、媒体舆情监控和行业信息通报等专题信息服务，成为相关部门及时掌握和了解本市舆情动态及国内外媒体新闻的重要渠道。配合深圳的重大活动，围绕地方重大事件，系统搜集相关专题的媒体报道信息，开展专题数据库建库工作，其中文博会、高交会、大运会等专题已列入国家数字图书馆推广工程联合建设计划。“台港澳电子剪报”“港报深圳新闻”“港报其他要闻”“国内媒体深圳新闻”“港报国内外要闻”“国内媒体国内外要闻”“国内媒体深圳新闻”和“每日经济专题”等专题已经成为深圳市政府掌握舆情动态的重要参考来源。

深圳图书馆专题信息服务部分成果

2014 年，编制各类专题信息成果 2541 期，记录 5 万余条、图片 2048 张；完成市领导办公决策信息服务系统 15 大类栏目的音频和视频节目采集、加工、上传工作，节目累计时长达 27 万分钟。

三、联合文献传递

深圳图书馆利用互联网开展了包括电子邮件咨询、表单咨询、实时咨询、原文传递等多渠道的数字参考咨询服务。2012 年 9 月，深圳图书馆加入了“全国图书馆联合参考咨询联盟”，与深圳大学城图书馆、深圳大学图书馆等联盟成员共同开展文献传递服务。

2014 年，参考咨询人员全年传递原文 1.6 万篇次，荣获“广东省文献资源共建共享服务贡献奖”。

四、学科馆员服务

深圳图书馆于2014年开展了学科馆员服务，在全馆范围内推选9名馆员分别担任哲学、社会科学、教育学等学科馆员，推动公共图书馆由提供普通的文献服务转变为提供深层次个性化的学科化知识服务，以学科化服务促进资源建设和信息挖掘利用。学科馆员与深圳市社会科学院（包括直属的五个研究所，即经济研究所、社会发展研究所、文化研究所、政法研究所、国际化城市研究所）、深圳市特区文化研究中心、深圳市律师协会等科研机构开展课题合作，提供嵌入式参考咨询服务。接受通过电话、邮件、网上咨询平台、现场咨询等方式提出的课题服务请求，依托学科馆员和专业化参考咨询服务团队提供专利、标准、学位论文等文献检索，以及调研综述撰写等服务。

2014年，以学科馆员为核心的参考咨询团队共开展定题服务42项，为291人次提供了文献代查代检服务。

第五节

细分人群提供个性化服务

深圳图书馆细分特殊人群的文献信息需求，针对其行为及阅读特点，配备了专用的文献资源及设备设施，提供有针对性的服务，有力保障特殊人群的信息文化权利。

一、少儿阅读

2009 年，深圳图书馆增设少儿服务区，服务面积约 700 平方米，内设儿童阅览区、幼儿阅览区、多功能活动室三个功能区域，为 3～13 岁少年儿童提供办证、图书借还、阅读指导等服务。配置适合少儿读者阅读的小说、故事、益智游戏、漫画、历史地理等少儿图书近 2 万册，期刊、报纸百余种，并定期开展少儿读者活动，培养少儿阅读兴趣。2011 年，少儿服务区获得了深圳市“巾帼文明岗”称号。

少儿服务区

2014 年 11 月，深圳图书馆启动少儿服务区改造，扩大了服务区面积，设置独立的低幼区通道，营造愉悦的“悦”读空间；配置卡通形象的自助借还机，增加童趣。改造后的少儿区成为“深圳图书馆 V-care 公益空间”，为少儿读者提供更加完善、更加多元化的文献服务和阅读活动，提供了一个集阅读、关爱于一体的公共文化与公益体验空间。2014 年，少儿服务区共接待读者 53.5 万人次，外借图书 24 万册次，举办各类读者活动 107 场，参与者达 2.6 万人次。

二、银发阅读

深圳图书馆通过老年人优先入馆、优先办理读者证及借还事务、在各楼层阅览区开设老年人专座、设置大字本图书专架、提供放大镜等工具、引进有声数据库等一系列举措，帮助和促进老年读者阅读，实现“老有所乐，老有所学，老有所为”。2014 年，组织策划了“银发阅读计划”，开办了多期“老有所乐，深图冲浪”中老年电脑培训班，拓展中老年读者的信息获取途径，共培训读者 715 人次。此外，还举办了“关爱老人，智慧生活”文化沙龙，推出了“健康养生”推荐书目，以及为“深圳市老干部活动中心”送书等活动。2015 年，又新增了中老年书画课程、剪纸文化沙龙、老年书画作品展。

深圳观察 文化 A04

老人热衷泡书堆 书写最美“夕阳红”

深圳图书馆“银发阅读”搭建平台让深圳市民老有所为

2015 年 3 月 16 日南方日报第 SC04 版报道

三、无障碍阅读

盲道指引视障人士走近阅读

2006 年 11 月，深圳图书馆成立视障阅览室，配置计算机 7 台，为视障人士提供盲文文献借阅、互联网服务、免费电脑培训、盲文资料刻印等服务，组织视障人士开展各类专题活动。收藏盲文书刊、有声读物 3000 多册（件），提供电子助视器、盲文读书机、盲文刻印机、盲文点字显示器、点字阅视器等视障人士专用设备。

视障人士电脑培训班共培训5000余人次，毕业学员300多人，馆员和义工为视障读者讲述电影76场。2009年，本馆工作人员编写出图书馆界第一本电脑学习盲文教材《盲人初级电脑培训教程》，更促进了深圳图书馆视障服务入选为2012年广东省图书馆阅读推广“优秀案例”，获得了2013年全民阅读年会“阅读案例二等奖”。

视障读者在“阅读”盲文书

视障阅览室是“深圳视障信息无障碍服务中心”、“中国图书馆学会残疾人阅读委员会活动基地”和“盲人电脑免费培训基地”，先后荣获共青团深圳市直属机关“青年文明号”、深圳市“巾帼文明岗”、广东省“巾帼文明岗”称号及“全国优秀盲人阅读推广单位”等荣誉。

第六节

科技应用推进服务智能化

深圳图书馆发挥技术优势，坚持一体化、集成化的应用模式，依托系统引进、集成和系统研发、应用，不断推进图书馆业务模式和服务方式的变革，也为业界提供了一系列新技术应用的典型案例。2006 年，深圳图书馆以新馆建设为契机，高起点、高标准、全方位地搭建起大型计算机网络系统，为构建深圳地区一体化的图书馆业务平台、实现全市图书馆的资源有效管理与一体化服务奠定了坚实的基础，并通过 RFID 技术、监控技术、可视化技术、数据挖掘技术等的研究与应用，不断促进图书馆的服务与管理走向智能化。

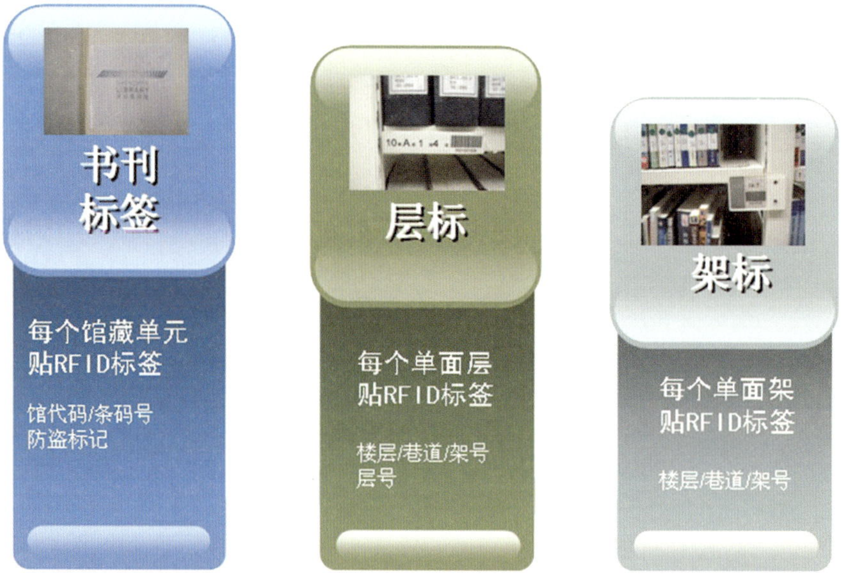

深圳图书馆层架标体系

一、文献智能管理系统

2006 年，在图书馆自动化系统基础上，深圳图书馆针对 RFID 技术在图书馆的应用实际进行拓展和深入设计，开发出一整套实用、高效的“RFID 文献智能管理系统”，展示了全新的图书馆排架管理与服务理念。

全馆按照“楼层、分区、巷道、书架、层”设计层架标编码体系，利用 RFID 架标、层标与文献的 RFID 标签相互关联，建立每册文献在馆内的位置视图，建立起文献定位管理的基础。

在 OPAC 查询页面上建立直观的各楼层文献架位分布图，方便读者找到文献的具体存放位置，实现了 OPAC 文献导航。

深圳图书馆研制的文献智能管理系统被广泛用于读者服务与文献管理（1）

深圳图书馆研制的文献智能管理系统被广泛用于读者服务与文献管理（2）

配合文献架位管理，研制出架位采集、架位整理、图书查找、架位库管理、导入采集数据、架位变更、架位清点、按索书号整架等一系列智能化的文献管理功能。依托文献智能管理系统，深圳图书馆每年组织文献清点工作，利用8 台手持式清点设备的“架位采集”功能可在一天内完成几十万册在架图书信息的采集，然后通过“架位清点”功能，按馆藏地点、分区、架位输出清点结果，发现“不在架”的所有文献。

深圳图书馆设计、发明了国际首例 RFID 智能书车，配套研制了图书装车、图书上架

2009 年文博会期间外国驻华使领团参观深圳图书馆研制的智能书车

等功能，提出了全新的文献分检模式，奠定了后续研发自助图书馆系统的基础。

二、监控管理系统

2008 年，深圳图书馆结合自助图书馆的实际运行管理模式及特点，研发了自助图书馆监控系统，可针对自助图书馆服务机的即时运行状态、资源状况、视频信息、服务情况、故障及修复情况等进行监控，及时响应服务，制定科学的服务流程和运送路线。

自助图书馆网物流配送监控

以自助图书馆监控系统为基础，深圳图书馆不断整合相关技术平台，利用常见的监控技术和开源软件工具，自主研制图书馆监控管理平台，对网络与服务器系统、数据库系统、自助图书馆系统、读者服务系统进行全方位监控，搭建了监控管理中心。监控管理系统对正常、临界、异常等各种情况以不同颜色区分，清晰地显示在屏幕上。超越警示线时，启动自动报警机制和自动响应机制，重要的警报会以短信形式发出，或直接拨打相关人员电话进行自动语音播报，部分业务则采取自动触发相关处理的工作模式。监控管理系统的建立和运行，不仅全面提升了系统故障发现的能力，加快了系统恢复效率，更成为决策和优化管理的重要支撑。

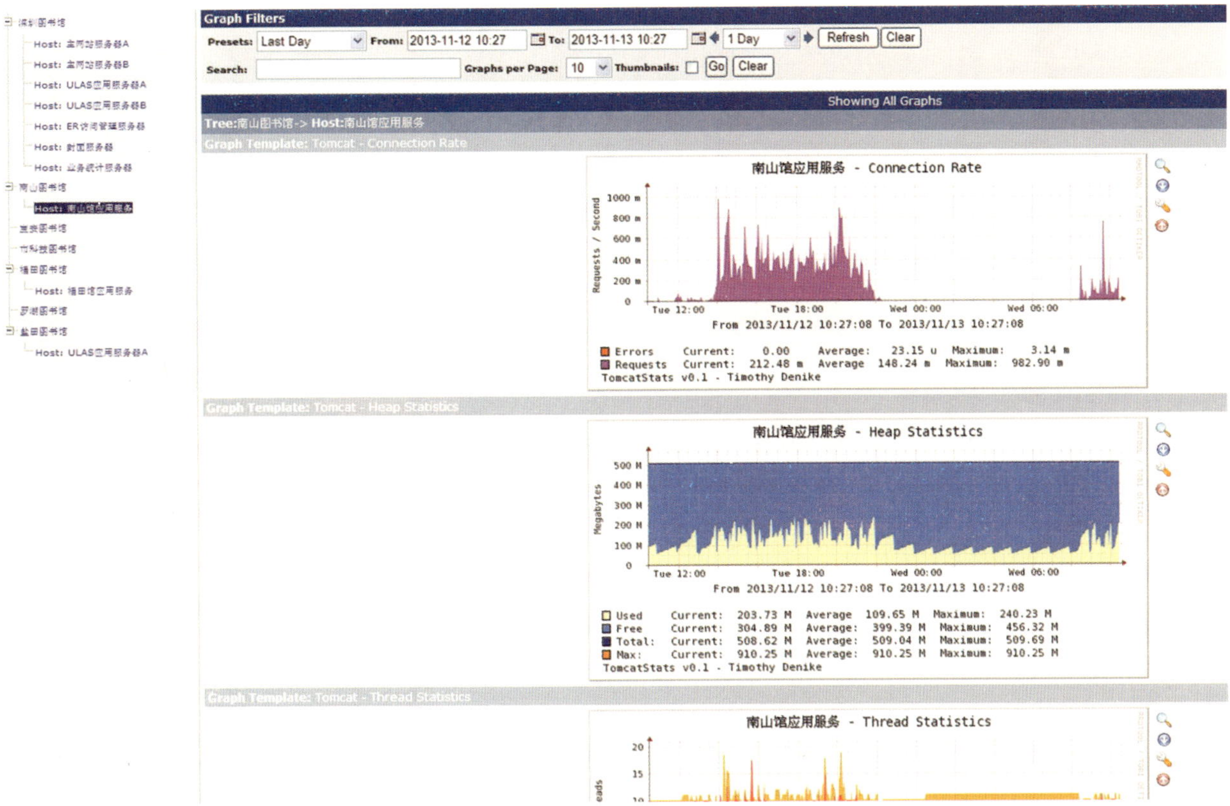

服务器监控

三、可视化统计分析

统计分析为图书馆效益评估与管理决策提供重要参考和数据依据。传统的图书馆自动化统计分析，如读者统计分析、资源统计分析、服务统计分析等，主要从实时工作系统出发，以表格数据方式呈现，统计分析耗时较长、表现形式呆板。

2012 年，深圳图书馆开始可视化统计分析的研究与探索。首先，通过持续数据保护技术，建立起一个备用数据库系统，与核心数据库系统基本同步。依托同步备份系统，搭建专门的统计分析平台，全面整合与挖掘全市各馆、各应用系统的数据，将数据划分成读者、文献、服务、设备等多个系列，对不同时段、不同场所、不同维度进行对比分析，重点分析全市各馆业务数据之间的关联性。借助可视化技术，将传统表格数据中的各类指标值、指标关系、时间和空间等在统计分析模板上以图形化、可视化模式呈现出来。

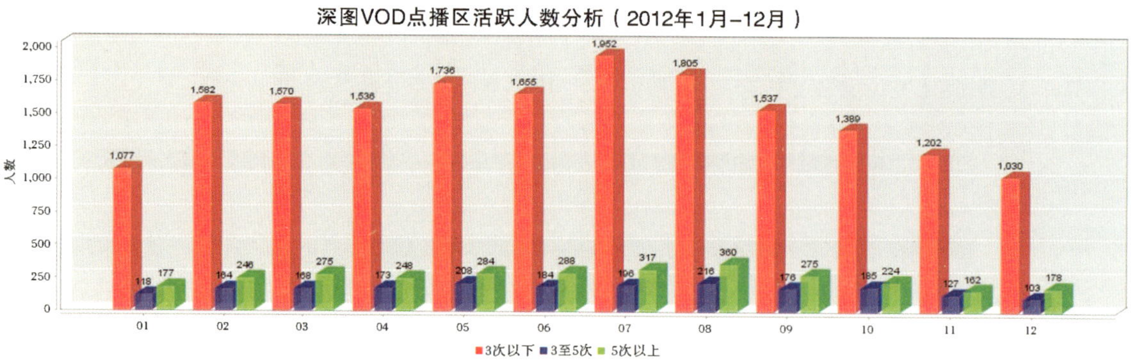

电子阅览室读者活跃度分析

可视化统计分析系统的建立，缓解了核心数据库系统的压力，梳理了统计分析模式，提高了统计效率，改善了统计分析结果的表现形式，为科学管理奠定了更为坚实的基础。

四、跨平台数据挖掘

深圳图书馆是深圳地区公共图书馆的网络数据中心，汇集了全市比较典型和全面的应用数据，包括基本服务数据、数字资源利用数据、网站服务数据、自助服务数据、短信服务数据、移动服务数据、电话服务数据等。不仅单馆业务数据规模庞大，多馆间业务数据更是呈现爆炸式增长，而且数据与数据之间存在着千丝万缕的关联。深圳图书馆始终致力于将这些来自于各平台的结构化或半结构化的业务数据和运维数据采集起来，采用开源挖掘工具进行数据收割，建立数据回归分析模型，利用关联规则预先建立数据相关度的数据仓库，通过可视化技术进行数据展示，为精细化服务与量化决策管理提供数据支撑。

目前，深圳图书馆的跨平台数据挖掘已运用于图书排架分析、网站功能调整、自助图书馆布点调整、向读者推荐其感兴趣的图书、文献资源配置辅助决策、文献采购辅助决策、电子阅览室阅览规则辅助决策、读者活动辅助决策等。

基于图书馆服务点维度的服务数据挖掘，为各馆所辖服务点的读者服务量化管理提供了有力的支撑，可在短时间内形成各类分析结果；基于读者维度的服务数据挖掘，成为提供读者“个人账单”服务的主要数据基础，也为按读者年龄构成、文化程度、专业情况分析读者利用图书馆习惯提供了可能；基于对图书馆各服务平台的服务数据挖掘，可形成多平台服务的对比分析，发现市民利用图书馆在平台上的热点和“迁移”。

第七节

业务研究推动事业发展

一、规章制度与业务规范

深圳图书馆高度重视规章制度建设工作，逐步形成了以制度管理、以制度评估、以制度考核的规范性管理工作格局。2006 年新馆开馆同时，深圳图书馆就编制了一系列规章制度。2012 年，为进一步加强全馆规章制度与业务规范建设，深图组织成立了编撰委员会，遵循科学性、有效性、针对性原则，精心组织规章制度与业务规范的研究、梳理、初审、复审工作，力求规章制度与业务规范协调统一，规章制度体现原则性，业务规范具有实操性。2014 年编印出版的《深圳图书馆规章制度与业务规范汇编》（以下简称《汇编》），累计完成规章制度和业务规范制定及修订 145 项，基本框架包括政务、资源规划与建设、读者服务组织、计算机网络与软件系统管理、人事管理、财务管理、图书馆之城与共享工程管理等 7 大类，其中修订原有制度 21 项，新增制度 36 项，新增业务规范 88 项。

深圳图书馆积极参与国家、省市有关标准化和规范化建设工作，参与了文化部行业标准《射频识别—图书馆—数据模型》的制定，主持了《基层图书馆服务规范》的制定工作，参与了《县级公共图书馆业务规范》的制定工作。

随着深圳市“图书馆之城”相关业务的不断拓展，深圳图书馆也在工作中不断总结，通过业务研究创新发展思路，通过规范化促进可持续发展。深图近年来先后组织制定了一系列“图书馆之城”业务规范，包括市级标准《公共图书馆 RFID 技术应用规范》和《公共图书馆统一服务技术平台应用规范》。

二、科研项目与课题研究

深圳图书馆先后承担了10余项国家级科研项目，多次获得国家、文化部、省市奖项。陆续组织出版了近20部学术专著，涉及图书馆的理念、服务、技术、编目、图书馆之城、自助图书馆等方面，覆盖深圳图书馆的整个发展历程。

图书馆自动化集成系统ILAS是深圳图书馆早期承担的科研项目，ILAS在技术上持续创新的同时，培养出了一批图书馆自动化系统研制与应用的技术骨干，在深圳图书馆逐步营造出较强的科研与新技术应用氛围。

“数字图书馆体系结构研究与应用平台开发”是国家重点科研项目，其最终产品“数字图书馆应用系统”（dILAS）于2005年5月通过文化部组织的技术鉴定。dILAS成为深圳图书馆新馆全面实行计算机化管理、全面推行自助服务的核心系统，也是推进“图书馆之城”统一服务、全媒体服务的基础平台。

“城市街区24小时自助图书馆系统”（以下简称“自助图书馆”）是深圳图书馆2007年承担的文化部科研项目，于2009年6月通过文化部验收。它的研制与成功，标志着我国公共图书馆事业在图书馆延伸服务与高新技术在图书馆应用等方面迈上了一个新的台阶。自助图书馆以RFID技术为基础，集成各种高新技术，可存放400多本图书，能快速布设在城市街区，集办证、借还书、文献查询、数字资源服务等功能于一体，采取全自助服务模式，无人值守，全天候开放，智能化管理，是自主、自由、便利的新型城市图书馆网络。

2014年4月通过文化部验收的“公共图书馆现代科技应用研究”项目是全国首批文化部科技提升计划重点项目。该项目客观、完整地概括公共图书馆科技应用现状，提升了对公共图书馆科技应用本质与方法的整体认知，提出了符合发展趋势的图书馆科技应用总体模式，形成了一批具有代表性的典型系统实例和相关成果，对图书馆科技应用有重要的推广价值和借鉴意义。

深圳图书馆不断夯实业务基础建设，推进精细化服务，积极推进业务研究工作，以提升馆员的业务水平和业务素养，带动业务发展。2014年共组织28项业务研究课题，基本涵盖图书馆主要业务领域和重点难点问题。其中19项已通过验收结项，转入应用与动态跟踪。

表 2－2　深圳图书馆重要科研项目一览表

序号	项 目 名 称	级 别	项 目 时 间
1	实时多用户计算机光笔流通管理系统	文化部项目	1987 年 6 月
2	中国国家书目回溯数据库	文化部项目	1999 年 1 月
3	图书馆自动化集成系统（ILAS）	文化部项目	1988 年—1991 年 11 月
4	图书馆自动化网络系统（ILAS II）	文化部项目	1998 年 5 月—1999 年 7 月
5	联合采编网络系统（UACN）	文化部项目	1997 年 6 月—1999 年 7 月
6	地区性数字图书馆网络架构研究与开发（“数字图书馆体系结构研究与应用平台开发”）	文化部国家重点科研项目	2001 年 12 月—2005 年 5 月
7	城市街区 24 小时自助图书馆系统	文化部项目	2007 年 7 月—2009 年 6 月
8	图书馆服务模式创新——自助图书馆的研制与实施	2009 年国家文化创新工程	2009 年—2012 年 11 月
9	我国图书馆职业资格认证机制的实现方式研究	2013 年度中国图书馆学会专项资金项目	2013 年—2014 年
10	公共图书馆开展全民阅读活动与建设学习型社会研究	2013 年度国家社会科学基金项目	2013 年—2014 年
11	公共图书馆现代科技应用研究	文化部科技提升计划重点项目	2010 年 7 月—2014 年 4 月

三、公共图书馆研究院

2009 年 11 月，深圳图书馆成立公共图书馆研究院，以“前沿、创新、分享”为研究方针，以公共图书馆理论与实践为研究主导，以促进国内公共图书馆事业发展为己任，是国内首个以公共图书馆为研究对象的专业研究机构，也是面向全国并具有国际视野的学术研究机构。

公共图书馆研究院 LOGO

公共图书馆研究院广邀海内外知名专家和公共图书馆管理者担任研究员，建立广泛的学术网络，通过提出并完成相关科研课题、举办学术会议及高峰论坛等方式，围绕国内外公共图书馆发展中的重大理论和实践问题进行研究，及时向政府及社会公布研究成果，提交发展研究报告，发表学术论著，为政府决策和法律法规制定提供研究依据，及时有效应用研究成果，促进公共图书馆事业发展，并向全社会宣扬公共图书馆行业价值、提升行业影响力。

在公共图书馆研究院成立的同时，深圳图书馆举办了首届公共图书馆国际高峰论坛，海内外权威图书馆组织负责人、著名公共图书馆馆长和专家学者齐聚一堂，共商公共图书馆合作发展大计。2010 年 11 月，“2010 公共图书馆高峰论坛暨公共图书馆研究院 2010 年年会”同时召开。此次论坛由公共图书馆研究院和深圳图书馆主办，主题为“发展与超越：中国公共图书馆发展之现状与未来”。

公共图书馆研究院自成立以来，编著了《中国公共图书馆发展蓝皮书（2010）》，这是迄今为止对于公共图书馆进行的研究最系统、内容最丰富的一部集成、创新图书；合作策划、组织了《图书馆学家文库》编撰工作，其中美国著名图书馆学家李华伟的《李华伟文集》荣获“美国华美图书馆员协会 2011 年最佳图书奖”。

第八节

社会关注与荣誉

深圳图书馆的服务与技术创新得到各类媒体的高度关注，受到了业内的充分认可，赢得了市民的广泛好评，也得到了各级领导的充分肯定。

2008 年 1 月，由《出版人》杂志和新浪网联合主办的“2007 中国书业年度评选”中，全国网友票选深圳图书馆为“2007 年度图书馆”。2014 年全年共有 20 多家平面及主要门户网站媒体对深圳图书馆进行了报道，其中纸媒报道 563 篇，电视报道 9 篇（次）。

媒体报道汇总表

媒体	名称	级别				数量	小计
		中央部级	省级	副省级	其他		
报纸	人民日报	6				6	563
	中国青年报	1				1	
	中国文化报	6				6	
	图书馆报	2				2	
	南方日报		9			9	
	南方都市报		33			33	
	广州日报			8		8	
	羊城晚报			12		12	
	深圳特区报			104		104	
	深圳商报			152		152	
	晶报			60		60	

2014 年深圳图书馆纸媒报道统计（部分）

国际图联第一副主席鲍顿先生曾感慨地说：“我参观了世界各国的许多图书馆，这里可以说是世界上最繁忙的图书馆。”美国俄亥俄大学图书馆馆长李华伟博士来馆访问期间，高

《新闻联播》节目报道自助图书馆

度赞扬深圳图书馆创新的服务理念和管理模式，与深圳图书馆签署了“友好合作交流协议书”。国际图联秘书长詹妮弗·尼科尔森在考察深圳市文化发展与图书馆事业建设情况时，对深圳“图书馆之城”的建设与服务赞不绝口，认为“深圳的图书馆事业已经发展成为一个很好的国际化窗口”。

中央和省市领导多次考察深圳图书馆的服务，并做出重要指示。2011 年 8 月，时任中共中央总书记、国家主席、中央军委主席胡锦涛在出席深圳第二十六届世界大学生夏季运动会开幕式前夕，亲临自助图书馆服务点，体验自助借还过程，称赞自助图书馆便捷、惠民。

潘九堂：这只是一个普通社区图书馆，在城中村和小区结合部，有不少好书。深圳有数百家这样的社区图书馆，可自由进入阅读自习，100块押金可借5本，各网点通借通还，这是深圳最值得骄傲的公共设施@深圳图书馆。一个人如果可连上图书馆式互联网，就没理由为自己不求上进和没文化找借口了，过几天去办借书证。（2月8日17：56）

hi百采：深圳最值得骄傲的公共设施 //@深圳图书馆：回复@crystal_song521(2月10日09：36）

奇袜小姐高宇婧：//@蔡小东 zZ这的确是深圳值得骄傲的地方，而且每到周六日深圳图书馆人流量都特别多，尽管如此，环境还是异常的安静没有任何噪音

读者在微博上称赞深圳图书馆

深圳图书馆对每一位读者提供贴心服务，也获得了市民的认可和赞扬：“我有三年几乎每一个晚上、每一个周末都在深圳图书馆度过。每当闭馆的声音响起，我才背着重重的书包去坐公交车，感谢深图！如今我在宝图工作了！”“刚来深圳，在小姑的带领下就办了一

张读者证，六年了，一直都在用，现在越来越好了，非常喜欢西班牙语角和摄影培训！”“这几年来我对各地公共图书馆也见了不少，不过没有一个公共图书馆像深圳图书馆那样让我一见钟情！”针对自助图书馆，市民评价说：“书送到家门，不看书都不行了！”“我要留下来，深圳很好，这里有其他城市没有的东西！”

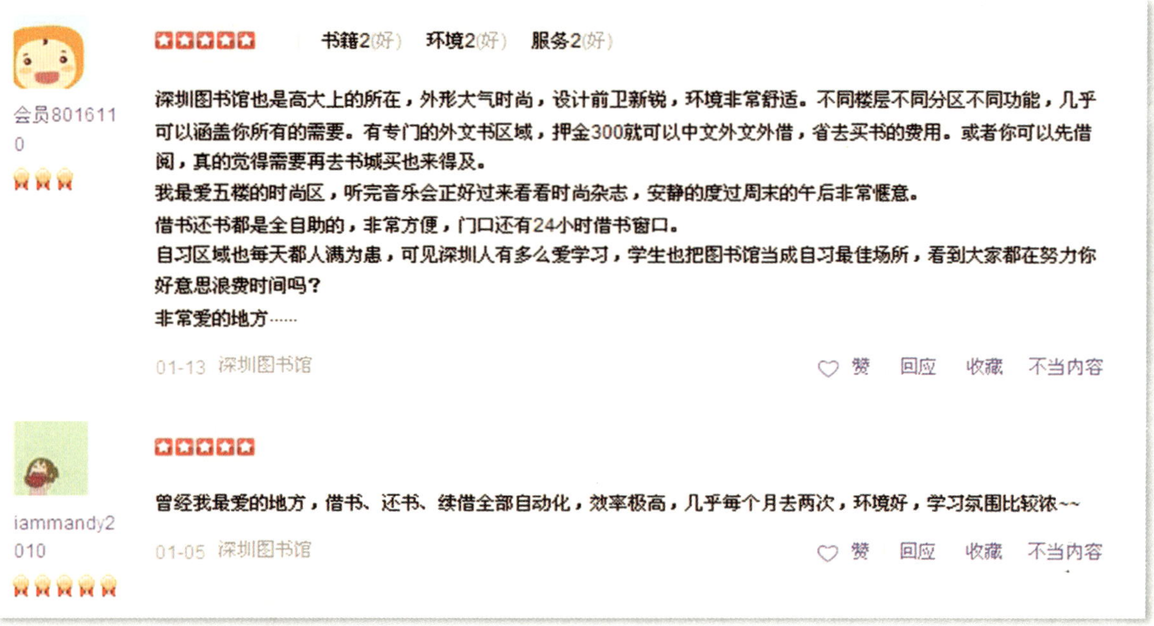

大众点评网读者对深圳图书馆的评价

表 2－3 深圳图书馆历年主要获奖一览表

获奖时间	获 得 荣 誉	获 奖 项 目	颁奖单位
1988 年 11 月	文化部科技进步二等奖	实时多用户计算机光笔流通管理系统	文化部
1989 年 12 月	首届“全国文明图书馆”称号		文化部
1992 年	全省文化系统先进单位		广东省文化厅
1992 年 8 月	省文化厅科技进步一等奖	图书馆自动化集成系统（ILAS）	广东省文化厅
1992 年 11 月	文化部科技进步奖一等奖	图书馆自动化集成系统（ILAS）	文化部
1993 年 5 月	深圳市科技进步奖一等奖	图书馆自动化集成系统（ILAS）	深圳市
1993 年 8 月	省文化厅科技进步奖一等奖	图书馆自动化集成系统（ILAS）	广东省文化厅
1993 年 11 月	省文明图书馆		广东省
1993 年 12 月	国家科技进步三等奖	图书馆自动化集成系统（ILAS）	国家科学技术委员会

（续）

获奖时间	获 得 荣 誉	获 奖 项 目	颁奖单位
1994 年 9 月	联合国“发明创新科技之星”奖	图书馆自动化集成系统（ILAS）	联合国技术信息促进系统中国国家分部发明创新科技之星评选委员会
1994 年 10 月	文化部科学技术进步一等奖	图书馆自动化集成系统的推广应用	文化部
1994 年 12 月	第二届全国文明图书馆称号		文化部
1995 年 4 月	全国文化先进集体		国家人事部、文化部
1999 年 10 月	全国计划单列市公共图书馆系列一级馆		文化部
1999 年 11 月	文化部科学技术进步一等奖	图书馆自动化网络系统（ILAS II）	文化部
1999 年 12 月	全国科普工作先进集体		国家科学技术部、中共中央宣传部、中国科协
2004 年	广东省文化信息资源共享工程先进单位		广东省文化信息资源共享工程领导小组，广东省文化厅
2005 年 11 月	首届文化部创新奖	地方版文献联合采编协作网（CRLNet）	文化部
2008 年 1 月	2007 年度图书馆		《出版人》杂志与新浪网
2009 年 10 月	第三届文化部创新奖	“城市街区自助图书馆”项目	文化部
2009 年 10 月	第三届文化部创新奖	深圳市民文化大讲堂（深圳图书馆协办）	文化部
2010 年 6 月	全国第十五届群星奖	“城市街区自助图书馆”项目	文化部
2013 年 3 月	广东省特色文化品牌	深圳市“图书馆之城”统一服务	广东省文化厅
2013 年 11 月	2012 年全民阅读先进单位		中国图书馆学会
2014 年	全国盲人阅读推广优秀单位		中国盲人协会、中国盲文出版社、中国盲人图书馆、全国盲人阅读推广委员会

自助图书馆

03

第三章
“图书馆之城”服务一体化

深圳市图书馆界一直秉承“共建共享”的发展理念，不断推进一体化服务进程，在建设中创新模式，在管理中通力协作。从2004年联合开展“通借通还”到2009年全面推进全市“统一服务”，从2009年联合构建“深圳文献港”到2012年共同打造“深圳市科技文献信息平台”，从2008年自助图书馆网建设到深圳市调剂书库项目实施，深圳市图书馆界在现行体制下，致力于在同一个平台上为广大市民提供无差异的服务，推进全市纸质资源与数字资源的统一揭示与获取，推进全市文献资源保障体系的不断丰富和完善。深圳市“图书馆之城”建设已实现了从量到质的转变，全城“一个图书馆”模式已初具规模。

2012年4月发布“图书馆之城”统一服务宣传标识

深圳市“图书馆之城”是当前深圳市文化建设领域取得的突出成就之一，已成为深圳公共文化服务的城市品牌，成为全国创建公共文化服务体系的重要模式之一。

第一节

全市公共图书馆统一服务

深圳市各级公共图书馆在各级政府的大力支持下，在较短的时间内实现了快速增长，形成了市、区、街道、社区各级图书馆共存的格局，各区、街道图书馆在城市公共图书馆事业发展进程中发挥了重要作用。然而，伴随着整个城市的发展，各区、各级图书馆之间的差异化日益凸显，广大市民对图书馆服务的需求却在不断提高，因此，推进各区、各级不同管理主体的图书馆实现统一服务势在必行。

2009 年，深圳市文化局颁布《深圳市“图书馆之城”统一技术平台建设方案》，全市公共图书馆统一服务工作全面启动。市、区图书馆及所辖基层图书馆在统一证标识、统一文献标识、统一 RFID 技术应用标准、统一服务项目与服务规则的基础上，构建统一服务技术平台，遵循求大同、存小异的原则，“成熟一个，加入一个”，持续推进一证通行、通借通还和资源共享。截至 2014 年底，包括 2 个市级图书馆和 8 个区级图书馆在内的 226 个各级公共图书馆及 220 个自助图书馆加入统一服务。市民拥有一张读者证就可以自由地利用全市加入统一服务平台的所有图书馆的各类资源，享受到馆服

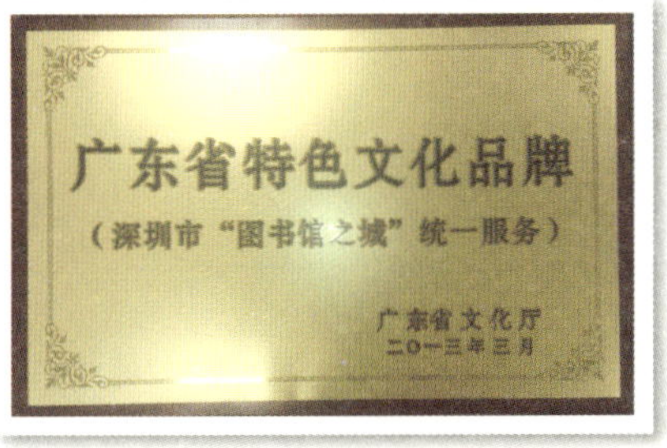

2013 年深圳市“图书馆之城”统一服务被授予广东省特色文化品牌

一证阅遍“图书馆之城”
统一服务全城均等

2010 年 12 月 30 日深圳《晶报》对“图书馆之城”建设进行专题报道

务、网上服务、语音电话服务、微平台服务和自助图书馆服务等。

2013 年，深圳市“图书馆之城”统一服务被授予“广东省特色文化品牌”。2014 年，全市统一服务累计读者证达 125 万张，统一服务借还量达 413 万人次、1646 万册次。

一、统一业务标准与规则

1. 统一读者证与文献标识

统一读者证标识是各馆在分别制作、发放读者证的前提下，为各馆读者证统一编码，统一规格与特征设计，以便在一个系统平台上实现读者的统一认证和读者信息管理，实现全市一证通行。各馆读者证号均采用 13 位编码，前 6 位为馆代码，后 7 位为流水号。读者证统一内置 RFID 芯片，版面均增加“图书馆之城”统一服务标志元素。

宝安图书馆读者证

光明新区图书馆 VIP 证

统一文献标识是各馆在分别采购、加工文献的前提下，为各馆文献统一编码，以便在一个系统平台上实现各馆文献的统一识别和馆藏信息统一管理。文献标识采用 14 位编码，前 6 位为馆代码，后 8 位为流水号，采取条形码和 RFID 标签共用的方式，即先为馆藏文献分配全市统一的条形号码（含数字明码），然后写入 RFID 标签。

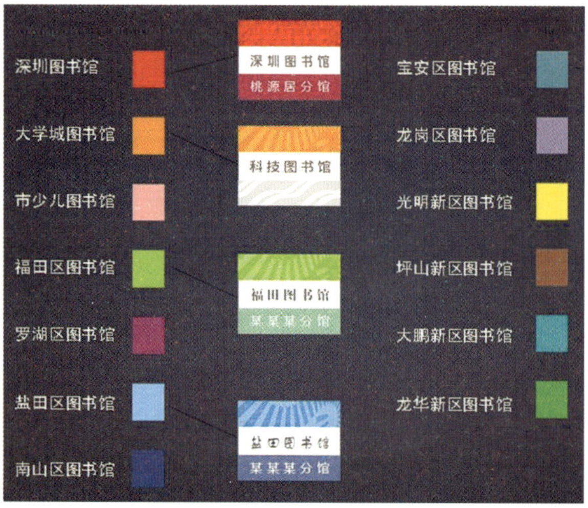

馆藏文献色标样例

统一馆藏文献色标是在不改变原有馆藏文献书标形式的前提下，通过对各馆分配不同的颜色，与各馆的 LOGO 结合在一起，形成各馆特有的馆藏文献标识。文献色标统一加贴在图书封底的右上角，以增强对各馆馆藏文献的识别；同时，允许各馆在统一馆藏文献色标下方增加特殊标识，便于人工分拣和管理不同馆藏地点、不同类型的文献。

2. 统一 RFID 技术应用标准

基于2006年深圳图书馆就全面采用了RFID技术，“图书馆之城”统一服务也在最初规划时就将RFID技术应用作为一项重要的工作内容，制定出一系列的RFID应用标准，包括参照深圳图书馆的应用，选择HF作为统一的频段，完善RFID标签数据模型，结合各馆实际应用需求确定RFID标签内数据编码元素，规定以NCIP协议作为统一的自助服务数据交换协议等。在统一RFID技术应用标准的基础上，在推进各馆统一服务的同时，推进了全市RFID技术的普遍应用，推进了自助服务的普及，同时，也为全市图书馆的智能化管理奠定了基础。

2010年，深圳图书馆参加了由文化部批准立项、国家图书馆牵头组织的《射频识别—图书馆—数据模型》行业标准制定。2014年，在对“图书馆之城”RFID应用进行全面总结的基础上，制定了深圳市标准《公共图书馆RFID技术应用业务规范》，全面指导全市各级公共图书馆引进RFID相关技术设备，进行RFID应用系统规划、建设和运维管理等，同时也为全国图书馆RFID技术应用提供了参考。

3. 统一服务项目与规则

在全市各馆已形成多样化的服务项目与规则的背景下，在规划统一服务的服务项目与服务规则时，力图将全市公共图书馆现行的主要服务项目都纳入统一服务范围内，包括办证、外借、阅览登记、电子阅览室管理、自助打印等。围绕这些项目，市、区图书馆共同制定了统一的服务规则，包括办证规则、外借与续借规则、丢失处理规则、损坏处理规则、过期处理规则、延期规则、违规处罚规则、预借服务规则、电子阅览室服务规则等。所有加入统一服务的图书馆均按照统一的服务项目与服务规则为市民提供无差别的服务，各馆其他个性化服务则通过统一认证等方式，由平台提供必要的技术支持。

在最为基本的外借服务项目上，对全市公共图书馆的中文图书、外文期刊、少儿图书、盲文文献、音像资料等主要文献类型进行了规范和统一，以便在全市范围内针对不同类型的文献定义不同的借阅规则，而不存在任何歧义。此外，还灵活设置了一些服务项目与规则，解决了各馆特殊文献类型的服务管理问题。

深圳市“图书馆之城”统一服务指南

4. 统一业务流程与规范

统一服务不仅需要系统平台的支持，更需要业务流程的全面规范。在梳理各馆原有业务的基础上，归纳出“图书馆之城”统一服务的主要业务工作，统一了办证、借还、阅览、上机等各项业务的工作流程、工作环节和操作方法，在应用系统的配合下，建立起一整套统一服务业务规范，如《统一服务读者与流通事务工作规范》《统一技术平台管理工作规范》《统一服务财政结算工作规范》等。

深圳市“图书馆之城”读者证具有阅览、外借、网上服务和预存费功能，读者可在市、区图书馆及其指定的网点申办新证、换证、退证，办理开通、取消服务等各类证事务，可通过语音服务电话、短信、网站挂失读者证。全市 220 台自助图书馆均可以申办新读者证。读者可借阅任意图书馆及自助图书馆的文献，所借阅的文献可以在任意图书馆及自助图书馆归还，还可通过语音服务电话、短信、微信、网站、自助图书馆办理续借手续。

读者可在任一图书馆及自助图书馆缴纳逾期滞还费，使用预付款自助扣缴服务。与此相配套，统一服务也规范了全市图书馆之间的财政事务，明确了统一服务中借书押金、逾期滞还费、丢失与损坏赔偿金、打印耗材费的归属，制定了结算原则及与各馆财务的交接工作流程，实现了市、区图书馆之间必要的财务结算。

二、统一服务技术平台

为满足深圳市“图书馆之城”较为复杂的系统运行与数据管理环境要求，支撑多样化的业务模式，适应“图书馆之城”日益攀升的业务量，保障“图书馆之城”各项业务的正常运转，深圳图书馆牵头在全市搭建起科学、适用的网络架构，不断引进、集成、优化计算机网络系统、存储系统、服务器系统、数据库系统以及应用软件系统等，自主研发了“图书馆之城”中心管理系统，整合了各馆的数据，建立起高效可用的网络数据中心，实现了各图书馆之间的高效互访。

2014 年，深圳图书馆牵头制定的深圳市标准《公共图书馆统一服务技术平台应用规范》成为深圳地区公共图书馆加入统一服务、采用统一服务技术平台的专门指导性文件。

1. 网络数据中心

深圳市“图书馆之城”网络数据中心依托深圳图书馆的计算机网络系统搭建，部署了以高档小型机为核心的多套服务器集群。核心数据库服务器采用 IBM P690 高档小型机集群，数字资源库服务器和 WEB 服务器采用 IBM P570 小型机集群。其他各类应用服务器主要采用虚拟化技术，分别部署“图书馆之城”中心管理系统、自助服务系统、短信服务系统、参考咨询系统、统计分析服务系统、读者认证系统、移动服务系统等。核心存储为 FC-SAN 结构的 HP XP 系列存储系统，配备双链路光纤访问通道，

“图书馆之城”网络数据中心

利用 BC 快速复制技术，实现存储级的数据同步，可根据需要移出指定时间点的整套数据。引进磁带库和虚拟磁带库组，每天进行数据库增量备份，每周进行数据库全备份。

2013 年，引进了数据库系统同步软件，实现了数据库级的本地和异地备份。数据库系统同步时差达到秒级，进一步保证了数据安全。

2. 分布式网络架构

网络数据中心采取双机/双路冗余部署方案：核心交换机、防火墙、内网交换机、汇聚/接入交换机均采用双机双活互备方式；网络接入则采取双路配置模式，通过 2 条 100M 的光纤链路接入互联网。

为“图书馆之城”统一服务和自助图书馆搭建了 VPN 虚拟专网，充分利用 VPN 技术的独享、安全、经济、灵活、易管理等优点，在所有图书馆以及自助图书馆之间建立安全、快速通道。

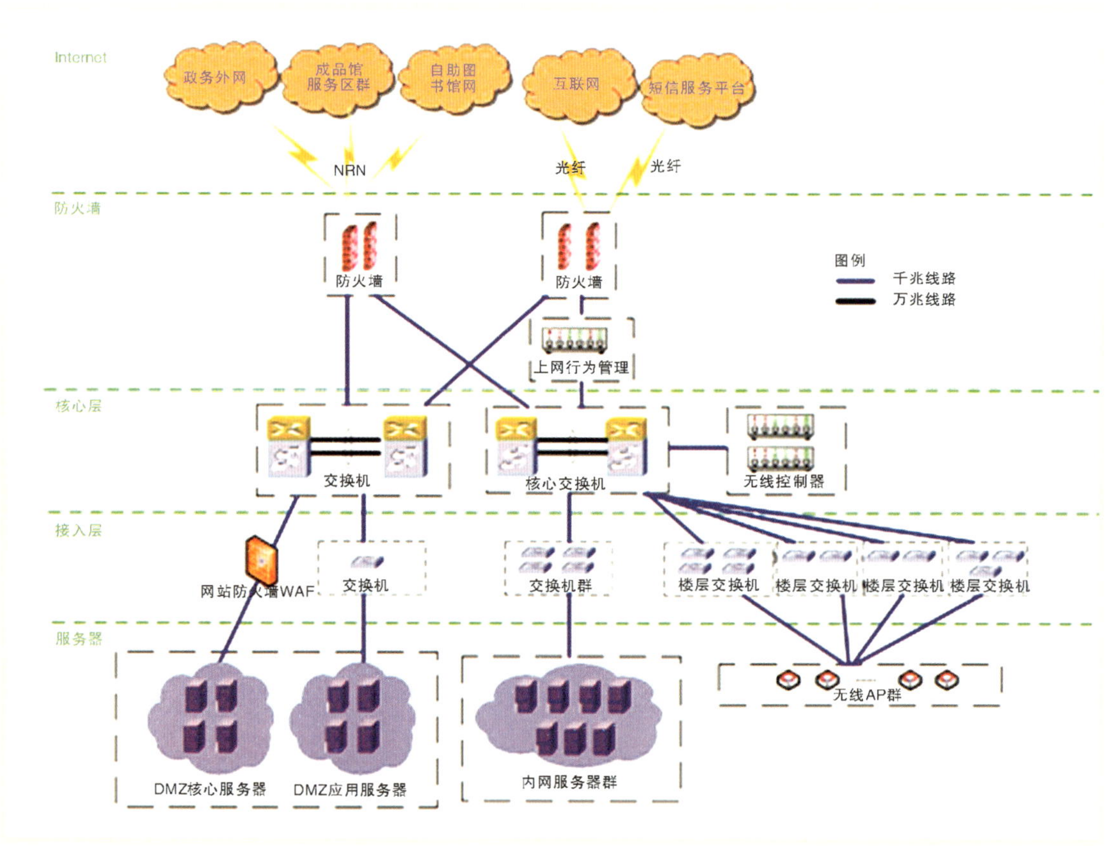

“图书馆之城”网络数据中心网络架构

在网络主通道上配置上网行为管理设备，在 Web 服务器前端部署 Web 防火墙 WAF，有效阻挡外网入侵，保证全市公共图书馆网络系统和应用系统的可用性、完整性与保密性。

为降低网络数据中心负载，分担服务压力，主要应用系统采用分布式架构，在各图书馆安装前置应用服务器，部署图书馆常用业务、检索服务、统计分析、数据输出等应用，与网络数据中心核心服务器协同工作，提高了系统整体运行效率。

3. 分层系统保障

网络数据中心采取高可靠性的系统保障策略，将数据库系统层、中间件层、对外应用层分层部署，均衡负载，以保障“图书馆之城”各项业务 7 ×24 小时不间断，同时也提高了系统的安全性和部署的灵活性。

数据库系统层部署在内网，依托高可靠性的存储系统和高端服务器双机系统以及容灾备份系统，保证数据库系统安全。

在数据库系统层与应用层之间建立中间件层，如 B/S 中间件、C/S 中间件及各类应用服务器等，采取本地部署与异地部署相结合的方式，一般部署在 VPN 网内，并考虑一定冗余，以便于均衡负载和系统恢复。

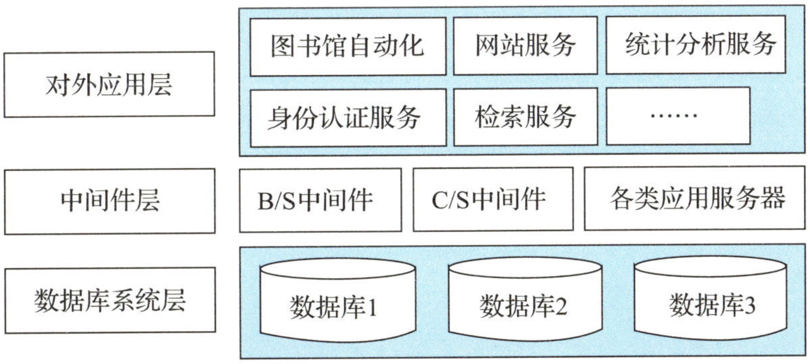

“图书馆之城”网络数据中心分层系统保障

对外应用层则部署在对外服务的各类专用服务器上，或前置到各馆的应用服务器上，以提高系统的整体性能。

4. 中心管理系统

深圳图书馆承担的国家重点科研项目——“数字图书馆体系结构研究与应用平台开发”

研究的重点就是复杂环境下的数字图书馆体系构建与应用平台建设模式。依托科研项目的成果，结合深圳地区图书馆的具体情况，研制出“图书馆之城”中心管理系统（简称 ULAS），并通过系统不断拓展和优化，推进全市统一服务、自助服务，实现一体化的服务管理。

深圳图书馆研制的“图书馆之城”中心管理系统

统一服务主要实施工作就是围绕着 ULAS 系统切换、数据合并展开的。2009 年 10 月，深圳图书馆核心应用系统成功切换到 ULAS，全市自助图书馆同时进入统一技术平台。2010 年 3 月，龙岗图书馆及下属 16 个分馆实现合库，采用 ULAS 进行统一服务管理。至 2012 年 4 月，全市各区图书馆及下属主要图书馆均利用 ULAS 实现了统一服务。2013 年 12 月，深圳大学城图书馆（深圳市科技图书馆）也成功切换到 ULAS 系统中。

如今，ULAS 已成为“图书馆之城”统一服务和一体化服务管理的重要支撑，其业务领域涵盖采编管理、典藏管理、读者服务等基础业务，也是各馆自助服务设备、自助图书馆、语音服务平台、网站服务门户、微平台、移动服务平台的系统业务支撑。

三、全市文献保障与调配

1. 文献配置分级保障

深圳市、区公共图书馆在政府的积极推动下，按照《落实深圳市民生净福利指标体系公共图书馆人均藏书指标工作方案》和《深圳市人均公共图书馆图书藏量指标考核实施方案》的要求，发挥各区、各馆优势，共同推进全市文献保障体系建设，文献资源总量已初具规模，由保障本服务、预借服务、地方文献服务和数字资源服务等构成的多级文献保障体系逐步建成。

“深圳市本地出版物资料库”牌匾

深圳地区中文图书保障本体系建设与服务主要由深圳图书馆承担，对符合馆藏发展政策的文献进行全品种入藏，其他图书馆则对保障本品种进行补充。

深圳图书馆是深圳地方文献中心，根据呈缴制度，全面接收深圳地区出版社或负有出版责任的单位缴送的出版物样品。同时，通过媒体向社会发布文献征集信息，向单位、个人主动搜集符合本馆入藏原则的各类地方特色文献。目前，市、区图书馆正广泛开展合作，协调深圳市地方文献建设，在建立地方文献联合目录的基础上，共同承担地方文献搜集、整理、保存、数字化加工与服务保障职责。

用于借阅服务的基本文献由市、区图书馆分别配置。各区基层图书馆的基本文献主要由区级图书馆统一采购、统一编目、统一调配。如福田区图书馆，现有 1 个区级总馆、10 家街道分馆、94 家社区图书馆。每建设一家分馆，由区图书馆统一配备图书 3000 册，报纸 20 种，期刊 100 种。

福田区上沙社区图书馆阅览区

深圳图书馆从 2008 年 8 月起提供预借服务，目前投入预借服务的图书总量已达到 59.5 万册，并根据储存场地和人工取书的能力，不断扩充可预借图书的数量。深圳市文体旅游局于 2011 年颁布《深圳市“图书馆之城”预借服务实施方案》，要求各区图书馆分别建立本区预借库并加入全市统一的预借服务。目前，盐田区和龙岗区已建立本区预借库并提供服务。

深圳地区数字资源采购已集中在市、区两级图书馆。2010 年，结合“深圳文献港”建设成立了数字资源联合采购小组，由深圳大学城图书馆（深圳市科技图书馆）

牵头，联合深圳图书馆、深圳大学图书馆，在其他图书馆共同参与下，推进全市数字资源联合采购。

2. 市、区物流分级保障

由于纸本文献调配、预借送书和文献定期回馆均会产生文献在全市范围的流转，需要物流进行服务保障。

深圳市“图书馆之城”的物流体系主要由市—区公共图书馆物流、区级公共图书馆物流、自助图书馆物流组成。所有物流均通过政府采购招标的方式引进专业物流公司，组建专业化的物流队伍，完成文献的配送与转运。

市—区图书馆的物流由深圳图书馆负责，物流每周到各市、区图书馆取送文献。区级物流由区图书馆负责，物流定期到辖区内各图书馆取送文献，包括配置新文献、进行文献调配和将还回文献送还所属图书馆。区级物流中发现非本区图书馆文献则全部集中到区图书馆，转由市—区图书馆的物流进行流转。自助图书馆的文献配置、文献回馆和预借送书的物流由深圳图书馆负责。与区级物流不同，自助图书馆物流的运转频率更高，工作内容更复杂，多按交通线路组织，而不是按行政区域，以提高效率。

自助图书馆物流配送车与工作人员

3. 深圳市图书馆调剂书库

随着深圳地区图书馆事业的不断发展，公共图书馆的馆藏空间已日趋饱和。为进一步加强和完善深圳地区多级文献保障体系，建设一个现代化的文献储备、调配、集散与转运中心，构建具有前瞻性的网络数据中心和容灾中心，提升整体服务能力，有效解决公共图书馆空间不足的迫切难题，在政府的大力支持下，深圳图书馆全力推进“深圳市图书馆调剂书库”项目（以下简称“调剂书库”）相关工作。该项目被列入深圳市“图书馆之城”建设“十二五”规划，2013 年 3 月批复立项，被列入 2015 年深圳市重大项目计划，目前已进入设计招标阶段。

调剂书库选址位于龙华新区民治腾龙路与中梅路交汇处，居于深圳城市次中心的核心位置，紧邻深圳北站，南侧为规划中的文化街区，周围是成熟的大型居住社区。调剂书库设计藏书量 800 万册，是深圳市“图书馆之城”建设的基础配套工程，是深圳作为“全民阅读典范城市”的重要资源平台，是特区内外一体化、建设国际化城市的重要文化设施，是满足全社会公共文化教育服务的民生工程。

第二节

自助图书馆遍布全城

“城市街区自助图书馆系统”（以下简称“自助图书馆”）是由国家文化部立项、由深圳市自主研发的文化创新项目，是深圳市公共文化服务体系建设的重要组成部分，是保障市民基本文化权利，促进公共图书馆服务均等化、便利化的重要举措。到2014年底，深圳自助图书馆网已达到220台的规模。自助图书馆的建设和运行，提升了深圳的城市形象和社会影响力，加速了“图书馆之城”的建设步伐，让全国乃至世界感受到了令人耳目一新的图书馆服务，成为图书馆界公共文化服务体系创新的热点。

自2008年7月投入运行以来至2014年底，陆续投入运行的自助图书馆已累计借还文献1186万册次，办证13.3万张，预借送书61.8万册次。

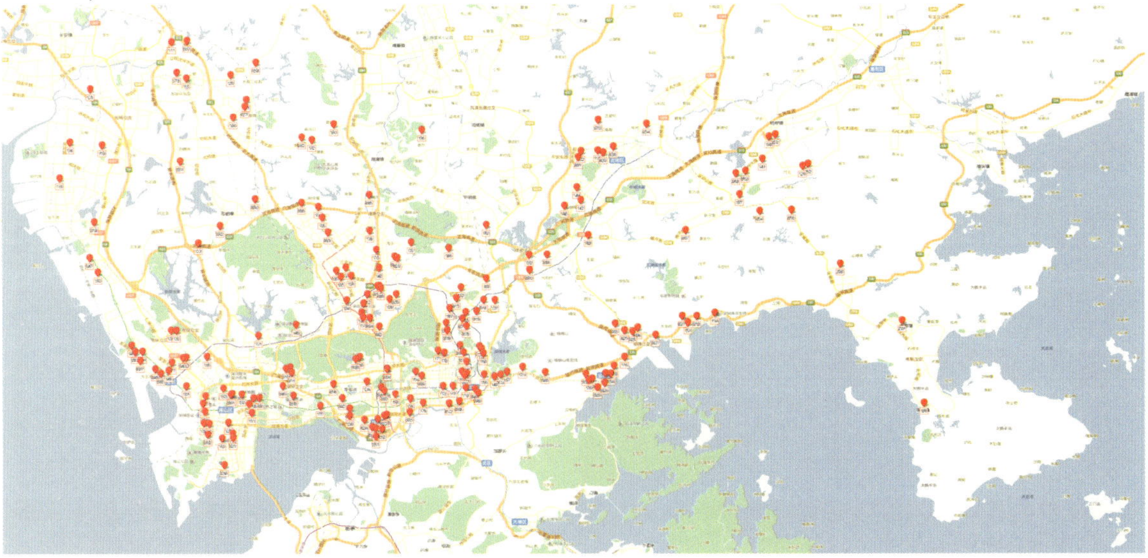

城市街区24小时自助图书馆分布图

一、自主研发自助图书馆

自助图书馆采用同一技术标准和服务标准，提供全自助服务模式，通过一体化和网络化建设与运行管理，覆盖城市街区，提供均等化的图书馆基本服务。

2007 年 3 月，自助图书馆被列入《深圳市建设“图书馆之城”（2006—2010）五年规划》建设项目，2007 年 6 月被列入国家文化部科研项目。2008 年 4 月，首台深圳自主研制的自助图书馆服务机在深圳图书馆北门外正式对读者服务。2009 年 6 月，自助图书馆系统项目通过了文化部验收。专家评价：“自助图书馆在服务理念、服务模式、服务手段上均属国内首创，已研制出的自助图书馆服务机和集成化软件系统均处于国内领先水平，在世界图书馆领域也无应用先例”。

第三届文化部创新奖

自助图书馆以 RFID 技术为基础，集成各种高新技术，可装载图书 400 余本，集办证、借还书、文献查询、数字资源服务等功能于一体，采取全自助服务模式，无人值守，全天候开放，可方便布设在城市街区，使读者能就近享受图书馆的服务，充分体现了自主、自由、便利的现代图书馆服务理念。

自助图书馆——城市中的靓丽风景线

自助图书馆不是一次定型的产品，在自助图书馆的建设和运行管理之中，一直在不断融入新理念，运用技术创新服务与管理模式。从设备上不断改进组装工艺，保障安装的安全与快捷，增强设备安全防护能力，安装图书消毒装置，为室外部署设计配套防雨组件等；从功能上，增设电子阅读装置，支持手机读者证，探索节能运行模式；从管理上，不断强化网络中心建设，提高设备、资源与服务的监控管理能力，缩短维护响应时间。

2009 年 12 月 6 日，文化部在深圳召开了“城市街区 24 小时自助图书馆系统”大会，向全国有条件的地方推广使用。

二、自助图书馆覆盖 98%的街道

自 2008 年起，深圳市政府一直在推进自助图书馆建设，利用自助图书馆的布设、服务与管理特点，进一步促进全市公共图书馆服务的均等化，营造全民阅读的城市氛围。经过 8 年的努力，全市 57 个街道自助图书馆的覆盖率已超过 98% 。

表 3－1　自助图书馆已布点街道数量及占比

（单位：个）

行政区	下辖街道名称	街道总数	已布自助图书馆街道数量	占比
福田区	园岭、南园、福田、沙头、梅林、华富、香蜜湖、莲花、华强北、福保	10	10	100.0%
罗湖区	黄贝、南湖、桂园、东门、笋岗、莲塘、翠竹、东晓、东湖、清水河	10	10	100.0%
盐田区	沙头角、海山、盐田、梅沙	4	4	100.0%
南山区	南头、南山、西丽、沙河、蛇口、招商、粤海、桃源	8	7	87.5%
宝安区	新安、西乡、福永、沙井、松岗、石岩	6	6	100.0%
龙岗区	平湖、坂田、布吉、南湾、横岗、龙城、龙岗、坪地	8	8	100.0%
光明新区	公明、光明	2	2	100.0%
坪山新区	坪山、坑梓	2	2	100.0%
龙华新区	观澜、大浪、龙华、民治	4	4	100.0%
大鹏新区	大鹏、南澳、葵涌	3	3	100.0%
合计		57	56	98.2%

1. 政府主导　统筹建设

深圳市政府高度重视自助图书馆项目进展与自助图书馆建设。2008 年 4 月，市领导率有关部门到深圳图书馆调研，考察“城市街区 24 小时自助图书馆系统”并召开调研会。2008 年 7 月，市政府研究决定先行试点 40 台自助图书馆。2009 年 3 月，市政府办公会议审批通过《城市街区 24 小时自助图书馆运营模式实施方案》。至 2009 年 4 月，40 台自助图书馆组建成的新型图书馆网全面提供服务，自助图书馆网络数据中心和监控管理中心初步建成。2010 年 6 月，市领导主持召开会议，进一步明确了自助图书馆设备采购及物流服务采购的相关问题。

家门口借还书享受“阅读便利”

具备传统图书馆没有的功能

庞大图书馆资源的“窗口”

昨日，深圳首台 24 小时自助图书馆投入使用。 本报记者 王小可 摄

2008 年 4 月 24 日《深圳特区报》报道：家门口借还书享受“阅读便利”

作为深圳市政府投资建设的公益文化设施项目，自助图书馆建设先后被列入深圳市政府 2010—2014 年度重点工作、民生实事，自助图书馆总量不断增加，布局不断优化，覆盖面日益扩大。

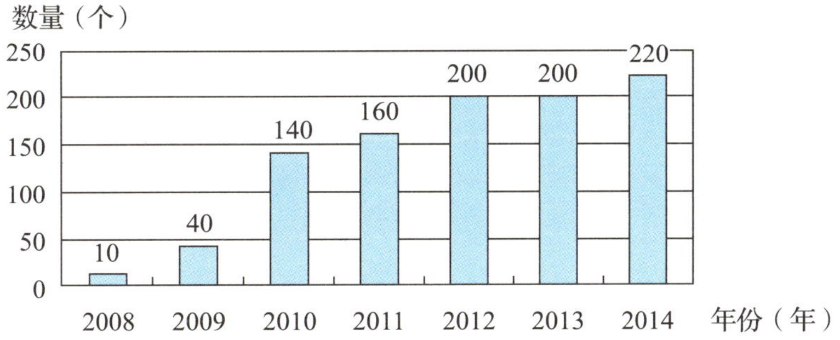

自助图书馆建设数量统计图

起重机正在进行自助图书馆吊装

2. 布设快捷　均等分布

自助图书馆具有布设快捷的突出特点，设备安装方式普遍采用厂内组装、现场整机吊装的方式。2008年起，每年自助图书馆的建设周期只有2～3个月，单日设备安装达到2～3台。自助图书馆对服务点环境要求相对较低，占地约为7平方米，配备普通电源，连上网络即可。自助图书馆的迁移也非常简单，有利于布局的优化与调整。

深圳市自助图书馆按照规划主要布设在市民最方便使用的生活社区、办公区、交通枢纽等地，辐射半径以1.5公里为基准，低于我国于2008年发布的《公共图书馆建设用地指标》中“小型图书馆的服务半径≤2.5公里”的规定。

全市现有220台自助图书馆在各行政区的分布基本均衡，同时兼顾了各不同类型区域的不同需求。

表3－2　按行政区和区域类型的自助图书馆分布

（单位：台）

行政区域	数量	行政区域	数量
福田区	29	城中村	9
宝安区	26	工业区及科技园	37
南山区	27	公共场馆	35
罗湖区	26	交通枢纽	2
盐田区	18	特殊场所	23
龙岗区	36	住宅区	103
龙华新区	29	综合办公区	11
大鹏新区	4	合计	220
光明新区	13		
坪山新区	12		
合计	220		

3. 市区共建　优化布局

深圳市文体旅游局全面统筹全市自助图书馆建设工作，制定自助图书馆年度建设规划，组织自助图书馆布点评审工作，协调自助图书馆建设与管理中的相关问题。深圳图书馆负责自助图书馆建设具体实施工作，组建网络数据中心和监控中心，承担自助图书馆网建设实施、运行管理和服务组织工作。

在建设中充分听取区政府、区相关主管部门的意见，深圳图书馆联合各区图书馆共同开展实地调研和服务点评估。在布点评审过程中，邀请部分区图书馆馆长参加，共同进行全市统筹规划。在安装、试运行过程中，市、区图书馆密切合作，联合推进相关工作。

经过 8 年的建设，较为合理的自助图书馆布点原则和建设工作模式基本形成。2008 年，自助图书馆建设就提出了“点”“线”“片”布点基本思路。2012 年，以深圳市各行政片区的人口密度为出发点，结合自助图书馆网点分布现状，拾遗补缺，对文化基础设施欠缺地区及需求量大的片区优先规划，同时与“图书馆之城”统一服务体系建设相结合，与区图书馆、街道/社区图书馆错位互补，促进“图书馆之城”服务网络效益的整体提升。

深圳图书馆每年对已建自助图书馆进行服务量统计分析，结合布局、覆盖范围、服务对象等因素，筛选出需要优化或整改的服务点，组织整改或迁移，实施动态管理。

三、一体化、社会化运营管理

1. 采取一体化运行管理机制

在市文体旅游局统筹领导下，深圳图书馆成立专门管理机构，行使自助图书馆建设与日常管理职能，对外监督指导物流单位和设备维护单位的工作，对内协调与自助图书馆服务相关的各项业务，承担自助图书馆布点实施、推广、宣传、评估、读者咨询等工作。同时，利用技术手段，不断进行深入细致的数据分析，及时发现技术和管理上的问题，推进自助图书馆服务组织的有序化、科学化，协助技术改进和系统完善工作。

深圳图书馆充分利用自身的人力、技术、资源、服务优势，有效推进自助图书馆建设。针对自助图书馆的特点，深圳图书馆对计算机网络基础设施进行了扩容改造，研制自助图书馆配套管理软件，建立起统一的自助图书馆监控平台、自助图书馆网站服务平台、电话语音服务平台。图书馆、物流单位、设备维护单位均可实时监控自助图书馆的各项运行指标，通过监控管理提高设备维护响应速度，指导物流配送工作。

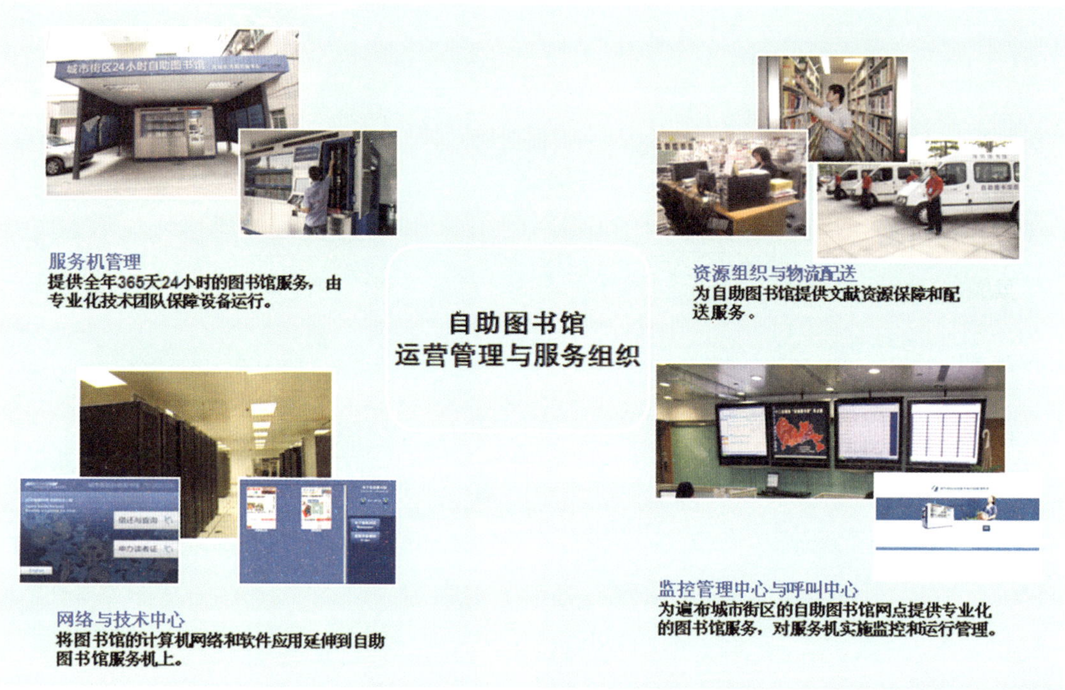

自助图书馆一体化、智能化的运营管理

全市自助图书馆网以VPN技术为依托，实现了遍布全城的自助图书馆服务点与网络数据中心之间的数据稳定传送，读者在操作自助图书馆时就像在图书馆内使用自助设备一样快捷，各类电子资源也从网络数据中心传递到了各个自助图书馆的电子屏幕上。VPN网络的建立也为自助图书馆网的有效管理奠定了坚实的基础，远程管理、软件自动更新等得以方便地实现。

自助图书馆采取统一的文献配置方式，可保持各个区域文献配置总量的相对均衡，并可借助文献的流转有效控制文献的复本量，使同样的经费能够配备更多的文献品种。深圳市政府专门为深圳图书馆增拨了自助图书馆文献购置费，保障了自助图书馆服务的文献更新。

自助图书馆分布在城市街区，必然是各区图书馆服务的组成部分，其日常管理离不开各区图书馆的共同参与。如市、区图书馆共同开展各区自助图书馆的宣传，联合进行本区自助图书馆效果评估，协调补充自助图书馆所需要的文献，协调服务点出现的各类问题等。深圳图书馆也会定期向各区图书馆通报辖区内自助图书馆运行情况，针对出现的各种问题及时与各区图书馆沟通，共同推进相关问题的尽快解决。

2. 采取社会化服务保障方式

自助图书馆需要组建专业化的物流中心，依托自助图书馆专设的调配书库，科学规划配送路线，有效组织车辆和人员等。深圳图书馆通过政府采购招标的方式，引进专业化的团队，针对自助图书馆在服务机上每日需进行的各类操作对物流人员进行系统培训。物流人员不再是普通的配送人员，而是直接面对市民的专业化服务人员，成为连接图书馆与读者的桥梁。

自助图书馆网各服务点的服务保障还包括设备与环境的维护。深圳图书馆通过政府采购招标的方式，引进专业化的技术团队对服务机进行 24 小时维护，通过监控、定时巡检、定期保养、及时现场维护，保障自助图书馆的不间断运行。设备维护调度中心、按片区驻扎的相对固定的维护团队、核心与机动团队共同构成了覆盖全市的设备维护网络。

为归纳总结自助图书馆服务体系多年来的建设历程，深圳图书馆组织撰写了《创新与超越——城市街区自助图书馆网建设与实践》一书，记载了自助图书馆网理念、技术、建设、保障、效益评估等内容。

第三节

联合创建“深圳文献港”

深圳图书馆打造的“深圳文献港”是“图书馆之城”建设的重要组成部分，是由深圳图书馆、深圳大学城图书馆（深圳市科技图书馆）、深圳大学图书馆联合创建的文献资源整合与检索平台及文献信息资源保障与共享平台。“深圳文献港”的建设与实践是各类型图书馆在区域数字资源服务体系建设领域的典型应用，也是具有代表性的“云”应用。深圳市民通过“深圳文献港”不仅能够发现本市主要图书馆的馆藏资源，获取数字资源，同时能够发现本市以外的更多资源，并借助联合服务系统获取。

经过2009年“深圳文献港”建设和2012年“深圳文献港”二期工程——“深圳市科技文献信息服务平台”的全面实施，深圳地区不仅拥有了更加丰富的数字资源，而且在各主要图书馆之间构建起了更为高效的互通网络，全面升级了“深圳文献港”网站服务，同步建立了“深圳文献港”移动服务门户，进一步提升了全市图书馆数字资源服务能力和保障能力。

一、数字资源统一揭示与服务

数字资源本身的特性、版权管理模式和公共图书馆的可能与现实拥有量决定了数字资源服务会更多地采取“云”模式，公共图书馆应合作构建区域性数字资源联合服务平台。深圳图书馆是较早研制数字资源统一检索系统（USP）的图书馆之一。2008年，深圳图书馆、深圳大学城图书馆（深圳市科技图书馆）和深圳大学图书馆开始联合构建“深圳文献港”，推进资源整合、统一认证、统一揭示、统一检索、联合服务、协调采购。

“深圳文献港”一期网站页面

“深圳文献港”引进专业化资源发现系统，整合各成员馆数字资源，建立多层级发现与服务机制，实现了深圳地区资源元数据整合与资源统一揭示。市民可通过一个网站门户了解所有图书馆的馆藏及文献获取的相关信息。

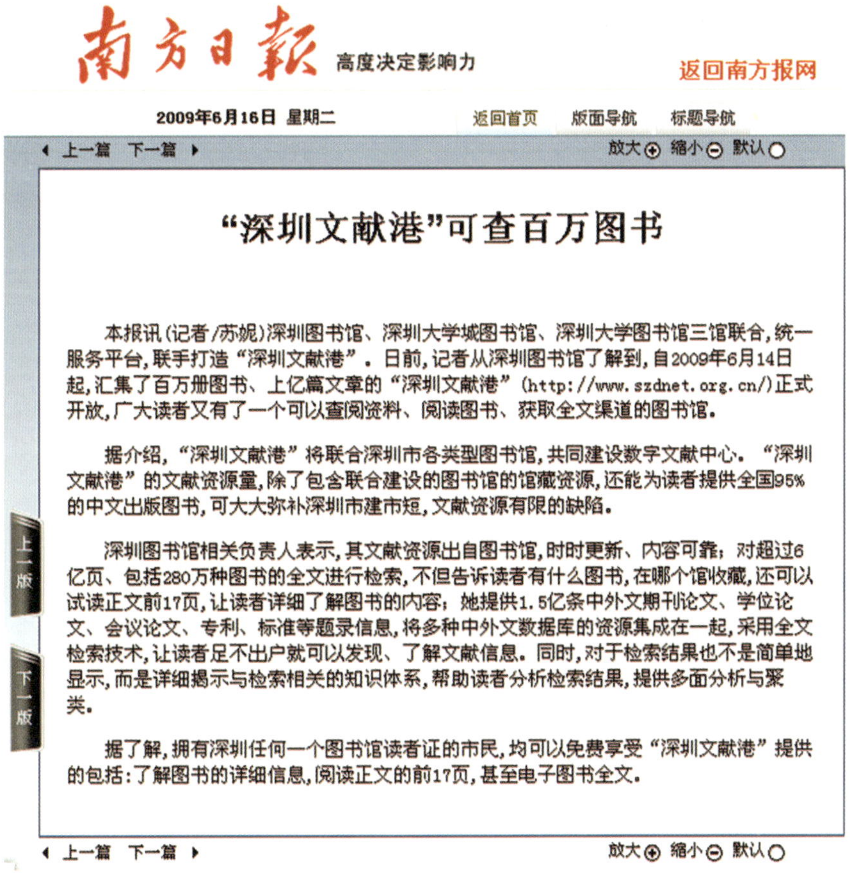
南方日报 高度决定影响力

返回南方报网

2009年6月16日 星期二

返回首页 版面导航 标题导航

上一篇 下一篇 放大 缩小 默认

上一版 下一版

“深圳文献港”可查百万图书

本报讯(记者/苏妮)深圳图书馆、深圳大学城图书馆、深圳大学图书馆三馆联合，统一服务平台，联手打造“深圳文献港”。日前，记者从深圳图书馆了解到，自2009年6月14日起，汇集了百万册图书、上亿篇文章的“深圳文献港”(http://www.szdnet.org.cn/)正式开放，广大读者又有了一个可以查阅资料、阅读图书、获取全文渠道的图书馆。

据介绍，“深圳文献港”将联合深圳市各类型图书馆，共同建设数字文献中心。“深圳文献港”的文献资源量，除了包含联合建设的图书馆的馆藏资源，还能为读者提供全国95%的中文出版图书，可大大弥补深圳市建市短，文献资源有限的缺陷。

深圳图书馆相关负责人表示，其文献资源出自图书馆，时时更新、内容可靠；对超过6亿页、包括280万种图书的全文进行检索，不但告诉读者有什么图书，在哪个馆收藏，还可以试读正文前17页，让读者详细了解图书的内容；她提供1.5亿条中外文期刊论文、学位论文、会议论文、专利、标准等题录信息，将多种中外文数据库的资源集成在一起，采用全文检索技术，让读者足不出户就可以发现、了解文献信息。同时，对于检索结果也不是简单地显示，而是详细揭示与检索相关的知识体系，帮助读者分析检索结果，提供多面分析与聚类。

据了解，拥有深圳任何一个图书馆读者证的市民，均可以免费享受“深圳文献港”提供的包括：了解图书的详细信息，阅读正文的前17页，甚至电子图书全文。

上一篇 下一篇 放大 缩小 默认

2009年6月16日《南方日报》报道：“深圳文献港”可查百万图书

“深圳文献港”通过与统一认证系统和联合参考咨询系统对接，提供了一站式的数字资源服务，读者可以通过在线阅览、下载、原文传递等方式获取数字资源，成为深圳地区数字资源的主要服务平台。

“深圳文献港”新网站主页

二、文献信息服务平台提升

2012年，“深圳文献港”二期工程——“深圳市科技文献信息服务平台”项目启动建设。“深圳文献港”成员馆增加了深圳职业技术学院图书馆和南方科技大学图书馆。

“深圳文献港”二期工程采取“元数据集中、对象数据分散”的网络架构，各主要图书馆之间建立了VPN专网通道，对主要设备与存储空间、主要应用系统、主要数字资源进行了整体部署，对“深圳文献港”网站进行了全面升级，形成了更为专业化的“深圳市科技文献服务平台”门户网站。二期工程不仅实现了合作馆的文献资源整合与统一检索，与各馆读者统一认证服务有效对接，还实现了多媒体资源的整合。

升级后的“深圳文献港”服务平台促进了数字资源服务向纵深发展，受到广大市民和科技工作者的欢迎，成为全市科技自主创新平台的基础服务平台之一。

三、同步打造移动服务门户

“深圳文献港”在建立一体化、专业化的文献资源服务网站门户的同时，顺应移动图书馆的发展趋势，于2013年4月推出“深圳文献港”移动服务门户，为市民提供数字资源服务和图书馆综合服务。

市民通过手机、Pad等手持终端设备可使用“深圳文献港”一站式检索，进行纸质文献移动检索与自助服务、学术资源一站式检索与全文移动阅读；可在线阅读平台提供的图书、报刊、视频、音频等资源；可免费订阅包括新闻、时评、图书、报纸、杂志、图片、有声读物和视频课程等近30种频道的资源；针对移动服务的特点，建立了“我的书架”“公开课”“视频”“我的订阅”等栏目。

同时，移动服务门户也集成了图书馆常用的服务功能，如续借、挂失读者证等。

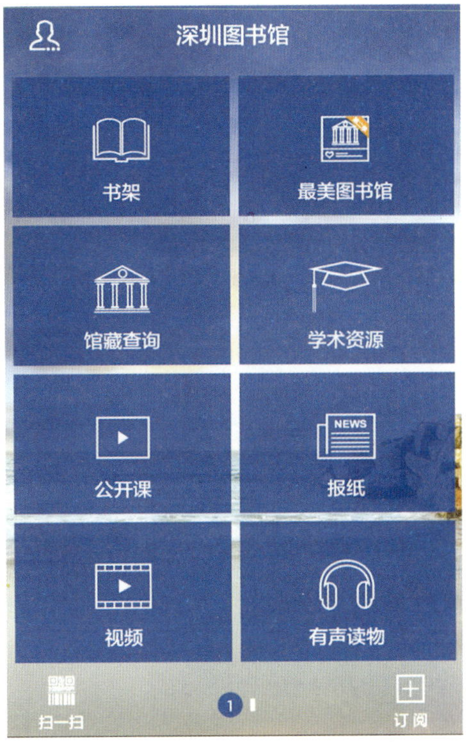

“深圳文献港”移动服务门户

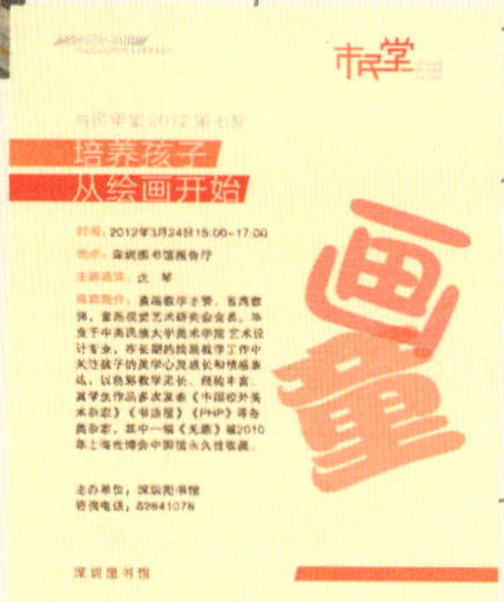
市民学堂
培养孩子
从绘画开始
2012年3月24日15:00-17:00
画童
深圳图书馆

"悦读·分享"图书交换日活动

04

第四章 阅读推广涵养城市文化土壤

文化深圳，从阅读开始。深圳崇尚阅读、尊重阅读，充分运用“深圳读书月”“创意十二月”“关爱行动”三大文化载体，多年如一日致力于全民阅读推广，连续成功举办10届“深圳文博会”，2014年首次发布“阅读指数”，颁布“全民阅读促进条例”，以实际行动诠释着“全球全民阅读典范城市”的称号。如今，阅读已深深融入这座城市的精神气质和文化根脉，深圳正成为因读书而受人尊重的城市，成为“以读书为荣，以读书为乐”的书香城市。

深圳市图书馆界多年来以阅读推广为己任，大力推动全民阅读。“深圳读书月”的构想就源自时任深圳图书馆馆长刘楚材的一份提案，而今“深圳读书月”已成功举办15届，策划开展了众多闻名全国的品牌活动，年度参与人次逐年上升，由首届的170多万上升至1000多万。2014年，由深圳各公共图书馆组织各类阅读推广活动共8158场，参与市民达250多万人次。

深圳图书馆依托自身丰富的馆藏资源和专业服务体系，围绕内容、时间、空间、组织形式等多个维度推介馆藏资源和图书馆服务项目，加强活动策划，打造活动系列，创设文化空间，开展跨区域合作，已形成了独具特色的四大活动系列，即“深图讲座”、“深图展览”、“深图艺苑”和“深图活动”，形成了具有广泛影响力的活动品牌，逐步构建起全方位、常态化、多样化的阅读推广格局。2014年，深圳图书馆组织各类阅读推广活动达959场，参与市民累计达156.3万人次。

第一节

倡导经典阅读

深圳图书馆始终致力于为广大读者提供优质丰富的馆藏资源，积极推动市民阅读，提升城市阅读品味。面对数字化、碎片化阅读的盛行以及资讯传播的泛滥，深圳图书馆在推动大众阅读和主题阅读的基础上，注重引导读者重返经典阅读，积极倡导和推荐纸质阅读、慢阅读和深阅读，通过研究发布经典阅读书目、策划和组织经典阅读讲座及活动，并极力打造经典阅读空间，“扬经典阅读之风，弘优秀文化之善”。

一、发布“南书房家庭经典阅读书目”

2014 年第 19 个“世界读书日”前夕，深圳图书馆与中国图书馆学会阅读推广委员会联合策划，推出“南书房家庭经典阅读书目”，旨在向广大读者推荐适合当今中国家庭阅读与收藏的经典著作，培育读书种子，滋润书香之家。

华中师范大学文学院张三夕教授主讲“孔门之问——《论语》导读”

“南书房家庭经典阅读书目”由专家精心评选，于每年“世界读书日”发布 30 种，计划 10 年达到一般家庭经典书架的基本容量。首期书目有《诗经选》《老子》《论语译著》《史记》《国史大纲》《理想国》《小王子》等 30 种中外图书入选，围绕“家庭”和“经典”两大主题，侧重于历久弥新之作；立足“家庭”亲子阅读需求，关注读物的可读性，部分入选典籍为选本或译注本；以文、史、哲经典图书为主，兼顾社会科学、科学普及读物；为便于阅读，推荐书目均推荐的是通行版本。

首期深圳图书馆“南书房家庭经典阅读书目”

二、经典导读系列讲座

中华上下五千年的浩瀚典籍中，经典文献以其深厚的人文内涵不断被解读，并对人类文明演进发挥着持久的影响力。提供书目导读一直是图书馆的职责所在，深圳图书馆作为传统阅读的重要阵地，更是承载着提供经典文献导读和传承优秀文化的职责。为配合“南书房家庭经典阅读书目”的阅读推广，深圳图书馆邀请深圳大学文学院院长、国学研究所所长景海峰教授，华中师范大学文学院教授、博士生导师、国学院副院长张三夕教授，中山大学张晓峰教授等专家学者，举办了多场“南书房家庭经典阅读书目”系列讲座和读书沙龙，如“孔门之问——《论语》导读”“绝地天通话《史记》——《史记》的古学价值”等精彩讲座，引导和推动读者直面经典、了解经典、走进经典，普及和弘扬中华优秀传统文化。

三、经典文献展示及主题展览

为宣传和推介“南书房家庭经典阅读书目”，深圳图书馆南书房专门开辟了多元化的经典展示空间，既包含经典阅读书目的展示，也有首期发布的 30 种经典著作的集中展示；并于 2014 年 6 月发起“南书房家庭经典阅读书目”征文大赛，获得市民读者的积极响应，所征集到的 200 多篇文章经专家评审选出 20 篇优秀作品展示于此空间，供广大读者赏阅，引发读者对经典阅读的共鸣。

深圳图书馆“南书房家庭经典阅读书目”展

为深入揭示深圳图书馆的经典文献资源，展示本馆在经典文献收藏、开发与利用等方面所做的努力与探索，深圳图书馆策划并组织了各种主题、多种形式的经典文献推介展览。如“尺幅千里，尽收眼底——中国哲学画卷”主题展览，集中展示了馆藏哲学经典图书，编制推荐书目，全面展现中国哲学发展脉络；“书影流连经典回眸”图片展，向读者推荐曾经被改编为电影的经典图书，回眸经典曾带给我们的启迪。

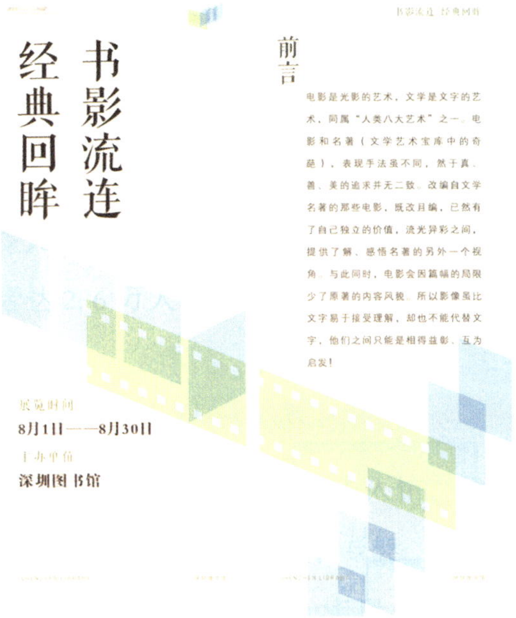

“经典回眸书影流连”展

“尺幅千里，尽收眼底——中国哲学画卷”展

四、“经典诵读”系列活动

深圳图书馆每周至少举办两次经典诵读活动，形式多样，既有经典诗文诵读活动，也有与市民读者共同分享阅读经验的互动环节。

经典诵读活动——诗经“风、雅、颂”演绎

深圳图书馆联合深圳诗乐会共同推出“品读诗经”系列主题活动，每年举办30场，通过“一场讲座一首诗”的形式，每期活动与市民读者共同精读细品《诗经》其中一首，拟用10年时间，完成整部《诗经》共305首的赏析分享。借此带动市民阅读更多中华经典，弘扬传统文化，同时也能增强读者对经典著作的阅读和理解能力，提高市民文化修养。

此外，深图还与社会机构合作在南书房开展“经典诵读”活动，通过诵读解读等形式使在场读者感受经典文化的熏陶。首选《论语》《大学》等儒家经典书籍，邀请国学讲师带领读者于南书房诵读经典。2014 年共举办“经典诵读”活动 33 场，深受读者喜爱，读者年龄层覆盖广泛，下至三岁，上至七十岁，均在现场朗朗诵读，社会反响强烈，并得到媒体的广泛关注。

五、创办《行走南书房》杂志

在 2014 年 4 月 23 日“世界读书日”期间，深圳图书馆创办了以推广阅读、弘扬经典为主旨的公益阅读杂志——《行走南书房》。这是一本阅读交流刊物，借用“行走”这样一个名动词的转化，体现出深圳图书馆的办刊宗旨：激活经典著作、倡导人文回归、沟通馆员读者、鼓励分享交流。

《行走南书房》创刊号

《行走南书房》设有书目推荐、名人谈阅、经典重现、经典品读、馆员评书等栏目。迄今已出版 3 期，首期以“南书房家庭经典阅读书目”作为特别策划，突出“经典重现”，以短小精悍的经典选登引导读者直面经典，并选载中外专家学者的读书感受，重点推荐馆员、读者对某部经典的读后感，为读者深度解读经典。该刊物鼓励馆员和读者进行分享交流，成为推动经典阅读的思想交流平台。

六、“深圳学人·南书房夜话”活动

2014 年 11 月，深圳图书馆联合深圳市社会科学院举办“深圳学人·南书房夜话”活动，围绕传统文化和经典学术话题，深入挖掘和宣扬本土学术文化，旨在为深圳学人搭建学术思想交流、碰撞的平台。“南书房夜话”以深圳本土学人为主体，立足学人的学科背景，结合深圳实际，以现实问题为切入点，实现理论与实际、历史与现实、学者与大众的融合，由嘉宾主讲或由其邀请同道学者开展学术对话。被深圳市领导嘉许为与“深圳市民文化大讲堂”、“深圳晚 8 点”齐名的三大深圳公益文化品牌。

深圳学人·南书房夜话——为什么是儒学?

截至 2015 年 2 月，前六期活动聚焦“儒学与传统文化”，围绕“为什么是儒学”“儒学是怎样的人文精神”“儒学是普适价值么”“儒学的人格理想”“新轴心时代的儒学发展”等话题，由知名学者和专家教授做精彩的观点阐述、展开讨论或辩论，现场嘉宾与听众互动气氛热烈，受到媒体广泛关注，产生较大的社会反响。该活动成为深圳学人互相切磋、砥砺思想的文化圣地。

第二节

创设文化空间

为充分发挥图书馆的资源和空间优势，深圳图书馆在阅读推广的同时着力为读者打造阅读空间，在品牌与空间融合的基础上策划开展相应的读者活动。利用报告厅、会议室、读者教室、大厅及服务区等空间，举办多元化、常态性的图书馆活动，其中包括荣获“深圳市十大文化品牌”和文化部“文化创新奖”的深圳市民文化大讲堂等。同时，为充分发挥公共图书馆作为“第三文化空间”的价值，深圳图书馆依托现有馆舍对原有空间不断改造升级，倾力打造了以“南书房”为代表的一系列全新阅读空间，拓展和延伸了图书馆的服务领域，增添了人性化、多元化的阅读体验与交流，满足市民不同层次、不同类别的文化需求，获得市民广泛赞许。依托这些空间，深图加强活动策划与组织，逐渐形成固定时间、固定场所的系列读者活动，打造、培育和提升具有深圳特色的阅读推广品牌。

一、南书房：城市经典阅读空间

2013 年 11 月，深圳图书馆创建了“南书房”经典阅读区，精选古今中外文史哲类经典图书近 8000 册，致力于打造集经典文献阅览、读者活动、图书馆宣传于一体的城市公共阅读空间，倡导经典阅读、人文阅读，弘扬优秀传统文化。

南书房每天免费开放 16 小时（7:00—23:00），实行无人值守全自助服务。每周定期举办系列沙龙活动，包括“经典诵读”“读书沙龙”“微欣赏”“语言沙龙”“学术沙龙”等。2014 年，南书房累计接待读者 25.8 万人次，举办各类活动 200 余场，活动受众人数达 3000 人。南书房不仅是市民阅读的安祥之所，更是推广经典阅读的主要阵地，是促进学术思想交流碰撞的平台。

深圳图书馆“南书房”

作为经典文献的展示和阅览空间，南书房专门开辟了“深圳学人专著展示空间”，利用广泛的宣传和受众平台，向市民群众推荐深圳学人的代表作品，为打造“深圳学派”和构建学术文化提供展示和交流的窗口。

二、讲读厅：公众教育学习空间

作为集阅读推广活动与自修为一体的多功能服务空间，深圳图书馆“讲读厅”于2015年元旦启用，面向广大市民全年365天（每天7:00—23:00）免费开放。读者可在此享受氛围良好的学习环境，被称为深圳人的“公共自修室”。

讲读厅为市民提供全天候的自修空间

讲读厅旨在发挥公共图书馆的社会教育职能，定期开展各类公益阅读活动，以培训、公开课、小型演讲、辩论等类型活动为主，读者可免费免证参加，包括深图网络公开课、文化信息资源共享工程影视节目展播、乐享指尖阅读、粤语沙龙等公益活动。

讲读厅内同时设置了“图书驿站”，推行“交换图书、分享阅读”的理念，供读者自由取阅、自由捐赠，为读者打造交流、共享的城市知识空间。

三、爱来吧：数字阅读体验与新媒体服务空间

“爱来吧”英文为 ILibrary、InformationLibrary 或 InternetLibrary，创建于 2014 年 4 月，是读者体验新媒体技术、享受数字化阅读、开展休闲社交的全新空间。“爱来吧”以创新的 O2O（Online to Offline）理念进行空间改造，分为 i 悦读、i 悦听、i 悦聆、i 悦览四个区域，汇集了手机、平板电脑、电子图书借阅机、电子报刊阅读机、电子读报机、触摸导视屏等多样化的终端设备，涉及电子图书、电子期刊、视频讲座、古典音乐等电子资源服务模式。

深圳图书馆“爱来吧”

为进一步宣传数字图书馆服务，推广图书馆视频资源，深圳图书馆从 2014 年 8 月开始推出“线上课堂”，每月选择一类主题，从馆藏视频类数据库以及网络公开视频中精选四部与学习相关的视频，每周在爱来吧区域播放。

四、捐赠换书中心：全民阅读资源公共服务平台

深圳捐赠换书中心成立于2012年11月，由深圳图书馆联合深圳市关爱办、深圳报业集团创办，以“共享全民阅读资源、构建城市第三空间”为宗旨，立足深圳，凝聚图书馆、媒体与社会力量，共同搭建全民阅读资源公共服务平台，面向市民免费提供捐赠及换书服务，并向有需要的地区和单位组织赠书。随后相继在全市成立了4个捐赠交换区级分中心，实现市、区图书馆图书交换的联动。

深圳捐赠换书中心

捐赠换书中心倡导捐赠、分享的文化理念，以“阅读＋公益”为运营模式，在开展图书交换活动的同时举办文化沙龙、创意展览、交流分享会等社会公益活动，促进文献传播和知识流动，积极打造城市公益空间。

捐赠换书中心的“悦读·分享”活动

捐赠交换中心的换书服务采用积分兑换制度，凡持“图书馆之城”读者证的市民均可免费参与积分，按证累计、核减积分。捐赠换书中心运行两年多来，服务效果显著，公众对深圳捐赠换书中心的需求与日俱增。截至2014年底，中心已累计换入换出图书5万余册，接受捐赠图书超过2万册，举办图书交换等活动20多场。

五、深圳学派文献专区：学派资源展示与交流空间

近年来，深圳市政府高度重视深圳学术文化建设，以“全球视野、时代精神、民族立场、深圳表达”为宗旨，积极打造“深圳学派”。作为深圳的地方文献收藏和保障中心，深圳图书馆在宣传本土文化和推动学术文化构建方面做出了不懈努力，于2013年4月成立

深圳学派文献专区，旨在梳理和推介地方文献的基础上，深入挖掘地方学术文化，充分展示深圳学人研究成果，并打造学术交流空间。

“学术百家系列展”一角

“深圳学派文献专区”由文献展示区、专题展览区与学术交流区三个区域组成。文献展示区宣传与推介深圳学派专题文献与深圳学人的著作；专题展览区发布“深圳学派”前沿动态，展示重点学人、思想、成果等信息；学术交流区则开展与“深圳学派”相关的学术交流活动，增加市民对深圳学派的理解与认识，为读者开辟一个优雅、舒适的学术交流空间。

深圳图书馆定期联合深圳各知名学术机构在该空间举办“学派渊源”展览、“学术百家系列展”，向市民展示深圳学者的风采与学术成果。“学术百家系列展”目前已成功举办5期，分别与深圳大学、深圳市社会科学联合会及深圳市文学艺术界联合会合作，累计向市民展示、推介100名深圳本土学者的学术思想及成果。

为丰富“深圳学派文献专区”的馆藏资源，2014年4月23日，深圳图书馆与《深圳晚报》联合实施“深圳写作人作品典藏计划”，广泛征集深圳本地作者作品，包括公开发行出版物或已出版图书的手稿，以推进深圳地方文献的收集与建设工作。该计划启动之后，引起了社会强烈的反响，各界文人学士纷纷通过多种途径表达他们的欣喜和捐赠愿望，掀起了社会机构和个人捐赠作品的热潮。

“深圳学派文献专区”和深圳本土文化研究会还于2014年联合举办了“深圳记忆”系列活动讲座，包括“深圳民俗寻踪”等，通过举办以深圳民俗历史文化为切入点的本土文化系列讲座，唤起广大读者对深圳本土文化传承的记忆。主讲人廖虹雷先生与现场读者互动气氛活跃，廖老先生用多种地方语言，以讲故事的形式带领现场读者认识深圳本土文化，发现不为人知的深圳文化。

六、时装与平面设计专区：时装专题与创意设计展示空间

2008 年 11 月，深圳被联合国教科文组织正式批准加入创意城市网络，并授予“设计之都”称号。为助力“设计之都”建设，2014 年深圳图书馆将原有时装专题区扩建为时装与平面设计专区。在提供以时装和平面设计专题文献查询阅览服务和专题咨询的同时，发挥资源与空间优势，利用专业平台发布交流信息，定期举办与设计相关的专题展览与主题沙龙。

时装与平面设计专区

2014 年 12 月，深圳图书馆和深圳市平面设计协会联合主办的“丝书设计邀请展”在该区开幕，作为深圳市第十届“创意十二月”的主题活动，此次展览邀请了国内四十余位举足轻重的设计师和艺术家，展出了其独具匠心的设计精品，以阅读与文化为主题，以文字及图形为元素，以丝绸为载体，探索全新的视觉表达。

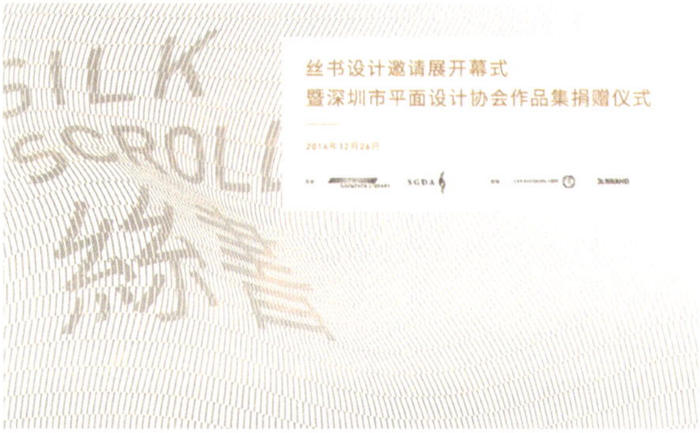

丝书设计邀请展

第三节

策划实施重大节庆活动

围绕“4·23 世界读书日”“深圳读书月”“公共图书馆服务宣传周”等重大节日，深圳图书馆配合全市统一规划，精心策划并集中推出一系列内容丰富、亮点纷呈的读者活动，营造浓郁的书香环境，活动场次与参与读者人数逐年增长。通过重要节点的活动策划与实施，集中推介馆藏资源与服务，多渠道加强宣传引导，扩大活动影响力，吸引市民参与阅读、爱上阅读，让图书馆的阅读推广理念深入人心。2014 年仅读书月期间就举办活动 66 场，有 240518 人参与到各类活动中。

1、深圳读书月

深圳读书月是由深圳市委市政府于 2000 年创立并举办的一项大型综合性群众读书文化活动，每年一届，每届持续一个月，围绕一个主题组织和开展市民读书活动，建设学习型城市。如今，深圳读书月不仅成为深圳的一个文化品牌，而且影响遍及港澳地区并逐渐扩大到全国。中央媒体称赞：举办读书月，是深圳的又一创举。国际书商协会理事长法兰女士也盛赞深圳读书月：“深圳坚持推广阅读让人尊敬。”

2013 年读书月深圳图书馆系列活动海报

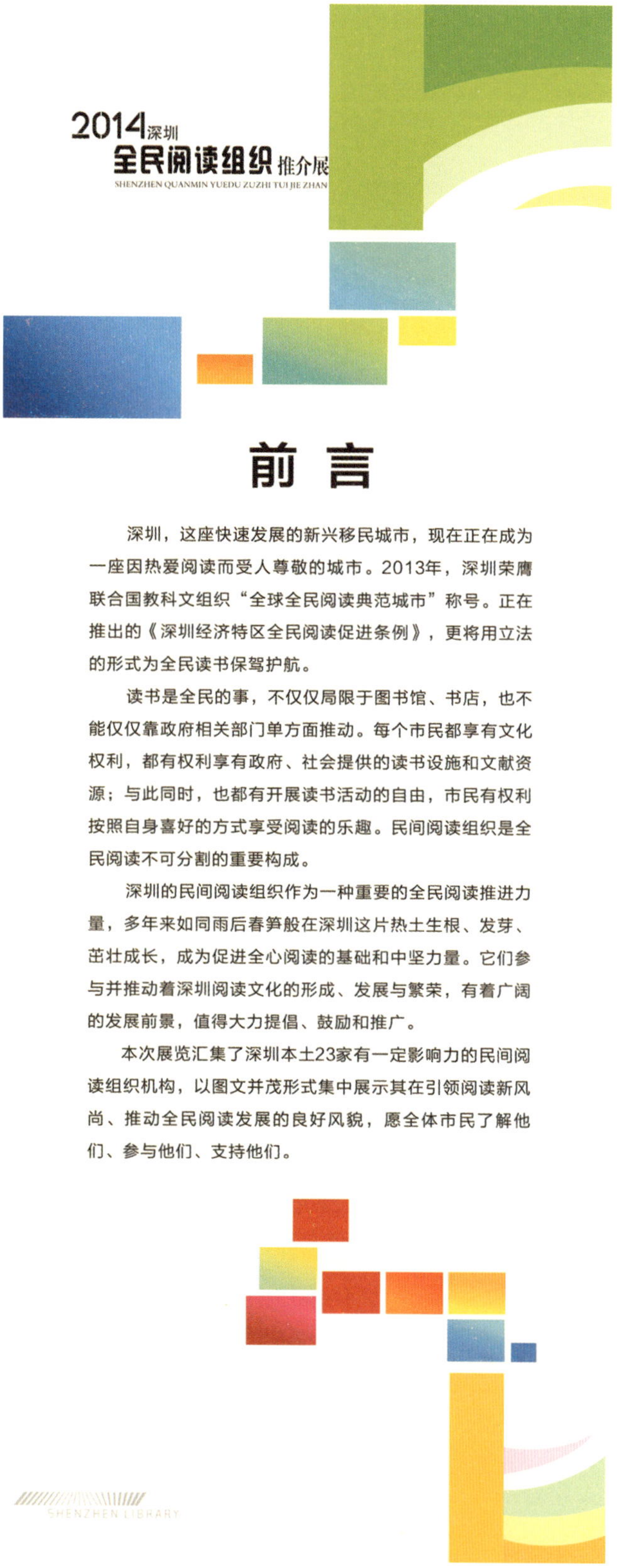

2014深圳
全民阅读组织推介展
SHENZHEN QUANMIN YUEDU ZUZHI TUI JIE ZHAN

前 言

深圳，这座快速发展的新兴移民城市，现在正在成为一座因热爱阅读而受人尊敬的城市。2013年，深圳荣膺联合国教科文组织“全球全民阅读典范城市”称号。正在推出的《深圳经济特区全民阅读促进条例》，更将用立法的形式为全民读书保驾护航。

读书是全民的事，不仅仅局限于图书馆、书店，也不能仅仅靠政府相关部门单方面推动。每个市民都享有文化权利，都有权利享有政府、社会提供的读书设施和文献资源；与此同时，也都有开展读书活动的自由，市民有权利按照自身喜好的方式享受阅读的乐趣。民间阅读组织是全民阅读不可分割的重要构成。

深圳的民间阅读组织作为一种重要的全民阅读推进力量，多年来如同雨后春笋般在深圳这片热土生根、发芽、茁壮成长，成为促进全心阅读的基础和中坚力量。它们参与并推动着深圳阅读文化的形成、发展与繁荣，有着广阔的发展前景，值得大力提倡、鼓励和推广。

本次展览汇集了深圳本土23家有一定影响力的民间阅读组织机构，以图文并茂形式集中展示其在引领阅读新风尚、推动全民阅读发展的良好风貌，愿全体市民了解他们、参与他们、支持他们。

2014 深圳全民阅读组织推介展

作为宣传优秀文化、推广阅读的重要阵地，深圳图书馆在每年的读书月期间都会推出一系列阅读推广活动，通过活动构筑起城市阅读丰富多彩的风景，传递知识能量，分享阅读快乐。

2014 年，第十五届深圳读书月期间，深圳图书馆配合读书月的主题“接力民族精神，创造文明生活”，策划组织了系列活动。推出了“2014 全民阅读组织推介展”、“2014 南书房家庭经典阅读书目”主题征文展、“阅读 · 深圳”——国粹京剧专场、深图艺苑特别策划——风雅颂原创诗经主题音乐会。此外深圳图书馆重拳打造“深圳学人 · 南书房夜话”、经典诵读、读书沙龙等南书房系列活动，并邀请阿兰 · 麦克法兰、土家野夫、严歌苓、王蒙等著名作家诗人举办“创造力的秘密——200 个思想家的访谈故事”、历史嘉年华 2014 “我的 1980 年代”、“生命中的阅读”等专题讲座。读书论坛特别场邀请王京生、白岩松畅谈“高贵的坚持——深圳读书月十五周年之际的回顾与展望”。

2013 年，在第十四届深圳读书月开启之际，位于深圳图书馆一楼的“南书房”向市民正式开放，成为深圳人的又一个“大书房”。同时，深圳学派学术百家第二期和“图书馆之城”十周年专题

2014“深圳读书月”深圳图书馆重点活动

2013 年 11 月，深圳市委常委、宣传部长王京生等一行参观“图书馆之城”十周年专题展览

展览也在读书月启动。此外，深圳图书馆还在本届读书月期间推出“网络书香满鹏城”数字资源体验周系列活动，包括“数字阅读、快乐学习——深圳图书馆数字资源体验之旅”、数字资源实践周、第六届深圳图书馆电子资源利用技能大赛、“让移动阅读成为一种生活方式”主题讲座等。

“中国共产党历次全国代表大会”文献图书展览

2012 年，第十三届深圳读书月以“阅读提升正能量”为年度主题，深圳图书馆也积极参与本届读书月活动，组织深圳市公民法律大讲堂、市民学堂、鹏城书话、深图艺苑、鹏城故事汇、深圳读书论坛、“中国共产党全国代表大会”

专题图书展、读书宝贝 SHOW 等二十余场丰富多彩的主题阅读活动。

二、世界读书日

每年 4 月 23 日为“世界读书日”。2014 年的“世界读书日”是“倡导全民阅读”首次写进中央政府工作报告之后的第一个世界读书日，也是深圳荣获“全球全民阅读典范城市”称号之后迎来的第一个世界读书日。深圳图书馆推出了 7 大系列、30 余项读者活动，如“南书房家庭经典阅读书目”图书展、学术讲座、主题征文活动，首发公益性阅读刊物《行走南书房》，书香古韵——中华古籍之魅力系列，2014 年自助图书馆系列，字体验空间“爱来吧”系列，2014 年深圳“图书馆之旅”活动及《学术百家》第三期展览等。

原哈佛燕京图书馆善本室主任、中山大学图书馆特聘专家沈津主讲“中华古籍之魅力”

古籍修复与制作体验活动吸引了众多读者

2012 年世界读书日的重点活动包括“自助图书馆面面观”展览“快乐从阅读开始——2012 年视障人士阅读朗诵会”，经典活动品牌如“市民学堂”“深图艺苑”“读者教室”“故事小讲堂”“卡通时间”“阅读课堂”等，一如既往地为市民送上阅读分享的欢乐。

2013 年世界读书日期间，“深圳学派”文献专区与市民见面，还推出了深圳市“图书馆之城”十周年系列活动之一——图书馆之旅、“阅读 · 分享 · 感悟”2013 年视障人士阅读分享会、大型图文展览——《书的故事》等多项活动。

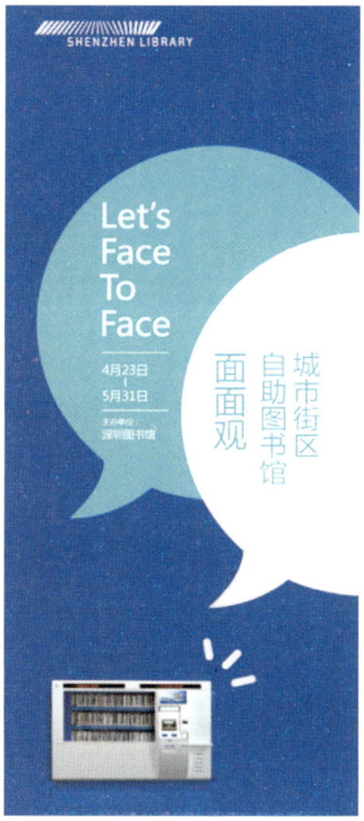

“自助图书馆面面观”展览

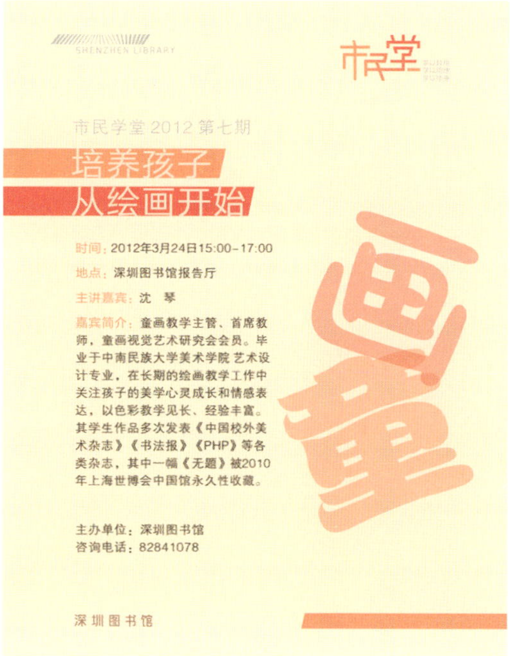

“市民学堂”宣传海报

三、公共图书馆服务宣传周

每年 5 月份的最后一周为全国“公共图书馆服务宣传周”，为进一步提高市民对图书馆的知晓度和利用率，发挥公共图书馆在倡导阅读和推动全民阅读方面的积极作用，在每年服务宣传周期间深圳图书馆会精心组织和开展一系列活动。

读书剧场——深圳故事

2013 年深圳图书馆服务宣传周宣传海报

2014 年 5 月 26 日至 6 月 1 日是第 26 个图书馆服务宣传周，深圳图书馆推出多项以“阅读，请到图书馆”为主题的服务宣传周活动。除以往每个周末都有的深图讲座、深图艺苑、深图展览和南书房活动之外，还新推出“读书剧场”、“悦读·分享”图书交换、“南书房家庭经典阅读书目”主题征文比赛、评选“悦读达人”等活动，并专门为残障读者开启“携手同行，共沐书香”的图书馆之旅活动，邀请残障读者与义工共同体验深圳市公共图书馆为残障读者提供的各项设施、资源和服务。

2014 年“携手同行，共沐书香”——残障读者图书馆之旅活动

2013 年，深圳图书馆策划了以“走进图书馆”为主题的 12 项服务宣传周活动，最引人注目的是图书采编市民体验日活动。深圳图书馆向读者现场展示了图书从编目加工到上架外借的全过程，参与活动的读者可以推荐图书，体验即时采购、编目、加工环节，几分钟就可将书借走，拉近了读者和馆员之间的距离。

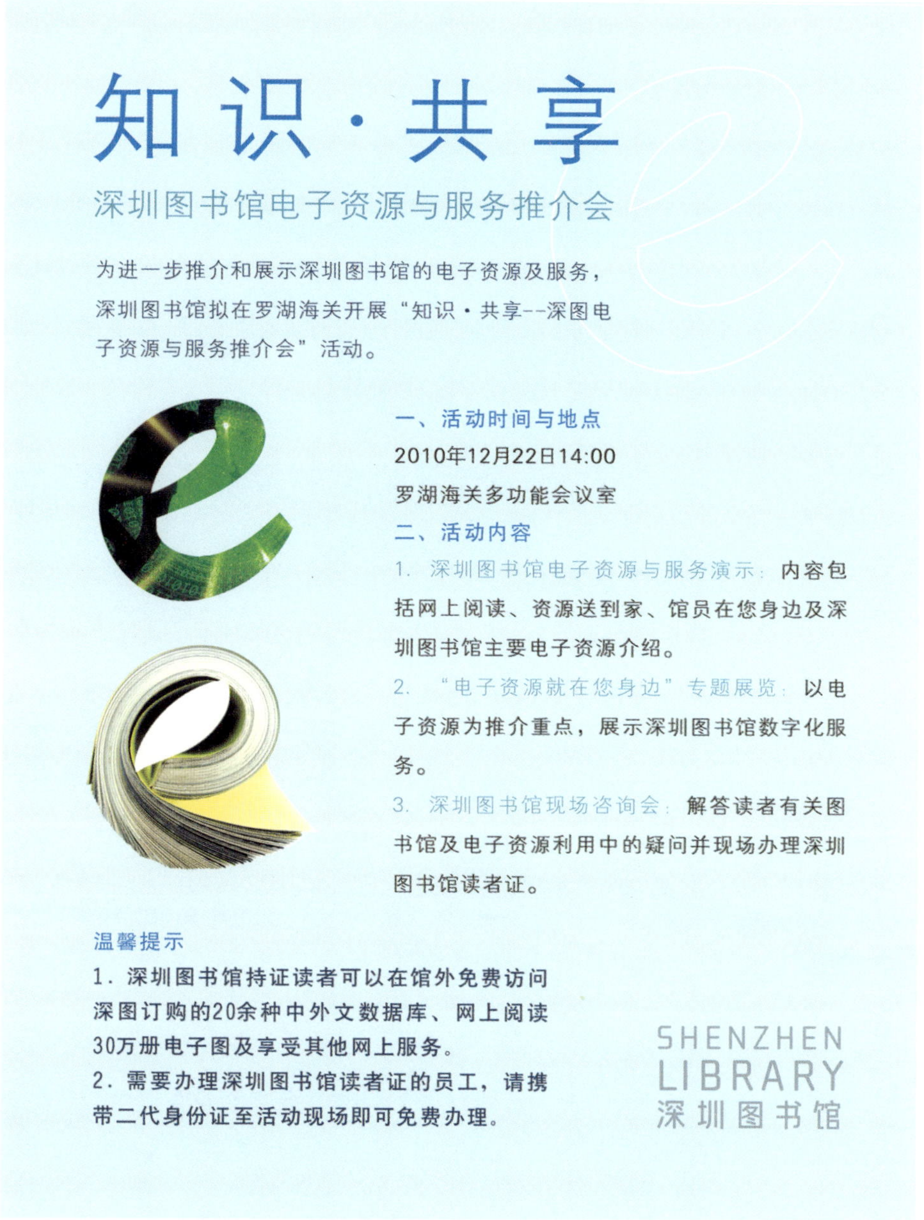

“知识·共享”电子资源与服务推介会海报

在吸引读者来到图书馆参与各类活动的同时，深图开展了“走出图书馆”系列活动，将读者活动推送到市民身边。例如“知识·共享——深图电子资源与服务推介会”，图书馆主动前往政府机关、企事业单位、学术机构等推介和展示数字资源与服务，已成为固定的数字资源宣传推介形式。至 2014 年底，推介会已成功举办了 14 场。在坂田华为基地、深圳广电中心、园岭街道图书馆、沙头角社区工作站和创维工业园区等工业区、文化中心、居民小区等场所举办了多场“数字资源就在您身边”专题展览，向市民推介文献传递、课题服务、数字资源馆外访问、特色数据库等图书馆资源与服务，扩大图书馆的社会影响力。

四、外来青工文体节

深圳市外来青工文体节创办于2005年5月，每年举办一届，历时一个月，由深圳市委宣传部、市文体旅游局等单位主办，是目前全国唯一一个以劳务工为主要受众群体的文化品牌活动，深受深圳外来青工喜爱并引起全国广泛关注。

第八届外来青工知识竞赛现场

作为外来青工文体节的主要承办单位之一，深圳图书馆每年举办不同主题的外来青工知识竞赛，将知识性、参与性、趣味性与促进外来青工阅读能力紧密结合起来，培育工业区积极向上、朝气蓬勃的文化氛围。深圳图书馆还将丰富多彩的图书馆活动延伸至企业，举办“阅读深圳”外来青工专场诗文朗诵会等活动，展现青工风采，鼓励和支持青工将自我成长与扎根深圳、奉献深圳紧密结合起来。

第四节

全市阅读推广联动

城市阅读氛围的营造和阅读文化的建设需要各界力量的共同参与和推动，这里不仅包含市、区图书馆阅读推广联动，还包括借助阅读推广联盟平台开展的广泛社会合作，以及引入民间阅读组织和阅读推广人等社会力量。在坚持政府主导、社会参与和协同推动的原则下，最终构建多元主体共促阅读的合作机制，形成全市联动营造全民阅读氛围的良好局面。

一、阅读联合会

深圳市阅读联合会成立于 2012 年 11 月，是在深圳市委宣传部、市文体旅游局倡导下，由致力于推动全民阅读的单位、组织和个人自愿结成的地方性非营利性社会组织。会员涵盖了学校、机关企事业单位、民间读书组织、个人以及宣传媒体，涉及出版、印刷、发行、网络阅读等行业。阅读联合会植根于深圳全民阅读的坚实基础，致力于传播阅读理念、从事阅读研究、开展阅读活动、整合阅读资源、促进阅读公平、优化阅读环境等方面的工作。

全国首家阅读联合组织——深圳市阅读联合会

二、图书馆联动机制

深圳公共图书馆界多年来不断加强合作共享，共同致力于阅读推广事业，如大型展览巡展、讲座信息共享，以及联合策划和举办活动等。2014 年以来又推出了进一步加强市、区图书馆阅读推广联动的工作方案，旨在促进全市公共图书馆的阅读推广资源整合和专家共享，形成合力，利用有限的资源为全市读者提供更优质、更丰富的读者活动，提升全市公共图书馆阅读推广活动的整体策划实施能力，建立公共图书馆的阅读推广联动机制。

阅读推广联动的主要内容包括：建立联络机制；建立深圳市“图书馆之城”阅读推广联合服务平台，包括门户网站、移动 APP 及相应的微信、微博等；建立深圳市公共图书馆讲座专家信息库和展览资源库，充分实现资源的共知共享；探索建立统一议价机制等。

三、民间阅读组织和阅读推广人

在深圳的城市文化建设特别是近十年来的阅读文化建设、阅读风气倡导中，深圳民间阅读组织和阅读推广人作为一支新生力量发挥了积极作用。

据不完全统计，深圳目前拥有各类民间阅读组织超过 100 个，当中活跃度较高的读书组织就有 50 余个，其中的后院读书会、深圳读书会、三叶草故事家族、彩虹花公益小书房等在全国拥有较高知名度，他们策划了一批立足基层、注重市民参与的读书项目，如后院读书会的“一本书能够走多远”和青番茄的“城市阅读设计”活动，形式新颖，具有较强的吸引力。

部分深圳民间阅读组织标识

第五节

阅读推广平台多元化

阅读推广的全方位格局不仅在推广内容、时间及空间维度有所体现，还应包含推广平台的多元化。深圳图书馆在海报、报纸、广播等传统推广媒介基础上，依托不断发展的信息技术手段，利用图书馆网站、微平台及其他云平台等，多途径多渠道宣传馆藏资源、图书馆服务和读者活动，进行读者活动专题数据库建设，并在此基础上形成活动的多渠道信息发布和互动机制，汇聚广大市民的集体智慧，构建阅读推广的全媒体平台。

一、全媒体馆藏推介

深圳图书馆的馆藏推介已形成多种固定的模式，如结合读者推荐和读者调查等信息，定期通过新书展示架向读者宣传、推荐新书新刊；以海报形式分主题宣传推介馆藏期刊，每年 5 月通过期刊推介栏发布的期刊借阅排行榜成为广大读者关注的焦点；通过制作海报、编制书目等形式进行主题图书展示及推荐，如 2011 年的“书迎大运 · 悦读神州——中华人文地理主题图书推介”；2012 年的“廉洁专题图书展”“中老年健康指南之保健篇、医药篇、营养篇”期刊推荐等；2013 年的“中国史学经典图书”推荐、“莫言文学作品图书”推荐、“深圳写作人作品典藏计划”图书展、“读者喜爱的期刊”推荐；2014 年的“深圳读书月”图书推荐、“中老年读者喜爱的报刊”推荐、“饮食文化——茶文化”图书推荐、“关爱老人、智慧生活”期刊推荐等。

各类专题书目

- 雄险奇秀三清山 = [中英文本]
  北京:中国旅游出版社,2005　J42/477
- 游走新疆　路琳,王玮著
  北京:中国旅游出版社,2006　K92/3222
- 云南神山圣湖精粹 Holy mountains and lakes in Yunnan = [汉英对照]　自兴春著
  北京:中国旅游出版社,2007　K92/3638
- 浙江　走遍中国编写组[编]
  北京:中国旅游出版社,2006　K92/3425
- 中国佛教古寺名刹游　香港中国旅游出版社编
  汕头:汕头大学出版社,2008-　K92/4040
- 中国佛教名山圣地游　香港中国旅游出版社编
  汕头:汕头大学出版社,2008-　K92/3813
- 中国贡嘎 Gongga mountain in China = 领袖群峰 激荡未来 standing out among mountains, promising great future
  文川,皓洌摄影
  北京:中国旅游出版社,2008-　K92/4540
- 中国古都游.卷二:开封·杭州·安阳·郑州
  香港中国旅游出版社编
  汕头:汕头大学出版社,2008　K92/3816/2
- 中国古都游.卷一.西安·洛阳·北京·南京
  香港中国旅游出版社编
  汕头:汕头大学出版社,2008　K92/3816/1
- 中国旅游巡览 = [法文本]　《中国旅游巡览》编写组编
  北京:外文出版社,2007　K92/3927
- 中国旅游指南.Best of China = 2008版 [英文本]
  北京:五洲传播出版社,2008　K92/4058=2
- 中国名山游　香港中国旅游出版社编
  汕头:汕头大学出版社,2008-　K92/4000
- 中国少数民族风情游.北方卷　香港中国旅游出版社编
  汕头:汕头大学出版社,2008　K892/1113/1
- 中国少数民族风情游.南方卷　香港中国旅游出版社编
  汕头:汕头大学出版社,2008　K892/1113/2
- 中国世界遗产游.北方卷　香港中国旅游出版社编
  汕头:汕头大学出版社,2008-　K92/4045/2
- 中国世界遗产游.南方卷　香港中国旅游出版社编
  汕头:汕头大学出版社,2008-　K92/4045/1
- 中国蜀道　王蓬著
  北京:中国旅游出版社,2008-　K92/4253
- 中国乡村旅游指南.成都　耿闻...[等]编
  北京:中国旅游出版社,2007　K92/3800/7
- 中国乡村旅游指南.广西　耿闻...[等]编
  北京:中国旅游出版社,2008-　K92/3800/6
- 中国乡村旅游指南.广州　耿闻...[等]编
  北京:中国旅游出版社,2008-　K92/3800/8
- 中国乡村旅游指南.贵阳　耿闻[等]编
  北京:中国旅游出版社,2007　K92/3800/3
- 中国乡村旅游指南.杭州　耿闻[等]编
  北京:中国旅游出版社,2007　K92/3800/1
- 中国乡村旅游指南.山东　耿闻[等]编
  北京:中国旅游出版社,2008-　K92/3800/4
- 中国乡村旅游指南.陕西　耿闻...[等]编
  北京:中国旅游出版社,2008-　K92/3800/5
- 中国乡村旅游指南.天津　耿闻[等]编
  北京:中国旅游出版社,2007　K92/3800/2
- 中国最美100个度假地　《最美中国》编辑部编著
  北京:中国旅游出版社,2009　K92/4445
- 中国最美100个古镇古村 = 全彩攻略增强版
  《最美中国》编辑部编著
  北京:中国旅游出版社,2009　K92/4274
- 中国最美100个寺庙观堂 = 全彩攻略增强版
  《最美中国》编辑部编著
  北京:中国旅游出版社,2009　K92/4428
- 重庆三峡 神农架
  北京:中国旅游出版社,2008-　K92/4256
- 重庆　《走遍中国》编辑部编著
  北京:中国旅游出版社,2009-　K92/4276
- 重庆攻略 ChongQing how = 重庆最值得推荐的69个地方
  《重庆攻略》编写组编著
  北京:中国旅游出版社,2011　K92/3788=2
- 走进大西北　香港中国旅游出版社编
  汕头:汕头大学出版社,2008-　K92/3843
- 走进大西南　香港中国旅游出版社编
  汕头:汕头大学出版社,2008-　K92/3990

SHENZHEN LIBRARY

书迎大运·悦读神州

中华人文地理主题图书推介

2011，深圳
I'm here
五千年文明古国，以大运为媒，
喜迎四海健儿，八方宾朋；
Start here
三十载青春之都，邀您悦读神州，
游目祖国壮美河山，管窥华夏浩瀚文明。

时间：2011年7月19日-8月31日
地点：深圳图书馆三楼

深圳图书馆

主题图书与期刊推介（1）

SHENZHEN LIBRARY

2013年期刊借阅排行榜前30名期刊介绍

《三联生活周刊》周刊 C913/34

年借阅量：3084册次

该刊的前身为邹韬奋先生在上世纪20年代创办的《生活周刊》，1995年由三联书店在继承传统的基础上复刊，其定位是做新时代发展进程中的忠实记录者。

《南方人物周刊》周刊 C91/68

年借阅量：2085册次

《南方人物周刊》融新闻性与可读性为一体，适合中高端读者的品味，关注那些对中国的进步和我们的生活产生重大影响的人，为读者奉上一席精神的盛宴。

《知音.上半月版》月刊 C913/15

年借阅量：991册次

该刊坚持把创造鲜明的个性特色作为发展自己的战略，力求把最新颖、最真实、最动人的人生故事奉献给广大读者，通过平凡故事揭示生活哲理和人生真谛，用真情和爱心拨动读者的心弦。

《知音.下半月版》月刊 C913/15/2

年借阅量：968册次

该刊是中国发行量最大的新闻纪实类杂志，创刊以来，一直坚持"人情美、人性美"的办刊宗旨和"期期有重点，篇篇是美文"的质量标准，真实、及时、生动、独家报道丰富多彩的社会生活。

《时尚芭莎》旬刊 TS957/15（2）

年借阅量：1844册次

《时尚芭莎》是一本服务于中国精英女性阶层的时尚杂志，传播来自时装、美和女性的力量。

《红秀》半月刊 TS97/28

年借阅量：1617册次

《红秀GRAZIA》作为国内第一本高端女性时尚双周刊，以其独特的编辑理念与视角报道时装、报道美容、报道名流、报道跟女性生活息息相关的一切！

《时尚·Cosmopolitan》月刊 TS957/12

年借阅量：1507册次

创办于1886年的该刊是全球著名、主要针对女性读者的时尚类杂志，它鼓励并帮助它的读者：努力追求高质量的生活。

《美食与美酒》月刊 TS2/43

年借阅量：1315册次

《美食与美酒》锁定中国最具生活品位与消费能力的读者群，集赏心悦目的图文故事、悦活心灵的情致生活于一体，在品位、畅饮、表达中领略全球都市精英们的生活真知。

《世界时装之苑》月刊 TS957/9

年借阅量：1297册次

1988年，ELLE杂志进入中国，ELLE中文版《世界时装之苑——ELLE》成功创刊，成为首家获得官方正式许可在中国国内发行的国际性杂志。

《时尚健康》半月刊 TS97/14

年借阅量：1231册次

《时尚健康》诞生于2000年7月，是国内第一本面对成熟、快乐、健康的现代女性，提供全方位心理及生理健康资讯的女性杂志。

深圳图书馆

主题图书与期刊推介（2）

SHENZHEN LIBRARY

深图微信

2013年期刊借阅排行榜前30名期刊介绍

《商界.下旬刊:评论》 月刊 F7/128

年借阅量：1278册次

该刊是国内第一本最彻底深入研究微观中国经济，研究微观中国企业问题的泛MBA读本；是第一本立足本土价值观，走向全球企业实践的商业评论杂志。

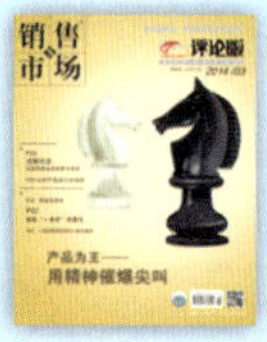

《销售与市场》 旬刊 F726/12

年借阅量：1037册次

该刊以全球化视野关注中国市场发展趋势，致力为中国企业指引方向，提供最先进的营销理念与实务方法工具，不断提炼实战案例，被业内誉为“中国营销第一刊”。

《财经》 旬刊 F83/143(2)

年借阅量：986册次

《财经》全面观察并追踪中国经济改革的重大举措、政府高层的重要动向、市场建设的重点事件，及时予以分析和评论，对于资本市场在中国的成长变化更给予特别关注。

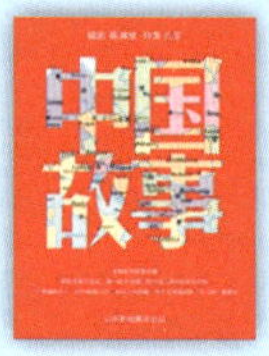

《中国故事》 月刊 I24/22

年借阅量：1728册次

创刊于1985年的该刊以扶植文学新人，刊载老百姓喜闻乐见的中长篇文学作品为己任，曾荣获中国通俗文学的最高奖项——大众文学奖。

《故事会》 半月刊 I24/16

年借阅量：1101册次

《故事会》面向大众，贴近生活，充盈时代气息。它以发表反映中国当代社会生活的故事为主，同时兼收并蓄各类流传的民间故事和经典性的外国故事。

《看电影》 月刊 I235/6(2)

年借阅量：1082册次

《看电影》刊载最新的碟片资讯、超级碟虫的影评、鲜艳清晰的海报和剧照，帮助碟友淘碟、读碟、品碟。

《心理月刊》 月刊 B84/18

年借阅量：1547册次

《心理月刊》是具有时代敏感度的新女性杂志。它启发新时代的女性追求身体、思想和心灵的和谐统一，实现丰富而愉快的人生。

《瑞丽家居设计》 月刊 J5/110

年借阅量：1106册次

该刊以差异化优势打造其“悦读与应用”的实效定位，秉持学术高度，探求专业深度，兼容并包，雅俗共赏，集权威性、教育性、知识性和应用性于一体，使杂志更受读者欢迎。

《摄影之友》 月刊 J4/8

年借阅量：979册次

该刊创刊于1985年，是全国公开发行的，与国际潮流接轨的一本大16开全彩版专业摄影刊物，是服务于广大摄影爱好者的月刊杂志。

《健康与美容》 月刊 R16/21

年借阅量：1271册次

《健康与美容》杂志创刊于1992年，是国家卫生部主管的唯一以健康美容为内容的杂志，是国内健康、美容领域的知名刊物，深受读者喜爱。

深圳图书馆

SHENZHEN LIBRARY

深图微信

2013年期刊借阅排行榜前30名期刊介绍

《凤凰周刊》　旬刊　G22/6

年借阅量：5939册次

该刊是由香港凤凰周刊有限公司编辑出版，获得中国国务院新闻办公室和中国国家新闻出版广电总局特许在中国内地发行的以报道时事、政治、文化为主的刊物。

《新周刊》　半月刊　G21/110

年借阅量：3162册次

《新周刊》属于时事生活类杂志，它始终保持对社会潮流动态的高度敏感，张扬无情解构的犀利风格，并开创多种全新传媒报道模式，享有传媒界"话题发源地"的美誉。

《读者》　半月刊　Z4/8

年借阅量：4168册次

该刊创刊于1981年1月，是一份综合类文摘杂志，发行量稳居中国期刊排名第一。被誉为"中国人的心灵读本""中国期刊第一品牌"。

《特别关注》　月刊　Z4/49

年借阅量：3001册次

《特别关注》杂志由湖北日报报业集团主办，是国内第一本以中年男性为主要读者对象的精品刊物。本刊开辟家事、国事、天下事、开心事、男人的事等专栏。

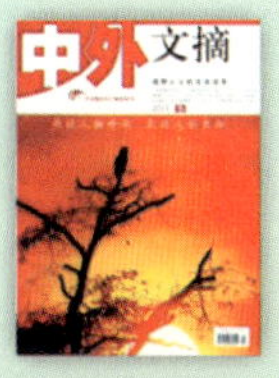

《中外文摘》半月刊　Z4/40(3)

年借阅量：1039册次

《中外文摘》创刊于1995年，是一份融知识性、新闻性、故事性于一体的高品位综合性刊物。它栏目丰富、文字凝练、图片精美，兼具知识性与趣味性；它视角新颖，广度与深度并举。

《中国国家地理》月刊　K9/1(2)

年借阅量：2883册次

创刊于1950年的该刊内容以中国地理为主，兼具世界各地不同区域的自然、人文景观和事件，并揭示其背景和奥秘，另亦涉及天文、生物、历史和考古等领域。

《炎黄春秋》　月刊　K2/13

年借阅量：1347册次

《炎黄春秋》是以史为主的综合性纪实月刊，对古今中外、重点是当代革命和建设的重大事件和重要人物的是非功过进行评价。

《旅行者》　月刊　K9/6

年借阅量：1009册次

该刊围绕中产阶层"休闲度假、深入体验、商务旅行、开拓视野"四种出国旅游方式，以四大版块分门别类、度身定制出国旅游解决方案。

《青年文摘》　月刊　D43/27

年借阅量：1457册次

《青年文摘》是一本面向全国、以青少年为核心读者群的文摘类综合刊物，刊物集萃来自报纸、期刊、图书等大众媒体的名篇佳作。

《看天下》　旬刊　D5/108

年借阅量：1104册次

《看天下》是国内一份综合性新闻故事类文摘读本，内容涵盖时政、财经、社会、科技、文化、时尚、娱乐、体育等领域。

深圳图书馆

主题图书与期刊推介（4）

随着现代技术的不断应用，馆藏推介呈现了全媒体的格局。深圳图书馆网站开辟了资源推介专栏，由推荐图书、期刊报导、音像新品、图书借阅排行榜、期刊借阅排行榜、音像资料排行榜等版块组成；编制的各类专题书目如知识产权法专题推荐书目、东盟征集文献推荐目录、新加坡文献推荐目录等也以电子版同步发布。

深圳图书馆网站数字资源专栏则对引进的中外文电子数据库、移动终端可用资源、自建资源、试用数据库进行全面揭示，同时推荐了部分网络资源。

随着微博、微信平台的广泛应用，深圳图书馆在微平台上设置了“微书架”“名家推荐”“阅读推荐”等栏目，同步推介馆藏资源，发布主题图书目录、订购的电子数据库，推荐新书和各类优质资源等。

网站“音像新品”栏目

文化、科学、教育、体育

排名	书名	借阅次数
1	玩转微信:李晓斌等编著	28
2	让孩子聪明的121个大脑训练游戏:(英)罗伯特·费希尔(Robert Fisher)著/李中译	27
3	陪孩子玩吧:亦邻著	27
4	228个超好玩的侦探推理游戏:王月星,任学明编著	23
5	爸爸去哪儿.Where are we going? Dad:湖南卫视《爸爸去哪儿》节目组编著	22
6	好习惯成就最优秀的孩子:耿军主编	20
7	每天玩一个思维游戏:莫莫编著	20
8	365个侦探推理游戏.审问石头:赵帅通编著	19
9	像犹太人一样教育孩子:赵宏林编著	19
10	叛逆不是孩子的错 = 不打、不骂、不动气的温暖教养术:(美)杰弗里·伯恩斯坦(Jeffrey Bernstein)著/陶志琼译	19

语言、文字

排名	书名	借阅次数
1	让人怦然心动的说话之道:刘杰编著	25
2	做幽默人 说幽默话:江乐兴编著	24
3	越读越喜欢的成语接龙书:方圆编著	16
4	小王子.The Little Prince:(法)安东尼·圣埃克苏佩里(Antoine de Saint-Exupery)著/林秀清译	15
5	孩子英语好！是教出来的:(韩)沈银辅著/千太阳译	14
6	绿野仙踪 = 原版插图双语典藏版:(美)莱曼·弗兰克·鲍姆(L.Frank Baum)著/罗密译	14
7	说话的艺术.The Art of Talking to Anyone = 一本手把手教你社交沟通的工具书:(美)罗莎莉·马吉欧(Rosalie Maggio)著/正林，王权译	13
8	国际刑警教你破解身体语言:沐风编著	13
9	说服力扭转影响力 = 有效说服他人的超强心理学:张浩强编著	12
10	好口才是练出来的:郭鹏编著	11

文学

排名	书名	借阅次数
1	骷髅岛:郁崇幽著	35
2	皇上，您这是喜脉啊:如来神爪编/肥志绘	33
3	胭脂:亦舒著	33
4	错过的情人:四丫头著	31
5	不予时光度流年.Never Say Goodbye to You:江崇一著	30
6	十宗罪 = 中国十大恐怖凶杀案:蜘蛛著	29

艺术

排名	书名	借阅次数
1	小纯洁的爆笑假期:慕容嫩嫩著	34
2	请叫我小纯洁.Call Me Mr. Chun:2:慕容嫩嫩著	30
3	再见，小时候:PP殿下著	29
4	猫才是这个世界的主人:二华著	27
5	好一朵雷人的奇葩:小脸通红工作室著/慕容嫩嫩,VISTA锋绘	27
6	奋斗中的囧青年:南城老李编绘	25

网站“推荐图书”栏目

微信平台资源推介（1）

微信平台资源推介（2）

微信平台资源推介（3）

微博平台资源推介（1）

微博平台资源推介（2）

微博平台资源推介（3）

二、全媒体信息发布

深圳图书馆每年组织开展上千场读者活动，活动信息的发布既有传统的海报和宣传册等形式，也通过电子信息屏、网站通知公告、公众微信号等渠道广泛宣传，同时借助报纸、广播等媒体扩大影响。

深圳图书馆在馆内外部署电子信息屏，发布读者活动的预告和排期；网站专门设置的读者活动栏目已成为市民点击的热点区域；关注深圳图书馆微信，市民能够及时获取图书馆的各类读者活动信息。

深圳图书馆为适应全媒体信息发布的要求，发挥技术优势，依托各种新媒体技术构建一体化共享型宣传推广平台。依托统一的读者活动信息库，及时更新与读者活动相关的信息等，为海报、网站、短信、微博、微信等活动发布渠道提供统一的后台支撑，实现了全媒体信息发布的稳定、高效运转。

三、读者参与互动

深圳图书馆注重讲座或活动的现场交流与互动，利用微博、微信等新媒体搭建读者广泛参与和深度互动的平台，形成阅读推广的宣传互动机制。通过网络在线互动、点赞、转发和评论，吸引公众广泛参与，扩大活动的影响力；同时，精心构思和策划组织了一系列线上活动，包括话题参与、有奖转评、创意征集等，与线下阅读推广活动相互呼应。

2014 年 11 月，深图官方微博开展了阅读推广系列活动之“图说深图”，每月初选取深圳图书馆的一项服务，邀请读者通过微博参与互动，图片配以文字描述，月底发起微博投票评选优胜奖并给予奖励。深圳图书馆建立的“微社区”（后改名“深圳图书馆部落”）被定位为“阅读推广阵地，读者互动家园”，以开展图书馆线上活动、组织读者互动交流为主，实现了图书馆与读者、读者与读者之间的沟通互动与阅读内容传播。

四、读者活动专题库建设

为记录与保存优质读者活动资源，延伸阅读推广的空间与时间，深圳图书馆将名家讲座、综合展览、知识竞赛等活动资源进行数字化，开展了“深图活动专题数据库”建设。

“深图活动专题数据库”精选深圳图书馆阅读推广活动中优秀的读者活动资源，通过定期采集，制定相应的加工规范，对包括图片、音频和视频在内的活动资源进行不同保存级别的数字化加工。经过数字化加工后的读者活动资源，最终通过 Dublin Core 元数据标准进行数据编目入库，进而为读者活动资源的长期保存以及数字化利用奠定基础。

网上名家讲座

网上综合展览

在资源加工及保存的基础上，积极探索“深图活动专题数据库”的网络化页面展示，打造永不落幕的在线展览和讲座平台，为阅读推广活动提供时空上的二次拓展。在深圳图书馆网站“深图活动专题数据库”栏目中设立名家讲座、知识竞赛、综合展览、无障碍服务等版块，提供友好的利用体验，可超越传统读者活动时间和空间的限制，通过各类终端实现读者活动的线上观赏。

馆藏篇

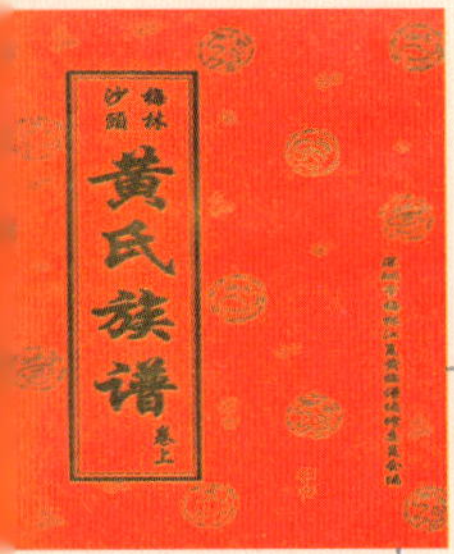

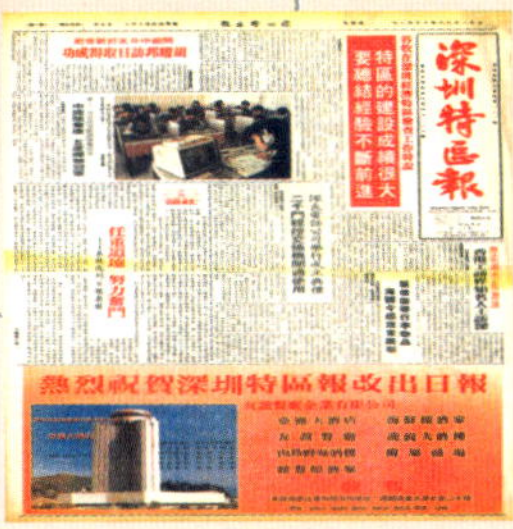

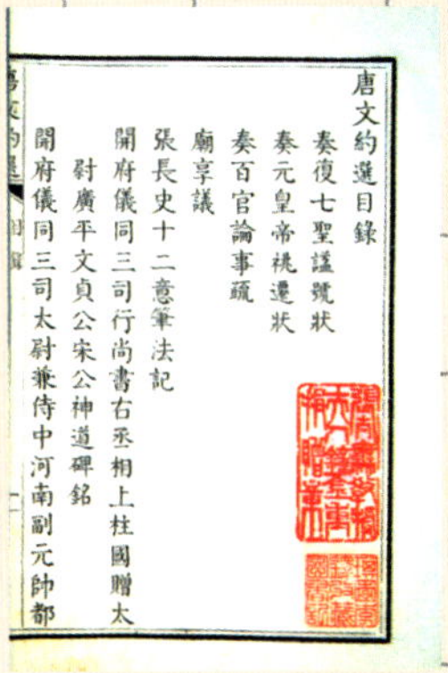
唐文約選目錄
奏復七聖謚號狀
奏元皇帝祧遷狀
奏百官論事疏
廟享議
張長史十二意筆法記
開府儀同三司行尚書右丞相上柱國贈太
尉廣平文貞公宋公神道碑銘
開府儀同三司太尉兼侍中河南副元帥都

05

第五章
特 色 馆 藏

在“图书馆之城”建设的规划和政策指导下，深圳市、区各公共图书馆分工协作，对中文纸质文献进行较为全面的收藏，联合引进数字资源，稳步推进全市文献资源保障体系建设，深圳常住人口人均购书额、人均公共图书馆藏书量等指标均位居国内前列；同时，市、区图书馆依据各自的馆藏建设原则不断优化采购方案，改善藏书结构，突出馆藏重点，有针对性地建立特色馆藏，开展专题与特色馆藏服务。

第一节

珍贵古籍

深圳图书馆于建馆之初即开始了古籍的收集和保护工作。1985 年著名收藏家张太无老先生家属捐赠了一批珍贵古籍，构成了深圳图书馆最早的古籍藏书。深图现有古籍约 300 种 3000 册（件），其中善本古籍约 300 册（件），普通古籍 2700 册（件），民国文献约 8000 册。2010 年，本馆四部古籍入选《第三批国家珍贵古籍名录》；2016 年，《唐宋元文约选》入选《第五批国家珍贵古籍名录》，另十三部古籍入选《第一批广东省珍贵古籍名录》。同时，为满足读者系统研究和查阅古籍的需求，弘扬传统文化，深圳图书馆采购了多种高质量的经典古籍复制品。2003 年，深圳图书馆引进《中华再造善本》，共 758 种 8990 册；申请专项资金引进《中华再造善本》续编，共 554 种 4275 册。

知名专家沈津教授考察深圳图书馆古籍库

一、原版古籍

1.《唐宋元文约选》（不分卷）（清）佚名编

清雍正年间（1723—1735）抄本二十四册，框高 21.3 厘米，广 14.1 厘米。半页九行十九字，白口，四周双边，单黑鱼尾。

据查为海内外孤本，《中国古籍善本书目》集部著录：唐文约选不分卷宋文约选不分卷元文约选不分卷。共 24 册，《唐文约选》4 册，《宋文约选》19 册，《元文约选》1 册，为清朝雍正年间果亲王府的手抄稿本，呈御览之珍品，“玄”“玅”“胤”皆避讳缺末笔，“弘”字不避讳。全书抄写工整，朱笔圈点审阅，尤为精美。卷端钤印“果亲王点定”，为清果亲王府之旧藏。

2016 年 3 月认定为第五批国家珍贵古籍。

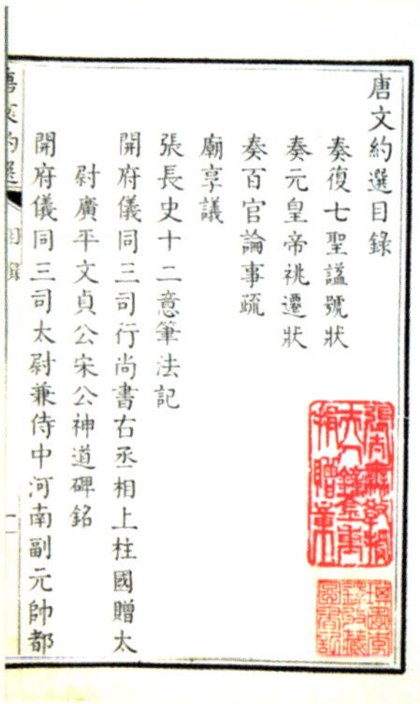
唐文約選目錄
奏復七聖謚號狀
奏元皇帝祧遷狀
奏百官論事疏
廟享議
張長史十二意筆法記
開府儀同三司行尚書右丞相上柱國贈太
尉廣平文貞公宋公神道碑銘
開府儀同三司太尉兼侍中河南副元帥都

《唐宋元文约选》(不分卷)(1)

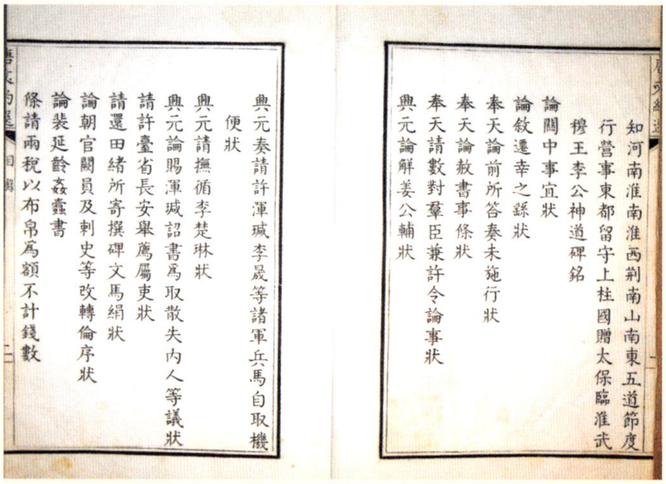
知河南淮南淮西荆南山南東五道節度
行營事東都留守上柱國贈太保臨淮武
穆王李公神道碑銘
論關中事宜狀
論敘遷幸之繇狀
奉天論前所答奏未施行狀
奉天論赦書事條狀
奉天請數對羣臣兼許令論事狀
興元論解姜公輔狀

興元奏請許渾瑊李晟等諸軍兵馬自取機
便狀
興元請撫循李楚琳狀
興元論賜渾瑊詔書爲取散失內人等議狀
請許臺省長官舉薦屬吏狀
請還田緒所寄撰碑文馬絹狀
論朝官闕員及刺史等改轉倫序狀
論裴延齡姦蠹書
條請兩稅以布帛爲額不計錢數

《唐宋元文约选》(不分卷)(2)

2.《资治通鉴纲目》(五十九卷)(宋) 朱熹撰

明成化九年（1473 年）内府刻本（卷三十六、三十七、四十二、四十三配清刻本）三十二册。框高 27.2 厘米，广 18.4 厘米。半页八行十八字，小字双行二十一字，上下粗黑口，四周双边，双鱼尾。

《资治通鉴纲目》，是朱熹生前未能定稿的史学巨著，其门人赵师渊于樊川书院续编完成，共 59 卷。该书比较典型的体现了内府刻书的特点：书品宽大，黑口，白棉纸，双鱼尾。

2010 年 6 月认定为第三批国家珍贵古籍。

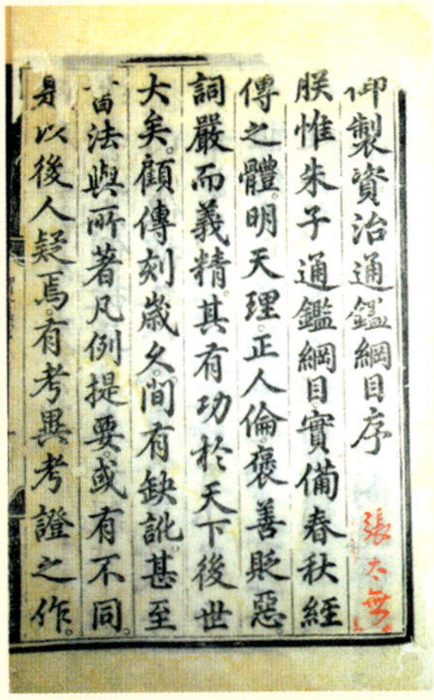
御製資治通鑑綱目序
朕惟朱子通鑑綱目實備春秋經
傳之體明天理正人倫褒善貶惡
詞嚴而義精其有功於天下後世
大矣顧傳刻歲久間有缺訛甚至
法與所著凡例提要或有不同
以後人疑焉有考異考證之作

《资治通鉴纲目》(五十九卷)(1)

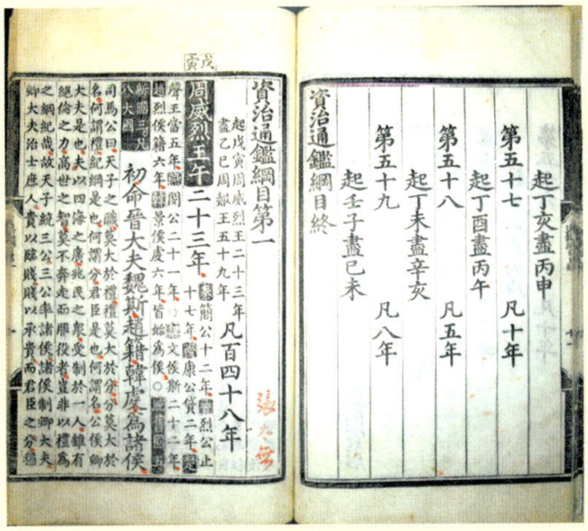
資治通鑑綱目第一
起戊寅周威烈王二十三年盡己巳周赧王五十九年凡百四十八年
周威烈王 二十三年
初命晉大夫魏斯趙籍韓虔爲諸侯

起丁亥盡丙申 凡十年
第五十七
起丁酉盡丙午 凡五年
第五十八
起丁未盡辛亥
第五十九
起壬子盡己未 凡八年
資治通鑑綱目終

《资治通鉴纲目》(五十九卷)(2)

3.《续资治通鉴纲目》(二十七卷)(明)商辂撰

明成化十二年（1476 年）内府刻本十五册。框高 27.2 厘米，广 18.4 厘米。半页八行十八字，小字双行二十一字，大黑口，四周双边，双鱼尾。

为明代中期由官方敕修的一部史书，记载自宋太祖建隆元年（960 年），迄元顺帝至正二十七年（1367 年），共计 408 年的史事，全书共 27 卷，为续接朱熹《资治通鉴纲目》而纂。明朝代宗景泰六年、宪宗成化九年，前后两次受敕，最终成书于宪宗成化十二年。

2010 年 6 月认定为第三批国家珍贵古籍。

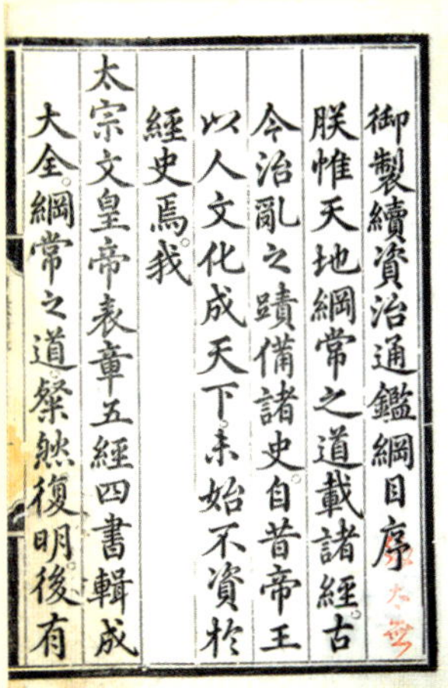
御製續資治通鑑綱目序
朕惟天地綱常之道載諸經古
今治亂之蹟備諸史自昔帝王
以人文化成天下未始不資於
經史焉我
太宗文皇帝表章五經四書輯成
大全綱常之道粲然復明後有

《续资治通鉴纲目》(二十七卷)(1)

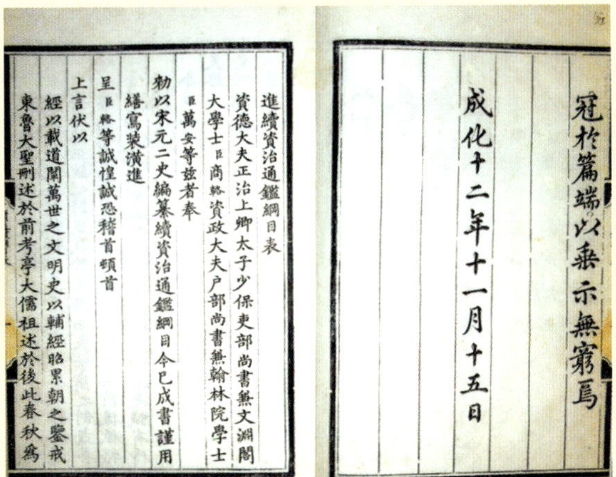
進續資治通鑑綱目表
資德大夫正治上卿太子少保吏部尚書兼文淵閣
大學士臣商輅資政大夫戶部尚書兼翰林院學士
臣萬安等並奉
勑以宋元二史編纂續資治通鑑綱目今已成書謹用
繕寫裝潢進
呈臣輅等誠惶誠恐稽首頓首
上言伏以
經以載道闡萬世之文明史以輔經昭累朝之鑒戒
東魯大聖刪述於前考亭大儒祖述於後此春秋爲

冠於篇端以垂示無窮焉
成化十二年十一月十五日

《续资治通鉴纲目》(二十七卷)(2)

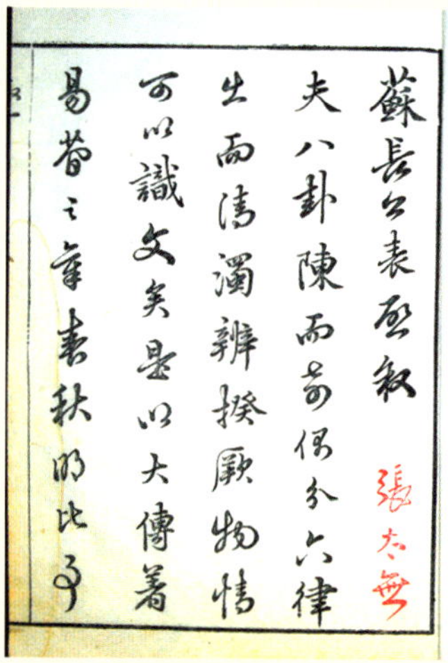

《苏长公表启》（五卷）（1）

《苏长公表启》（五卷）（宋）苏轼撰（明）钱麓屏评点

明万历年间（1573—1620）凌濛初朱墨套印本五册。框高 20.3 厘米，广 14.5 厘米。半页八行十八字，白口，四周单边。

本文墨印，圈点、眉批、文末评语朱印，为松陵盛文明书写上版，版刻极精。

2010 年 6 月认定为第三批国家珍贵古籍。

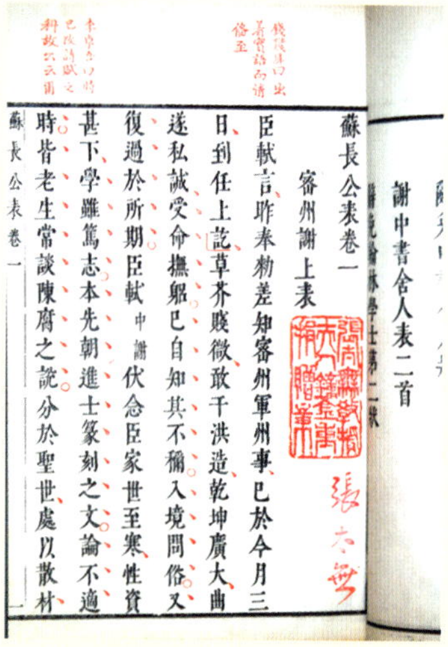

《苏长公表启》（五卷）（2）

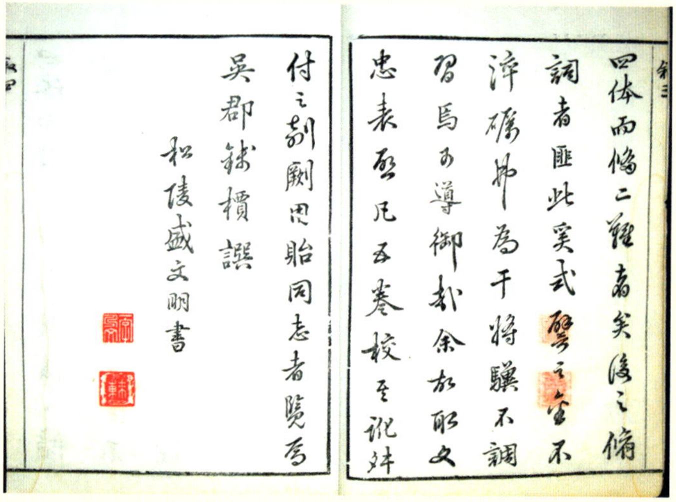

《苏长公表启》（五卷）（3）

4.《苏文忠公策选》（十二卷）（宋）苏轼撰（明）茅坤、钟惺批评

明天启年间（1621—1627）朱墨蓝三色套印本七册。框高 20.3 厘米，广 14.5 厘米。半页十行十九字，篇末行间及版框上小字字不等，白口，无鱼尾，四周单边。

此书系茅氏刻三色套印本之典型，朱印茅坤评语，蓝印钟惺评语，墨印苏轼策文，四周无竖直界格，具有较高的版本价值。

2010 年 6 月认定为第三批国家珍贵古籍。

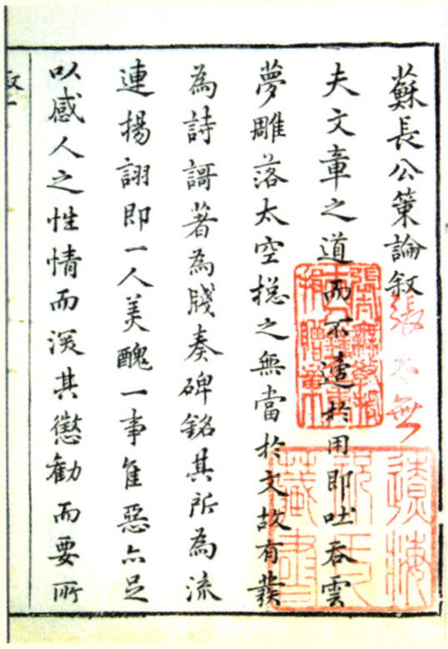

🙞《苏文忠公策选》(十二卷)(1)

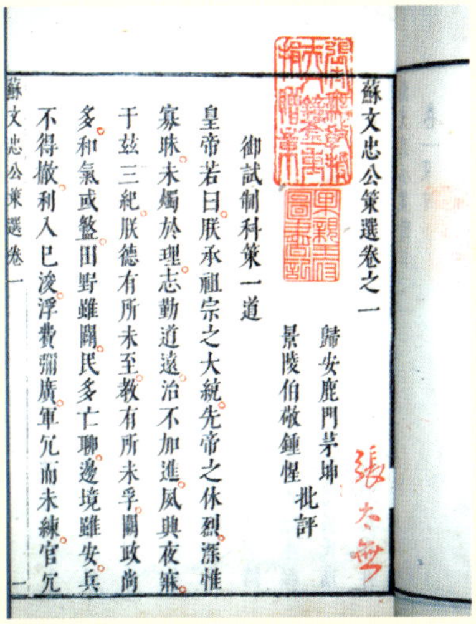
蘇文忠公策選卷之一
歸安鹿門茅坤　批評
景陵伯敬鍾惺
御試制科策一道

🙞《苏文忠公策选》(十二卷)(2)

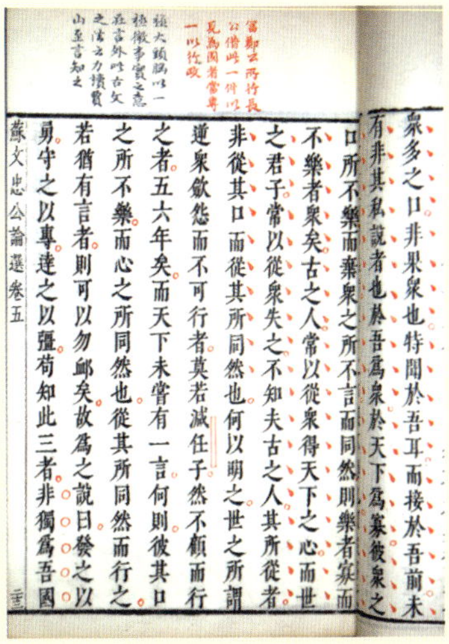

🙞《苏文忠公策选十二卷》(十二卷)(3)

5.《日讲书经解义》(十三卷)

清康熙年间(1662—1722)武英殿刻本十三册。框高 19.1 厘米，广 14.5 厘米。半页九行十八字，黑口，四周双边，双鱼尾。

康熙十七年(1678 年)玄烨命库勒纳、叶方蔼等儒臣编撰此书作为日讲的教材并颁布天下。卷首有康熙十九年圣祖玄烨序，避康熙讳，乾隆讳不避；该书纸张优良、校勘精当、刻印精美。

2011 年 10 月认定为第一批广东省珍贵古籍。

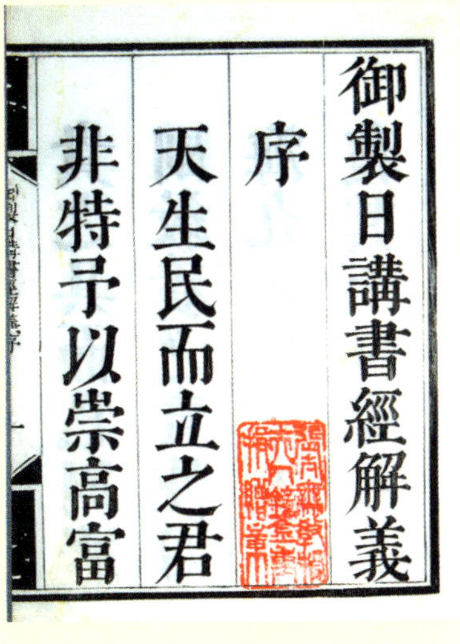
御製日講書經解義
序
天生民而立之君
非特予以崇高富

🙞《日讲书经解义》(十三卷)(1)

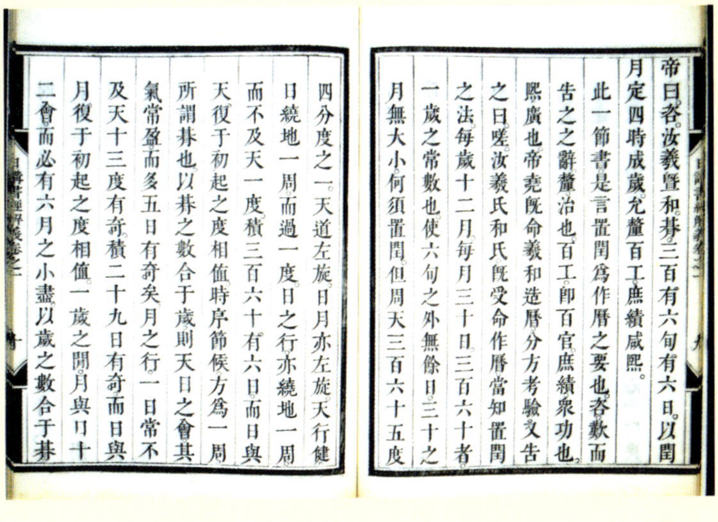
帝曰咨汝羲暨和朞三百有六旬有六日以閏
月定四時成歲允釐百工庶績咸熙

🙞《日讲书经解义》(十三卷)(2)

6.《施注苏诗》(四十二卷总目二卷)(宋) 施元之注(清)顾嗣立、宋荦辑

清康熙三十八年(1699年)宋荦刻本十二册。框高18.4厘米,广14.3厘米。半页十行二十一字,上下黑口,四周单边,单黑鱼尾。

该书为清代知名精写刻本,品相极佳,全书字体尽取峭丽之势,笔锋锐利,一扫清三代刻本中一度盛行的奢靡甜腻的版刻之风,书前列有苏轼小像一幅,线条流畅明快,清晰自然。

2011年10月认定为第一批广东省珍贵古籍。

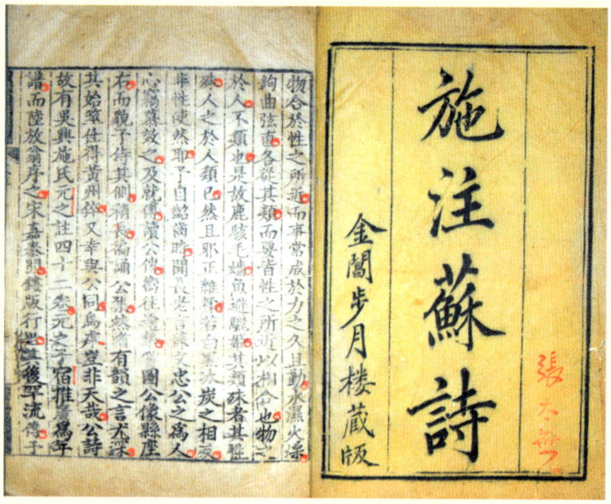

《施注苏诗》(四十二卷总目二卷)(1)

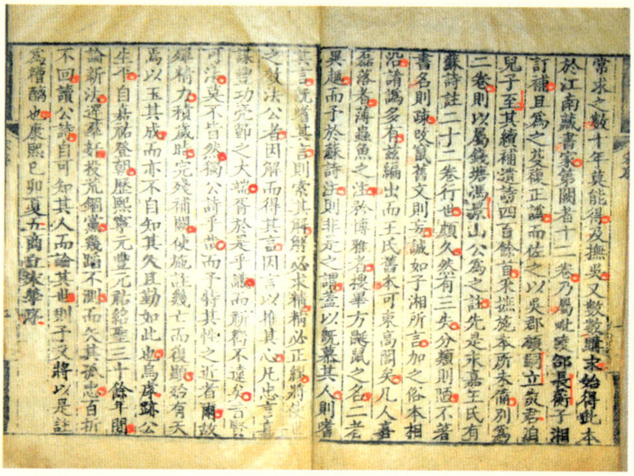

《施注苏诗》(四十二卷总目二卷)(2)

7.《汉魏六朝百三名家集》(一百八十卷)(明)张溥辑

明代娄东张氏刻本六十七册。框高20.1厘米,广14.3厘米。半页九行十八字,白口,左右双边,单鱼尾。

据明张燮《七十二家集》,又取冯惟讷《古诗纪》、梅鼎祚《历代文纪》,自汉贾谊至隋薛道衡共一百零三人,将其诗文组成一编,一人一集。每一集中,先列赋,次列文,后列诗。各集前均附有编者题词,评述作家生平与创作。该书现仅有少量明刻本存世,版本价值高。

2011年10月认定为第一批广东省珍贵古籍。

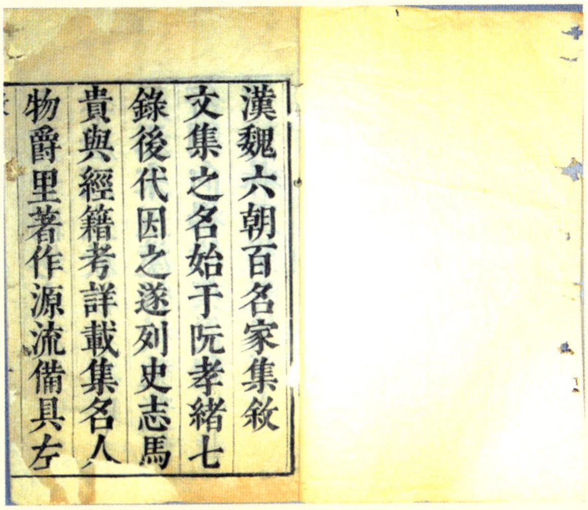

《汉魏六朝百三名家集》(一百八十卷)(1)

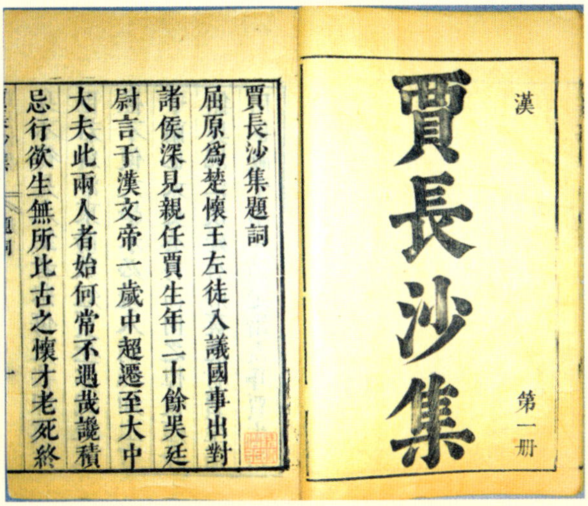

《汉魏六朝百三名家集》(一百八十卷)(2)

8.《文选》(六十卷)(梁)昭明太子选

清嘉庆十四年(1809年)胡克家影刻宋淳熙年间尤袤刻本二十四册。框高20.9厘米,广14.3厘米。半页十行二十一字,小字双行同,白口,左右双边,双顺黑鱼尾。

为清一代仿宋本之精品,历代评版本之书皆以此为清本之代表作,刊刻精良,属难得佳品。后世传本多以胡本为底本,如1977年中华书局印本、1986年上海古籍出版社点校本等。

2011年10月认定为第一批广东省珍贵古籍。

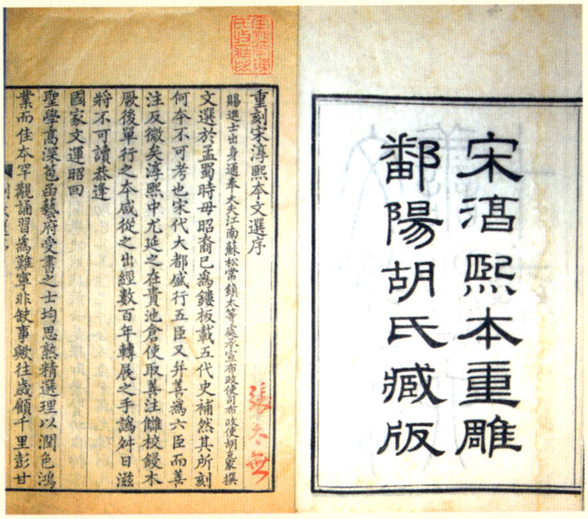

《文选》(六十卷)(1)

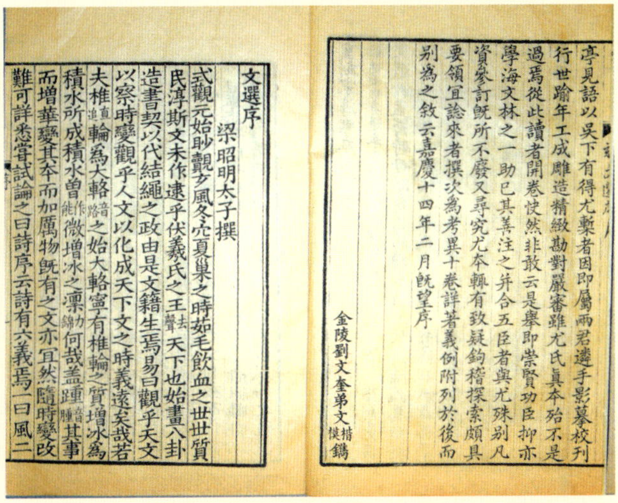

《文选》(六十卷)(2)

9.《御选唐宋文醇》(五十八卷)(清) 清高宗选

清武英殿五色套印本二十册。框高 19.5 厘米，广 14.2 厘米。半页九行二十二字，白口中，四周双边，单黑鱼尾。

太史连纸，书内收韩愈、柳宗元、欧阳修、三苏、曾巩、王安石、李翱、孙樵等唐宋十大家所作文章之优雅者 474 篇。圣祖评论以黄色书于篇首，高宗评论朱笔书篇后，诸家评述以紫色、绿色分书于末。色彩斑斓，为乾隆时期殿版套色印刷书籍之佳本。

2011 年 10 月认定为第一批广东省珍贵古籍。

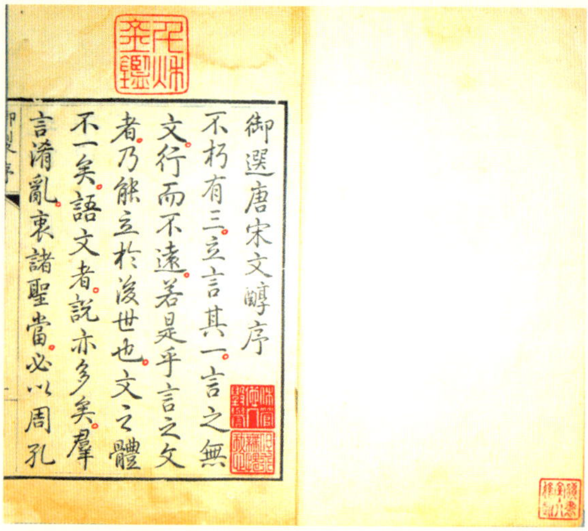
御選唐宋文醇序
不朽有三立言其一言之無
文行而不遠若是乎言之文
者乃能立於後世也文之體
不一矣語文者說亦多矣羣
言淆亂衷諸聖當必以周孔

《御选唐宋文醇》(五十八卷)(1)

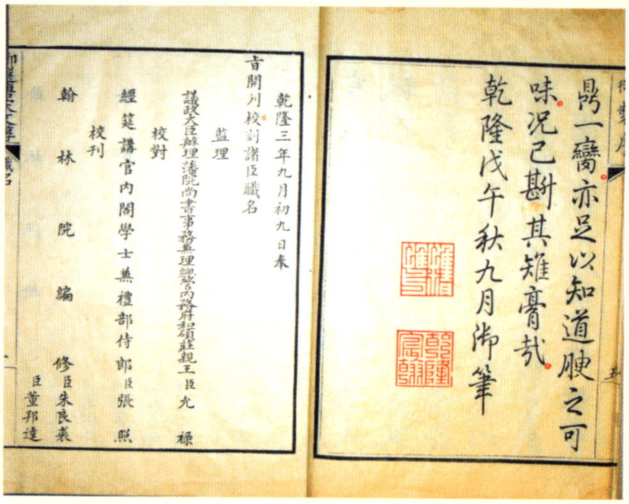

《御选唐宋文醇》(五十八卷)(2)

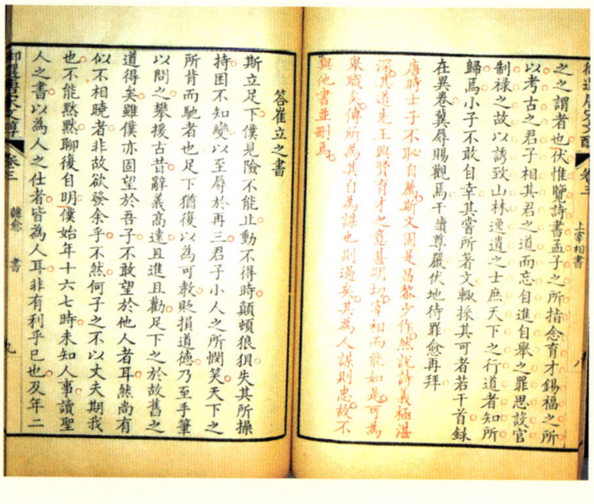

《御选唐宋文醇》(五十八卷)(3)

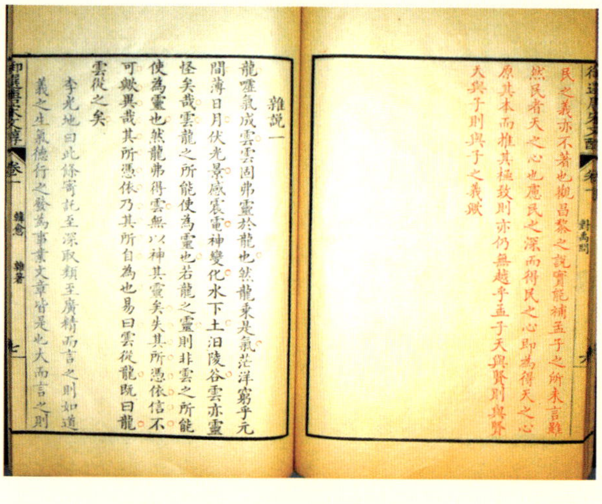

《御选唐宋文醇》(五十八卷)(4)

10.《全唐诗九百卷目录》(十二卷)(清)清圣祖玄烨编

清康熙四十四年（1705—1707）扬州诗局刻本一百二十册。框高 16.9 厘米，广 13.7 厘米。半页十一行二十一字，小字双行不等，上下黑口，左右双边，双对黑鱼尾。

该书为开化纸初印本，字体秀润、墨色均匀、纸张洁白、装潢考究，被称为清代官刻本的代表作。

2011 年 10 月认定为第一批广东省珍贵古籍。

《全唐诗九百卷目录》(十二卷)(1)

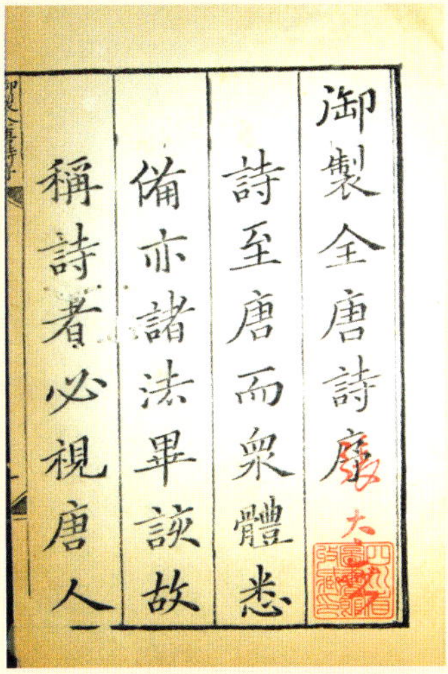

御製全唐詩序
詩至唐而衆體悉
備亦諸法畢該故
稱詩者必視唐人

《全唐诗九百卷目录》(十二卷)(2)

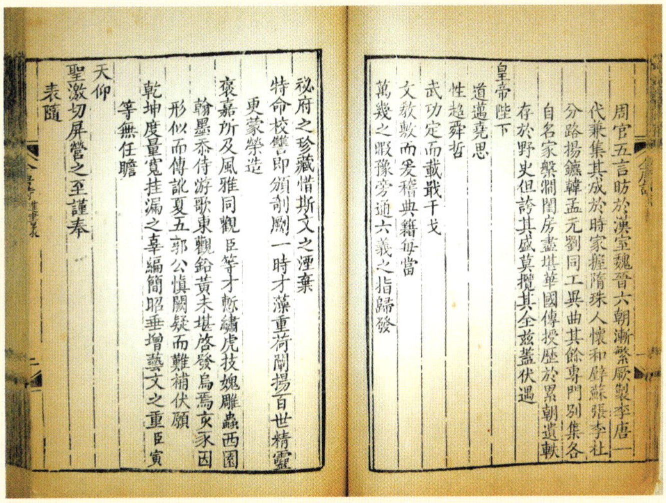

周官五言昉於漢室魏晉六朝漸繁厥製李唐一
代兼集其成於時家握隋珠人懷和璧蘇張李杜
分路揚鑣韓孟元劉同工異曲其餘專門別集各
自名家槃澗閨房盡堪華國傳授歷於累朝遺軼
存於野史但誇其盛莫攬其全茲蓋伏遇
皇帝陛下
道邁堯思
性超舜哲
武功定而載戢干戈
文教敷而爰稽典籍每當
萬幾之暇豫旁通六義之指歸發
秘府之珍藏惜斯文之湮棄
特命校讎即頒剞劂一時才藻重荷闡揚百世精靈
更蒙榮造
褒嘉所及風雅同觀臣等才慙繡虎技媿雕蟲西園
翰墨忝侍游歌東觀鉛黄未堪啓發烏焉亥豕因
形似而傳訛夏五郭公慎闕疑而難補伏願
乾坤度量寬挂漏之辜編簡昭垂增藝文之重臣寅
等無任瞻
天仰
聖激切屏營之至謹奉
表隨

《全唐诗九百卷目录》(十二卷)(3)

二、古籍影印本

1. 影印文渊阁《四库全书》

我国历代官修书中，能综括前人著述、汇总集结的，首推清代的《四库全书》，有底本一部，按宁波范氏天一阁式制分为七种阁本共七部，其中文渊阁《四库全书》是第一部完成本，并担负了第二底本的角色，所以学术界认为文渊阁本是《四库全书》中最权威的版本。文渊阁《四库全书》于乾隆四十七年（1782 年）全书缮成装潢入藏故宫文渊阁，解

影印文渊阁《四库全书》

放战争期间被运往台湾，藏于台北国立故宫博物院。本馆馆藏影印文渊阁《四库全书》是台湾商务印书馆于1983年至1988年影印，共计1292册。

2.《续修四库全书》

《续修四库全书》作为《四库全书》的续编，是经国家新闻出版广电总局和国家古籍整理出版规划小组批准的国家重点出版工程。这是继18世纪清朝编修《四库全书》后，又一次在全国范围内对中国古典文献进行大规模的清理与汇集。《续修四库全书》由顾廷龙、傅璇琮主编，从1994年开始启动，历时8年，至2002年4月完成，总共收书5213种，共计1800册，由上海古籍出版社出版。

3.《四库全书存目》丛书

清代乾隆年间编纂《四库全书》时，将大量不符合清王朝统治需要和价值标准的历代典籍摒弃在外，仅列为存目者有6793种93551卷。历经300年来存目之书亡失严重，现存4000余种6万余卷分藏在全国200多个图书馆，三成以上已成孤本。

《续修四库全书》

《四库全书存目》丛书

该书由季羡林担任总编纂，1993年1月至1997年10月完成，历时五年。共收录散藏于国内外116个图书馆、博物馆及少数私人藏书家手中的四库存目书4508部种，其中宋刻本15种，宋写本1种，元刻本21种，明刻本2152种，明抄本127种，清刻本1634种，清抄本330种、稿本22种，有三成以上为孤本或稀见本。卷帙浩繁，洵为大观。1997年10月由齐鲁书社影印出版，16开精装1200册。

4.《中华再造善本》

《中华再造善本》

《中华再造善本》是一项重要的文化建设工程。精选多种古籍，解决古籍“藏”“用”矛盾，让无数珍稀古籍走出深阁大库，使中华文明的火种普世相传。《中华再造善本》分两期工程完成，总1300余种。本书编纂分为五编进行，自唐迄清为《唐宋编》《金元编》《明代编》《清代编》《少数民族文字文献编》，每编以经、史、子、集、丛编次。五编中每书之布局，则以《中国古籍善本书目》各书排序为准。《中华再造善本》全套共600多种、近万册，书价为人民币319万元。在副省级以下公共图书馆中，仅有深圳图书馆一家收藏。

5. 钦定《四库全书荟要》

乾隆帝颁下谕旨，以《四库全书》卷帙浩如烟海、不易检索为由，命在《四库全书》中“撷其菁华，缮为荟要，其篇式一如全书之例”。随后，便另外设立了《四库全书荟要》

钦定《四库全书荟要》

修书处，责成王际华、于敏中负责此项事务。（至乾隆四十三年，《四库全书荟要》第一部缮写完毕，按照乾隆帝的意愿，保存在坤宁宫后御花园内的摛藻堂。两年以后又缮出第二部，存于长春园味腴书室。咸丰十年，英法联军攻陷北京，焚圆明园，味腴书屋所藏《四库全书荟要》被焚毁。而藏于摛藻堂的《四库全书荟要》则成为硕果仅存的世间孤本。1949 年，国民党将此书运往台湾。）钦定《四库全书荟要》精装 595 册，由吉林出版集团有限责任公司 2005 年影印出版。

6.《丛书集成初编》

本书集古今丛书之大成，故定名为《丛书集成》。我国丛书号称数千部，唯个人诗文集居其半，而内容割裂琐碎实际不合丛书体例者，又居其余之半。其名实相符者，不过数百部。兹就此数百部中，选其最有价值者百部为初编。所选丛书，至清刊为止，民国新刊从阙。所选丛书百部，内容约 6000 种，2.7 万余卷。其一书分见数丛书者，则汰其重复，实存约 4100 种，约两万卷。中华书局于 2011 年出版 800 册。

《丛书集成初编》

第二节

地方文献

深圳市、区图书馆始终致力于搜集、整理、收藏、展示深圳本土地区相关资料，包括深圳本土地区文献、政府公开信息，建设地方文献专题数据库。深圳图书馆作为深圳地方文献中心，已搜集、入藏地方文献5万余册，并牵头组织深圳地方文献联合建设工作；福田图书馆地方文献阅览专区收藏地方文献近6000册，建有“福田地方文献全文数据库”；宝安区图书馆出版了《宝安文献志》(卷一)、《宝安文献志》(卷二)、《宝安地理雕塑志》；龙岗图书馆创立“客家文献专区”，逐步建立客家文献藏书体系和专题数据库；南山图书馆已收藏南山区各时期、各种主题的图片2000余幅，精选部分图片结集出版了《与时俱进看南山》图片集，建立《南山图库》；光明新区图书馆推出“寻找‘光明记忆’”专题，建立了“光明记忆专藏室”。经过市、区图书馆的共同努力，深圳的地方文献建设已初见成效，地方志、族谱、创刊号、深圳学人专藏等具有特色。

一、地方志及族谱

国家编正史，州县纂方志，家族修家谱构成中国宗法社会历史大厦三大支柱，其中的地方志与族谱是研究当地历史、传承的重要文献资料。

1.《石厦村潘氏族谱》

本书1854年成书，从石厦征集而来，影印本，非正式出版物，存世数量少，是研究福田石厦村潘氏家族的珍贵材料。现藏于福田区图书馆。

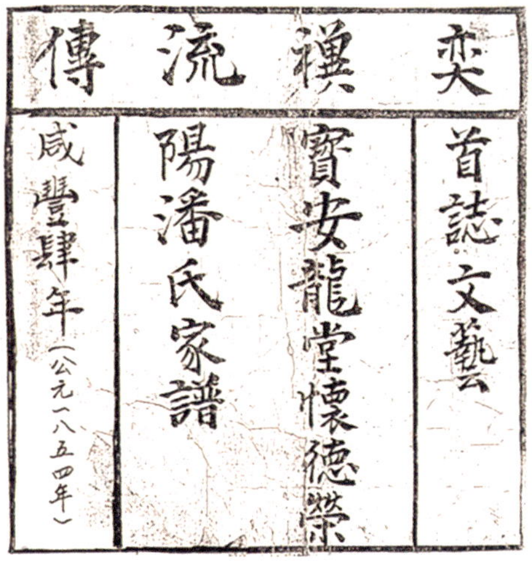

《石厦村潘氏族谱》(1)

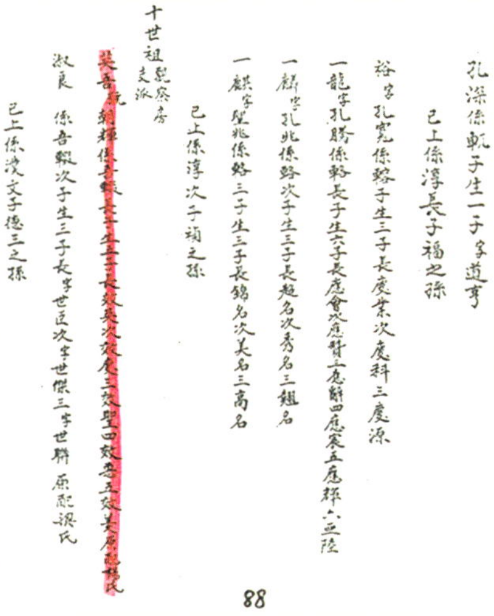

《石厦村潘氏族谱》(2)

2.《上沙黄氏族谱》(上、下)

本书由深圳市梅林江夏黄族谱编修委员会编，从上沙征集而来，影印本，非正式出版物，存世数量少，是研究上沙黄氏家族的珍贵材料。现藏于福田区图书馆。

《上沙黄氏族谱》(1)

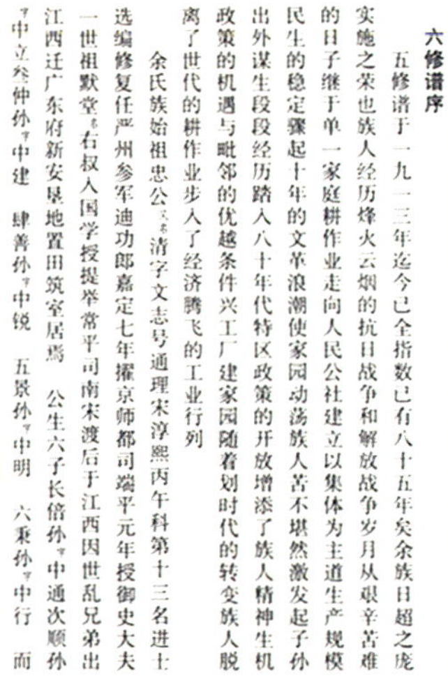

六修谱序

五修谱于一九一三年迄今已全指数已有八十五年矣余族日超之庞实施之荣也族人经历烽火云烟的抗日战争和解放战争岁月从艰辛苦难的日子继于单一家庭耕作业走向人民公社建立以集体为主道生产规模民生的稳定骤起十年的文革浪潮使家园动荡族人苦不堪然激发起子孙出外谋生段段经历踏入八十年代特区政策的开放增添了族人精神生机政策的机遇与毗邻的优越条件兴工厂建家园随着划时代的转变族人脱离了世代的耕作业步入了经济腾飞的工业行列

余氏族始祖忠公清字文志号通理宋淳熙丙午科第十三名进士选编修复任严州参军迪功郎嘉定七年擢京师都司端平元年授御史大夫一世祖默堂右叔入国学授提举常平司南宋渡后于江西因世乱兄弟出江西迁广东府新安垦地置田筑室居焉 公生六子长倍孙中通次顺孙中立叁仲孙中建 肆善孙中锐 五景孙中明 六秉孙中行 而

《上沙黄氏族谱》(2)

3.《郑氏南莆祖五大房族谱》

本书由郑氏南莆祖五大房宗亲重修族谱委员会编，从下梅林征集而来，影印本，是研究下梅林郑氏家族的珍贵材料。现藏于福田区图书馆。

《郑氏南莆祖五大房族谱》(1)

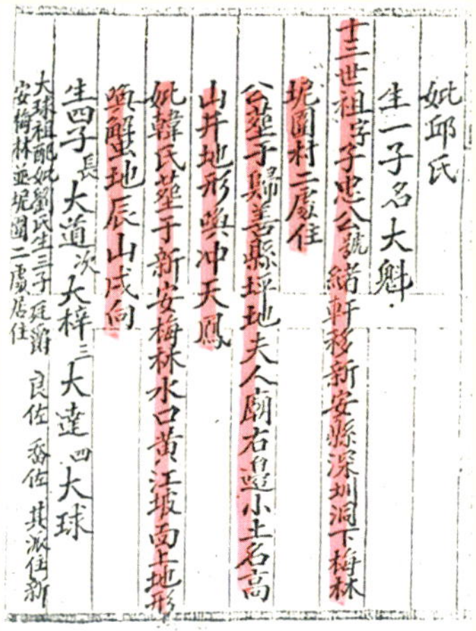

《郑氏南莆祖五大房族谱》(2)

4.《新安县志》(康熙，油印本)

1962 年，广州中山图书馆根据从首都图书馆购回的（清康熙）靳文谟《新安县志》新安县衙刻本的缩微胶卷，用蜡纸刻写后油印。现藏于深圳图书馆和龙岗区图书馆。

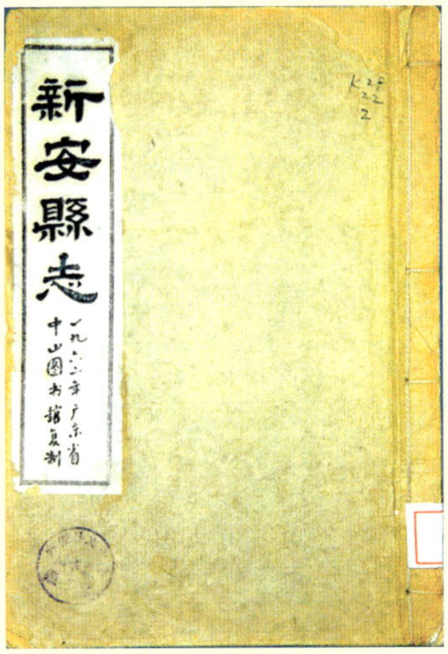

《新安县志》(康熙，油印本)(1)

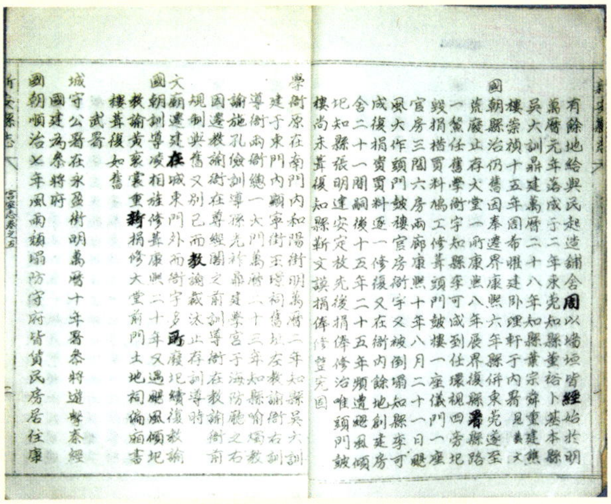

《新安县志》(康熙，油印本)(2)

5.《新安县志》（嘉庆，铅排本）

嘉庆《新安县志》铅排本，舒懋官、王崇熙著。1979 年，祖籍深圳的黄承业与陈日新、刘皇发、赵树勋、何新荣、何新权、彭铿然集资重刊民国十九年嘉庆《新安县志》铅排本，并于 1982 年再版。现藏于深圳图书馆、龙岗区图书馆。

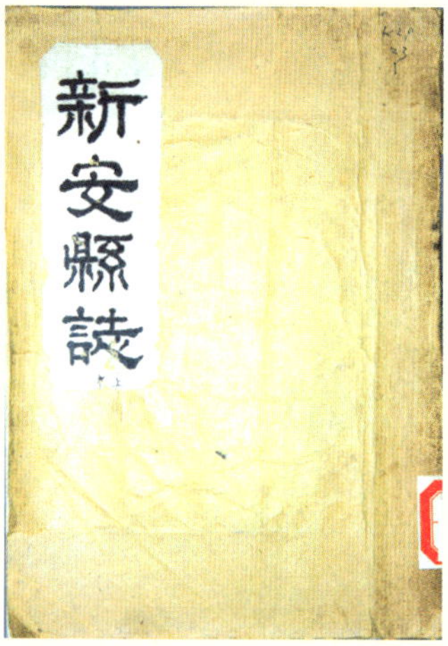

《新安县志》（嘉庆，铅排本）（1）

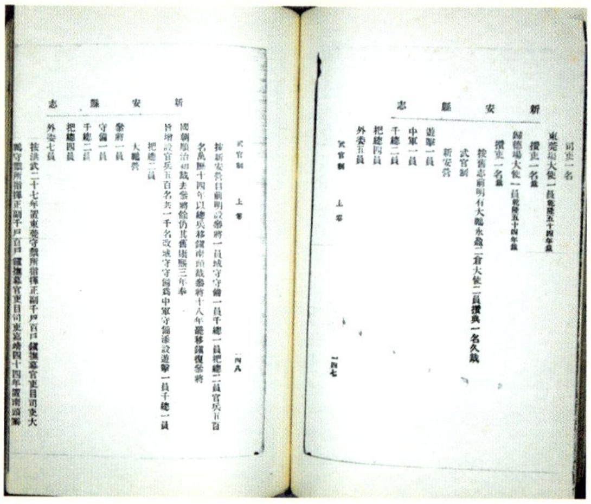

《新安县志》（嘉庆，铅排本）（2）

6.《念恭堂黄氏家乘》（上、下）

本书由黄氏守箴堂宗亲会、下沙村村民委员编，1986 年成书。从下沙征集而来，影印本，非正式出版物，存世数量少，是研究下沙黄氏家族的珍贵材料。现藏于福田区图书馆。

《念恭堂黄氏家乘》（1）

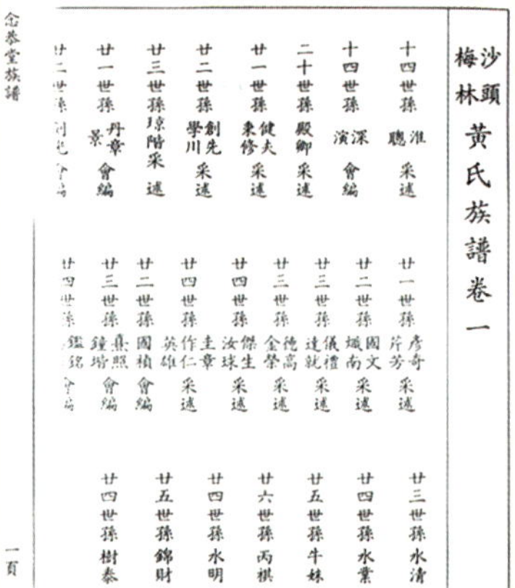

《念恭堂黄氏家乘》（2）

二、创刊号

1.《宝安农民报》

1956 年 3 月 30 日，《宝安农民报》创刊。这是中华人民共和国成立后深圳地区（当时称宝安县）的第一份报纸。出版周期为五天，定价 2 分钱，是当时的县委机关报。内容除了时事新闻外，也与当时的农业生产紧密相关。至 1962 年初停刊。现藏于深圳图书馆。

《宝安农民报》报头

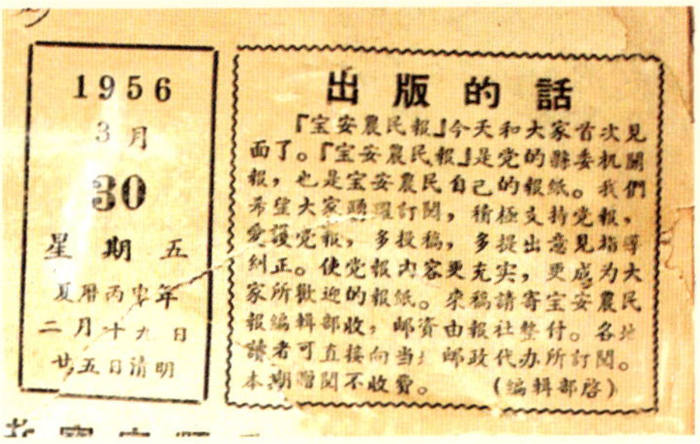

1956
3月
30
星期五
夏曆丙申年
二月十九日
廿五日清明

出版的話

「宝安農民報」今天和大家首次見面了。「宝安農民報」是党的縣委机關報，也是宝安農民自己的報紙。我們希望大家踴躍訂閱，積極支持党報，愛護党報，多投稿，多提出意見指導糾正。使党報內容更充实，更成为大家所歡迎的報紙。來稿請寄宝安農民報編輯部收，郵資由報社整付。各圩讀者可直接向当圩郵政代办所訂閱。本期贈閱不收費。（編輯部啓）

《宝安农民报》创刊号内“出版的话”

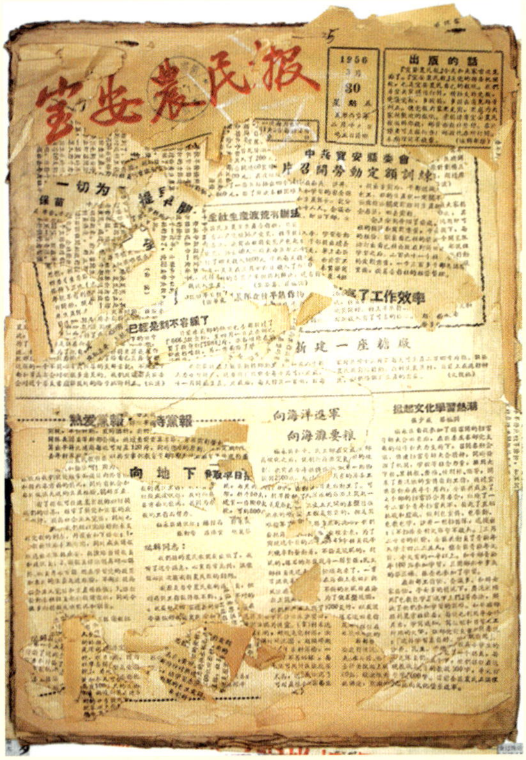

《宝安农民报》创刊号

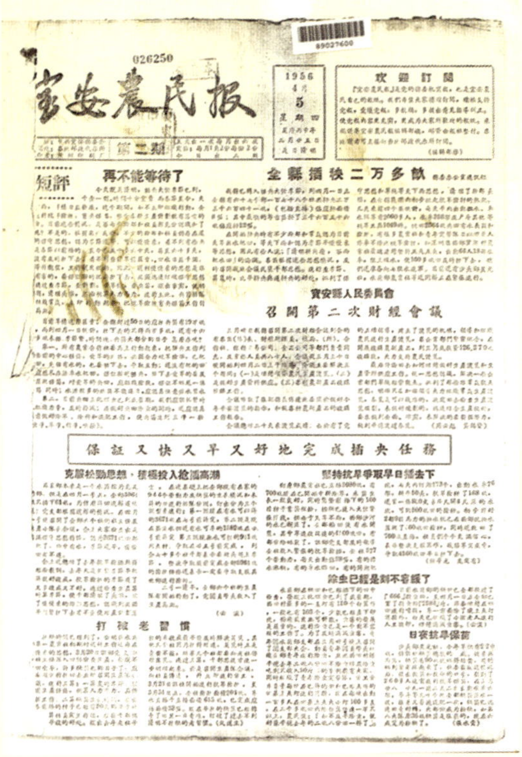

《宝安农民报》第 2 期影印版

2.《宝安文艺》

1964 年，《宝安文艺》创刊，初时是小报，1974 年改版为小册子，由宝安县文化馆编印，主要刊载地方山歌、粤曲、诗歌、散文和民间文学等，用钢板蜡纸誊刻油印。1979 年 3 月深圳撤县立市，该刊更名为《深圳文艺》，1980 年第 1 期时茅盾先生为《深圳文艺》杂志亲笔题词。至 1982 年深圳市群众艺术馆撤销，大部分馆员分配到罗湖区文化馆（当时全市为一区一县，即罗湖区和宝安县），《深圳文艺》更名为《罗湖文艺》，一直出版至今。现藏于深圳图书馆。

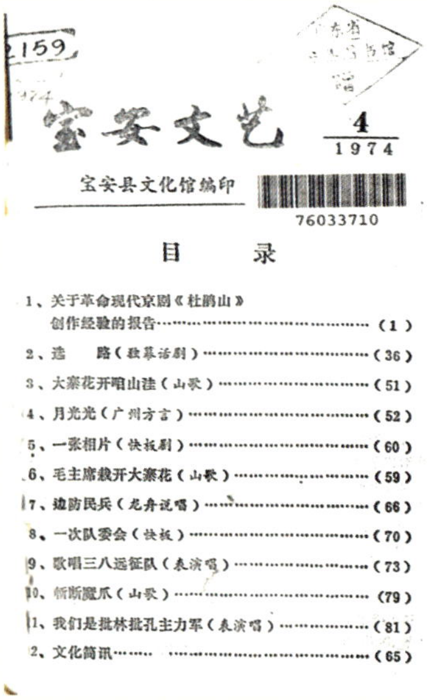
宝安文艺 4 1974

宝安县文化馆编印

76033710

目　录

1974 年第 4 期时，《宝安文艺》改版为小册子

1979 年 3 月，更名为《深圳文艺》

3.《深圳特区报》

《深圳特区报》创办初期，办公条件十分简陋，仅有 10 多位工作人员，编辑、记者都挤在一间小铁皮房里。没有印刷设备，报纸只能送到香港代印，与香港《文汇报》出自同一台印刷机。从如此艰苦的创报，发展到如今的报业巨舰，《深圳特区报》的成长与特区一样，从无到有，从小到大到强，是特区发展的历史见证。现藏于深圳图书馆。

1981 年 6 月 6 日，《深圳特区报》试版第一期

1982 年 5 月 24 日，《深圳特区报》创刊号出版

1983 年 12 月 1 日，《深圳特区报》自办印刷第一期

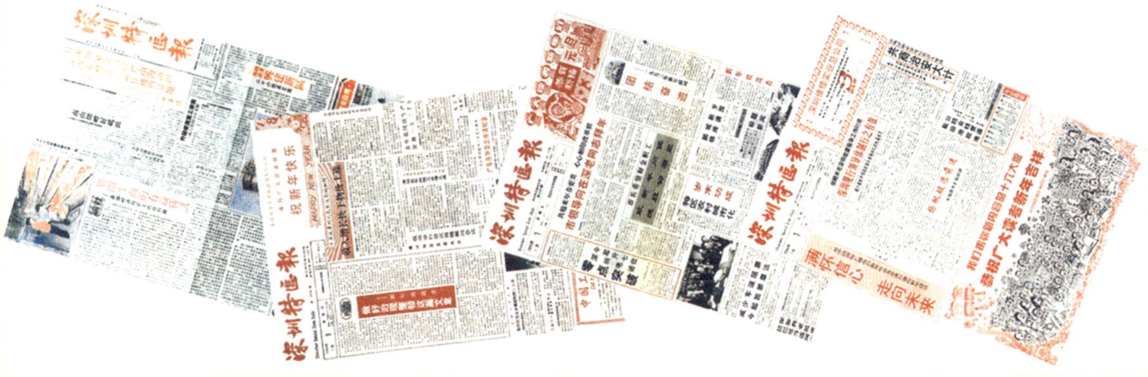

《深圳特区报》的发展足迹

4.《特区文学》

1982 年 4 月，《特区文学》创刊，由深圳市文学艺术界联合会主办，出版周期为季刊，自 1985 年开始改为双月刊，是特区最早的文学刊物，宗旨是反映特区建设面貌，透视港澳社会百态、交流内外文化动态、培养文学创作新苗。内容上重视特区题材、特区作者，力求具有更多的特区特色。同时，选择刊登一些港澳及海外作家的文学作品。现藏于深圳图书馆，也是第一份用“特区”命名的深圳图书馆馆藏期刊。

1982 年第 1 期，《特区文学》创刊号

《特区文学》创刊号插页刊登反映当时特区建设的摄影作品

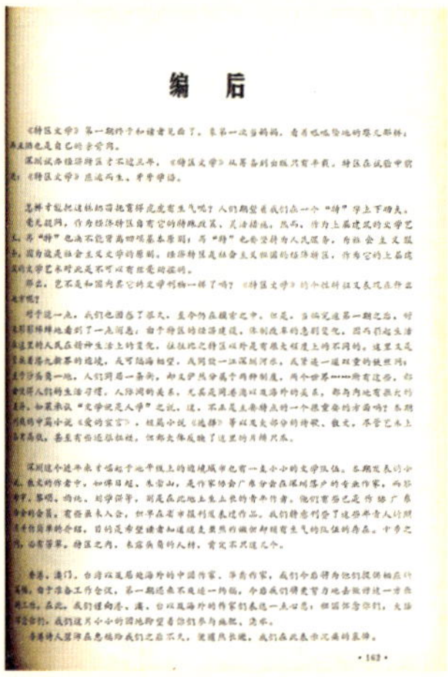

编　后

《特区文学》创刊号编后语

5.《深圳大学学报》

深圳大学建于 1983 年 9 月。1984 年 12 月，《深圳大学学报》创刊号面世。该刊旨在反映学校科研成果、推动国内外学术交流、提高学术水平、促进教学与科研工作的发展。向国内外公开发行，同时接受国内外稿件。在创刊号中，分为学术论文、学术资料、深大论坛三个栏目。1985 年 6 月总第 2 期起，该刊分为社会科学版和自然科学版同时出版。现藏于深圳图书馆。

1984 年 12 月，《深圳大学学报》创刊号出版

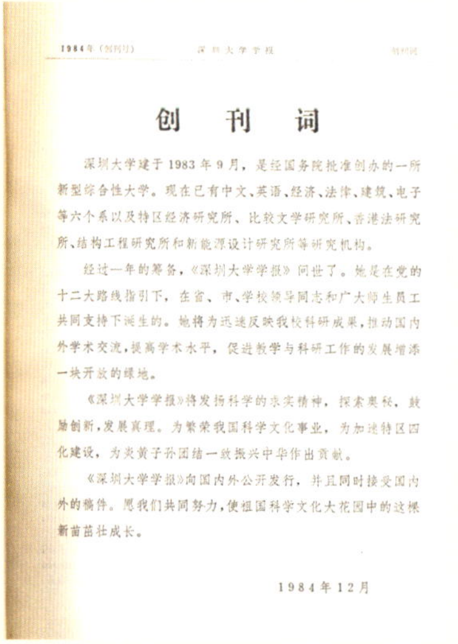

1984年（创刊号）　深圳大学学报　创刊词

创　刊　词

深圳大学建于 1983 年 9 月，是经国务院批准创办的一所新型综合性大学。现在已有中文、英语、经济、法律、建筑、电子等六个系以及特区经济研究所、比较文学研究所、香港法研究所、结构工程研究所和新能源设计研究所等研究机构。

经过一年的筹备，《深圳大学学报》问世了。她是在党的十二大路线指引下，在省、市、学校领导同志和广大师生员工共同支持下诞生的。她将为迅速反映我校科研成果，推动国内外学术交流，提高学术水平，促进教学与科研工作的发展增添一块开放的绿地。

《深圳大学学报》将发扬科学的求实精神，探索奥秘，鼓励创新，发展真理。为繁荣我国科学文化事业，为加速特区四化建设，为炎黄子孙团结一致振兴中华作出贡献。

《深圳大学学报》向国内外公开发行，并且同时接受国内外的稿件。愿我们共同努力，使祖国科学文化大花园中的这棵新苗茁壮成长。

1984年12月

《深圳大学学报》创刊词

1986 年《深圳大学学报（理工版）》创刊号

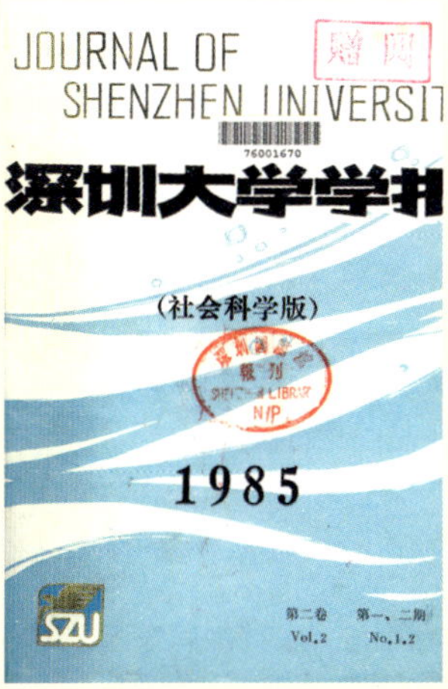

《深圳大学学报（社会科学版）》

1986 年 3 月，总第 5 期，更名为《深圳大学学报（人文社会科学版）》

三、深圳学人专藏

学术文化是一座城市的文化根基，是城市软实力和核心竞争力的重要指标。深圳近年来光辉的发展成果与孜孜耕耘的地方优秀学人息息相关，他们为深圳的发展出谋划策、为深圳的文化涵养不断积淀。经过 30 余年的发展，深圳的学术成果已颇具规模，并成长起一批博学多才的深圳学人。深圳图书馆致力于建设“深圳学派”文献专藏，集中收录深圳学人的著作成果，目前已搜集整理 146 名全市专家学者出版的专著类文献 486 种近 1200 册，学术期刊 9 种，还收藏了部分学者的珍贵手稿资料。

深圳学人文献

彭立勋著作《趣味与理性》

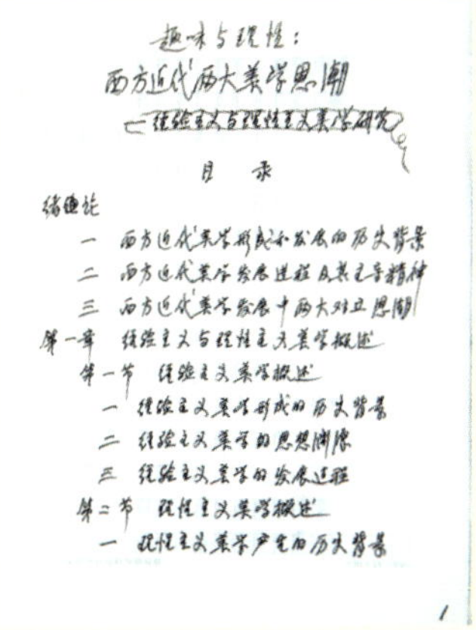

彭立勋著作《趣味与理性》手稿

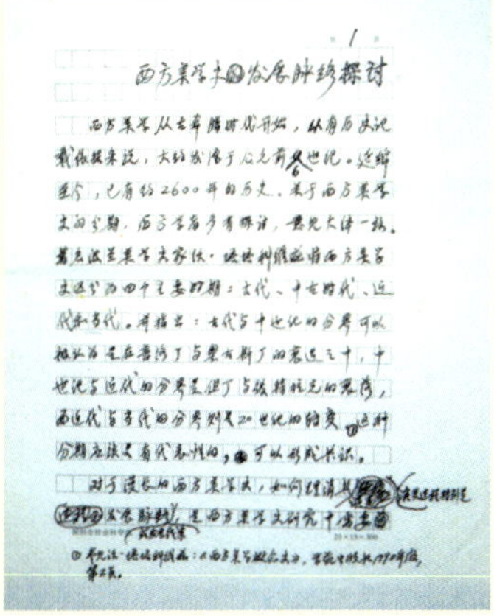

彭立勋论文手稿

第三节

特色专藏

深圳市、区图书馆根据自身特点，采取错位互补、共建共享的原则，不断创新发展，开辟了一系列具有特色的文献专区或特色图书馆，形成了有区域特色、多载体、多语种、研究与普及相结合的特色文献专藏，为深圳市经济发展、科学研究提供了文献保障。

一、港澳台文献

深圳毗邻港澳，具有文化多样性和包容性的特点。深圳图书馆于1986年立馆之时，便将港澳台文献作为特色馆藏资源进行重点建设，已经形成了较为丰富的馆藏积淀，收藏了不少珍贵的港澳台文献。

1.《敦煌宝藏》

由黄永武博士主编，主体不仅依英国、法国、中国所藏敦煌遗书缩微胶卷影印，还一并载出敦煌石窟彩塑壁画及藏经洞的绢纸画等艺术品，并附录有一些研究成果，为集大成式敦煌学材料，是目前最完整的敦煌史料汇编，内容涉及语言、宗教、艺术、文学、医学、中亚民族学、史地等诸多领域，其中词组只字，均为学术界至上瑰宝。本套书由台湾新文丰出版股份有限公司于1996年出版，共计140册。

《敦煌宝藏》

2.《中华民国重要史料初编》

本书由台湾国民党党史馆编撰，秦孝仪主编，是目前进行抗日战争学术研究的重要参考书。此编分为七编，每编再分纲目。取材以中国国民党与中华民国政府决策阶段之原始资料为主，绝大多数为未经发表的档案，一般性史料及已公开发行者不予收录。所收史料均以保持原始面目为原则，不作任何更动。该书为人们了解民国社会与历史和从事学术研究提供了十分重要的资料。1981 年由中国国民党中央委员会党史委员会在台湾出版，共计 39 册。

3.《中华民国史事纪要》

《中华民国史事纪要》是台湾国史馆发行的一种纲目体加纪事本末体的编年史，记载中华民国历年的重要史事。本书始自 1894 年，每年出版，目前已发行至 1984 年，嗣后不再有出版计划。本书内容包含政治、法制、经济、外交、国防、边政、社会、文化、教育、科学、艺术等各方面的重要建置、活动、成就与变革。由中华民国史料研究中心于 1986 年整理出版，共计 40 册。

《中华民国重要史料初编》

《中华民国史事纪要》

4.《台湾文献史料丛刊》

1949 年，国民党政权溃败，蒋介石集团退居台湾。当时台湾受日本帝国主义殖民统治奴化教育的影响，遗毒甚深，更有少数想搞台湾独立的民族败类鱼目混珠，欲混淆视听。为了还原历史，为了证明台湾自古以来就是中国不可分割的一部分，蒋介石遂请托一批爱国学者，以台湾大学法学院院长周宪文教授为首，组织了台湾史研究学者、专家（诸如台湾专家曹永和），自 1957 年至 1972 年历时 15 年时间，搜集自宋、元、明、清以来有关台湾的各种文献史料——其范围包含方志、明郑史料、清代档案、私家著述、诗文专辑等，且旁及荷兰、美国、英国、日本有关的台湾档案，起其名称“台湾文献史料丛刊”。15 年来该丛刊共整理出 309 种书籍及一本提要，每一种书籍皆经学者精校整理、分段标点，以铅字排印，交由台湾银行经济研究室陆续出版发行。这一套丛刊是研究台湾历史最重要最庞大的学术工程。本书的资料来源，首先是极尽台湾地区各大图书馆之所藏，其次对海外（尤其是日本、美国、英国、荷兰）相关的史料也进行了大量的搜集，所以本书荟萃了从大内密档到私家珍藏，从闻名史著到未刊手稿，堪称集古今之大成。内容涵盖了台湾的历史、地理、政治、经济、风俗、民情、文化、法制等各个方面，把当时在台湾所能搜罗到的有关台湾文献史料“一网打尽”。可以说，本书是研读台湾历史文献最基本、最重要的史料。全九辑，共计 190 册。

《台湾文献史料丛刊》

5.《中华民国总统府公报》

1947 年，国民政府结束训政时期，颁行宪令，经普选产生国民大会，依据宪法于 1948 年 5 月 20 日（民国 37 年）在南京成立“总统府”，行宪开始，《国民政府公报》改为《总统府公报》，并于即日出版，后续在台北印刷发行。《总统府公报》内容包括政治、经济、财政、法律、军事等文献，不仅所有最高之决策、法令、人事，记载靡遗，实为一切文献之渊薮，是研究当代史极好的原始资料。台湾成文出版有限公司于 1981 年重印 1948—1981 年的《中华民国总统府公报》，编为精装 150 册。

《中华民国总统府公报》

6.《近代中国史料丛刊》三编

《近代中国史料丛刊》是台湾文海出版社于1966年10月至今陆续出版的中国近代史资料丛书，由沈云龙主编。该丛刊现已出版至三编，收录的史料包括档案、奏疏、政书、笔记、日记、函牍手札电文、年谱、诗文集、经世文编、传记（碑传）等，内容广泛且丰富，对研究中国近代史具有重要价值。中华人民共和国成立以后，大陆出版过几套大型近代史料丛刊，大都是对史料进行再加工而得的成果。而《近代中国史料丛刊》不同，完全是影印出版。深圳图书馆藏有《近代中国史料丛刊》三编950册。

《近代中国史料丛刊》三编

二、佛学文献

深圳是一个移民城市，民间宗教信仰的信众来自全国各地，其中佛教信徒众多。深圳市、区图书馆都将佛学文献作为特色资源来收藏建设，其中罗湖区图书馆与弘法寺合作建设的深圳第一家佛教图书馆不乏珍贵的佛教图书。

1.《大方广佛华严经普贤菩萨行愿品》（释迦牟尼）

本经为弘法寺珍藏版，2009年恭印。

《大方广佛华严经普贤菩萨行愿品》

1937年本焕长老在五台山修行期间发心“剥皮为纸，折骨为笔，刺血为墨，书写经典”。用自己的舌血和手指血抄写了《楞严经》10卷，《地藏经》3卷，《金刚经》、《普贤行愿品》和《文殊师利法五子经》等共20卷，写血经文字20余万字，但这些经文战乱期间均已轶失。1987年1月1日，《大方广佛华严经普贤菩萨行愿品》在失踪50年后又被收藏者送回，恭印流布，利益众生。

2.《乾隆大藏经》（释迦牟尼）

《乾隆大藏经》又名《龙藏经》，始刻于雍正十一年（1733年），完成于乾隆三年

《乾隆大藏经》

（1738 年），是近代最完整的一部佛经编撰，包含了佛陀所讲的经、律、论的全部内容。本套书是 2007 年 8 月再版图书，共 120 册，由香港佛陀教育协会捐赠，为弘法寺镇寺之宝。现藏于罗湖区图书馆。

3.《丛林仪规》

弘法寺方丈印顺法师历时 2 年多将汉传佛教丛林仪规收集整理，将来果老和尚、虚云法师、本焕长老等高僧在寺院禅堂的修行方法进行集结，方便后来学佛法师和四众弟子学习，于 2009 年完成，非常珍贵难得。现藏于罗湖区图书馆。

《丛林仪规》

4.《中华佛教两千年》

本书由中国佛教协会会长赵朴初居士总编，是中国最大、最厚、最重的大型经典资料性佛教巨著，被载入上海大世界吉尼斯纪录。画册厚度 23 厘米，重 50 千克，以香樟木雕花宝盒函装，封面选用天然金丝楠木，由江苏、河北雕刻名匠精雕细刻而成，赵朴初居士亲题书名。

《中华佛教两千年》

该画册编撰工作启动于 1998 年 8 月 25 日，1999 年由宗教文化出版社出版，于 1999 年 8 月 28 日在中国佛教协会所在地北京广济寺举行了隆重的开光仪式。中国佛学院副院长传印大法师亲自主法，来自全国 200 余座寺庙的住持高僧为该画册诵咏经文，中国佛教协会当场指定该画册为中华佛寺的镇寺宝典。绝版印刷 2000 册，面向海内外编号发行。现藏于深圳图书馆。

5.《中华大藏经》（汉文部分）

《中华大藏经》为佛教经典的总集，由中华书局出版。为

《中华大藏经》

避免过去刊印的许多种大藏经的缺失，《中华大藏经》（汉文部分）力求做到版本要“精”、内容要“全”。编辑《中华大藏经》（汉文部分）共用了八种版本与《赵城金藏》对校，使《中华大藏经》成为一部具有中国特色的佛教百科全书。筹划《中华大藏经》的编辑出版，始于上世纪60年代初。1982年8月由任继愈先生负责，开始了《中华大藏经》（汉文部分）的编辑出版工作。历经13年，动员了约160人参与，共收经籍1939种，分106册。其文献性的价值突出，为继承和创新佛教传统文化的研究提供了更原始更优越的版本。现藏于深圳图书馆。

三、时装与平面设计文献

深圳的时装与平面设计行业发展迅速，深圳图书馆早在上世纪90年代中期就将时装设计作为馆藏重点，2014年又增加了平面设计类别，形成了时装与平面设计文献专藏。收录有关服装、服饰和面料的各种资料，如设计生产、市场动态、发展趋势等的专业报刊200余种，其中包括国外及港台地区原版期刊136种，国内外时装光盘资料200余种，国内外时装生产厂家的产品样本若干种。同时收录了优秀经典的品牌形象、画册、广告设计、海报设计、书籍装帧、包装设计等平面设计类文献资源，以及国内外平面设计获奖作品集、大赛集、设计大师作品集等。

时装与平面设计文献

深圳图书馆时装特种期刊（1）

深圳图书馆时装特种期刊（2）

四、法律文献

1992 年深圳获得了地方立法权，深圳市、区图书馆注重法律文献资源建设，其中以深圳图书馆、深圳大学城图书馆的法律专藏具有一定规模。深圳图书馆法律专藏主要收录广东省和深圳市本地的法律文献，包括人民政府公报、政府信息公开资料、法规汇编、案例报告以及法学研究资料等，重点收藏了港澳台法律法规。由深圳大学城图书馆与北京大学国际法学院合作建立的深圳大学城图书馆法律研究中心收藏法律类英文图书约 8500 种，其中“美国法”相关文献资料尤其丰富。

港澳台法律法规

法律外文图书

第四节

本馆出版物

一、《公共图书馆》季刊

原名《深图通讯》，是深圳图书馆和深圳图书情报学会主办的内部刊物。2003 年 4 月 28 日创刊，载体形态为报纸；2004 年第 2 期起改为季刊，增加版面，彩色印刷；2009 年第 1 期起更名为《公共图书馆》。

《公共图书馆》主要刊登图书情报专业学术论文及业内要闻资讯，其所推崇的图书馆“开放、平等、自由”的服务理念也备受业界瞩目，是业内具有相当地位及影响的刊物。其出版情况侧面反映出深圳市图书情报学术研究与公共图书馆事业的蓬勃发展势头。

2004 年《深图通讯》改刊出版

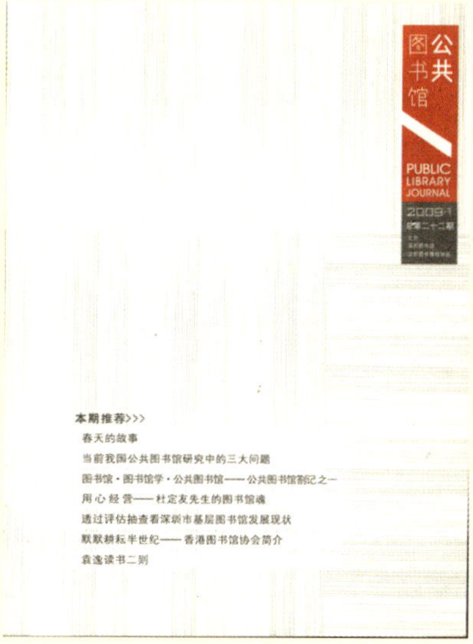

2009 年更名为《公共图书馆》，出版第 1 期

89034590

深图通讯

2003年4月28日 创刊号／总第1期 登记号：粤B第0109号 深圳图书馆 深圳图书情报学会 主办 主编 吴晞

深圳中心图书馆雄姿

创刊寄语

吴晞

春回大地，万象更新。承载时代的讯息，带着浓郁的墨香，《深图通讯》在图书馆人的期待中孕育诞生了。

多年以来，我们希冀有这样一块园地：传递、汇集深圳图书馆界的大事、要闻、动态信息，展现各馆工作的新思路、新举措、新面貌；催生、碰撞各种新思想、新观念、新观点，以启我们的思维和心智；归集、交流实践工作经验，为我们提供它山之石；营造科学与人文交融的氛围，给我们以文化的熏陶和滋润。

《深图通讯》的诞生，是我们迈出的可喜而坚实的一步。

这一株嫩稚的幼苗，需要我们全体图书馆人、广大读者的精心呵护、浇灌和培育，需要我们的共同参与和支持。

“合抱之木，生于毫末；九层之台，起于累土。”相信在图书馆界同仁、读者的倾力支持和共同努力下，《深图通讯》一定会长成枝叶繁盛的参天大树！

夯实新馆建设工作 打造国内一流图书馆

● 本报评论员

深圳中心图书馆是1995年由深圳市政府确定建设的首批符合国际城市水准，功能齐全、设备先进、布局合理的高层次文化设施。这座斥巨资兴建的新馆，在馆舍、设备条件上将成为国内最好的图书馆之一。

深圳图书馆新馆于1998年底破土动工，目前已进入紧张的内装修阶段。按照工程进度和市里要求，新馆将于2004年上半年对市民开放。新馆的建成与开放，决不是实现一次物理层面上的搬馆，而是实现深图的二次创业。新馆建设是一面旗帜，一次契机，藉此数年难得机遇，全面提升图书馆工作，创建“国内一流，国际领先”的大众型、研究型、数字型三位一体的现代化综合性图书馆。

回顾新馆建设工作，在市委、市政府的关心、支持和市文化局的领导下，全馆上下同心协力，共同奋斗，经过大量艰苦、细致的工作，深圳图书馆事业争取到了前所未有的发展机遇，全馆工作的重点逐步转移到新馆建设上来。

人才是事业发展的关键。2001年10月，市机构编制委员批准新馆增加编制150名，新馆定编320人，11月出台《关于中心图书馆人才引进工作的若干规定》，明确了新馆人才引进的条件、结构、程序与步骤。“高筑梧桐树，引得凤凰来”，我们为新馆人才发展战略赢得了3-5年的政策空间。

经费是事业发展的基础。新馆的建设、数字图书馆系统的研发、文献资源的建设都离不开资金的保证。在这方面，市政府给予了极大的支持和政策倾斜，新馆开馆的软件研制费与购书费两大瓶颈问题得以有效缓解。2002年12月，于幼军市长视察新馆工地，对新馆的建设和开馆提出了很高的要求，并寄予殷切的希望，给我们以极大的鼓舞。

当前全馆最大的任务，就是把市委、市政府对新馆的关心与支持转化为工作的动力，紧紧把握新馆建设的整体目标，振奋精神，理清思路，统一思想，把新馆建设这篇文章作好。

新馆建设是一项复杂的系统工程，事情千头万绪，情况错综复杂。这就要求我们要有创新的思路、科学的方法，要有敢于冒险、勇于创新、不畏挫折、追求成功的理念。首先要有创新的思路与精神，数字化、网络化是21世纪社会发展的主流。世纪之初国内外先进的图书馆都在积极引进新技术，构建知识管理体系，力求成为社会第一信息源。无论是OHIOLINK网络化数字化图书馆联盟的新型态，QUESTIONPOINT虚拟参考咨询的新模式，还是TPI等数字图书馆系统平台的出现，这些新的尝试、新的事物，都是我们借鉴与追赶的目标。一项事业只有保持创业激情，才能不断发展，创新精神是深圳图书馆的灵魂。我们还要将新的观点、新的理念用制度使之系统化，用方案使之可操作化，勇于尝试引进新的管理方法。项目管理就是一个科学的方法，在统筹全盘工作基础上，将任务分解为项目，将项目落实到个人，责权清楚，赏罚分明。在新馆功能布局、软件研制、网络工程等方面我们实践了这一方法，在资源建设、读者服务等方面，也要积极运用项目管理方法推动开馆前的建设工作。

明年的今时将是新馆开放之际，我们将打造一个怎样的新馆呈现于全体市民与全国同行面前？相信再经过全馆一年的努力，凭藉一座智能化、网络化、模数式的辉煌建筑殿堂，将实现网络数字环境下对知识的管理、转化与传播，传承物质文明与精神文明，保障公民文化权利的实现。不久的将来，新馆将成为深圳文化的沃土，精神的家园。

深圳三年内将建成“图书馆之城”

【本报讯】 日前，《深圳市图书馆之城建设规划草案》论证出台。根据《规划草案》，从2003年起，我市将用三年的时间，初步把深圳建设成为以全市地域区划和数字网络为基础，联合市内各大图书情报系统，建立与小康社会相匹配、面向大众、覆盖全城、资源充分共享的“图书馆之城”。

深圳的图书馆事业经过20多年的发展，一个以市图书馆为龙头、区图书馆为骨干、镇（街道）图书馆为节点、遍布全市的社区（村）图书馆（室）的4级公共图书馆网络已初步形成，已初具“图书馆之城”雏形。到2002年底，全市有市、区公共图书馆8座，其中国家一级馆4座，基层图书馆（室）315座，总藏书量超过620万册，户籍人口人均藏量4.4册，常住人口人均藏量达1.23册，远远超过全国0.33册和广东0.27册的指标。目前还有多座公共图书馆正在建设之中，其中，将于2004年落成开放的中心图书馆，将成为我市标志性的文化精品。

许多图书馆界专家认为，深圳图书馆事业的发展现状，城市信息化良好的基础，以及市民群众强烈的阅读需求等，都是建设“图书馆之城”得天独厚的优势。

深圳建设“图书馆之城”的总体目标为：图书馆整体水平达到省内领先、国内城市位居前列，主要指标接近发达国家大城市水平。至2005年末，全市公共图书馆总量要达到40座，各社区（村）都有一座规模不等的图书馆（室）或文献信息服务站，每12至15万常住人口拥有1座公共图书馆，每1.5万常住人口拥有1个社区（村）图书馆（室）或数字式文献信息服务站。建立全市文献资源保障体系，实现全市常住人口拥有藏书2册，户籍人口拥有藏书6册的指标。

实现全市文献资源共享是建设“图书馆之城”的首要任务。因此，我市将建立“深圳图书馆之城”门户网站，把全市各大图书情报系统都连接起来，形成1个市中心、10个以上分中心（少儿、高校、情报、各区）或专业中心以及300个以上社区基层网点的网络，初步形成“数字图书馆”网络架构，从而实现全市文献资源共建共享，全市书刊借还“一卡通”。　（余 胜）

相约凤凰山 有氧登山行

【本报讯】4月18日下午，由深圳市文化局工会主办、宝安区图书馆承办的2003年“深圳市公共图书馆杯登山比赛” 在宝安区福永镇的凤凰山隆重举行。来自深圳图书馆、市少儿馆和宝安、南山、龙岗、罗湖、盐田等5个区馆的7支代表队共69名参赛队员同场竞技、共叙友谊。

根据安排，比赛方式以从起点到终点时间最短者为胜。为获得最好成绩，各馆皆全力以赴，赛前组织队员进行集训，并纷纷选派出各自的最佳阵容参加比赛。

裁判员一声令下，比赛正式开始。参赛队员们如离弦的箭冲上了长约2公里的赛道。赛道上，参赛队员们一个个你追我赶，努力拼搏；同时也互相勉励，互相帮助。经过约20分钟的奋力拼搏，所有参赛队员都到达终点。南山图书馆、深圳图书馆、罗湖图书馆分别获得本次比赛团体总分第一、二、三名。男子个人第一名被南山馆的队员以约半分钟的优势夺得，女子个人冠军被罗湖馆的队员捧走。市文化局社文处处长王晓东、宝安区文化局陈局长、深圳图书馆副馆长、工会主席卢素心等到现场观看了比赛并为获奖者颁奖。

登山队员们在赛道上你追我赶奋力拼搏。（摄影 张亮）

此次比赛加强了我市各公共图书馆间的了解和协作，丰富了图书馆员工的业余生活，同时也对促进深圳市公共图书馆事业的发展和全民健身计划的实施起到了重要的作用。为了秉承“增强体质、增进了解、增加友谊”的宗旨，“深圳市公共图书馆杯”系列赛事活动自2002年起已被组委会确立为一个常设项目，于每年的四至六月间由各馆轮流承办举行。　（张 亮）

简 讯

■ “广东省公共图书馆工作会议”3月24日至25日在梅州市召开，省文化厅副厅长杜佐祥、社文处处长陈小明等领导出席会议并讲话。会议的主要议题是总结成绩，交流经验，部署今年的评估定级工作。按省厅统一安排，深圳图书馆、市少儿馆在7月底之前做好自评，迎接文化部领导、中国图书馆学会专家组评估检查。我市各区图书馆在5月底以前进行自评，8月中旬迎接省专家评估组进行复评。（深图）

■ 4月2日，在深圳市信息化办公室召开的“深圳市2003年信息化重点工程发布暨技术交流会”上，深圳图书馆承担研制的《地区性数字图书馆》项目被列为2003年度“深圳市信息化重点工程”。深圳图书馆副馆长王大可参加会议并接受证书和牌匾。（深图）

■ 地方版文献联合采编协作网深圳网络中心举办的“CRLNET执证编目员培训班”3月中旬在深圳图书馆举行，20名来自福建图书馆、厦门图书馆的业务人员参加了培训。（深图）

■ 4月1日至25日，宝安图书馆组织业务骨干深入全区10个镇（街道）、126个行政村进行图书馆基础知识和ILAS小型版系统的巡回业务培训。这次培训贴近基层，现场为基层图书馆解决业务工作中的问题，深受管理员欢迎，取得了较好效果。（宝安图书馆）

■ 充满儿童气息的宝安图书馆少儿阅览室从4月12日起正式对读者开放。少儿阅览室有各类少儿图书15000种，报刊30种，儿童玩具60件。室内设儿童游戏区、亲子阅览区、少年阅览区、上网区等功能区。（宝安图书馆）

■ 日前，深圳图书情报学会、深圳图书馆培训中心被市民政局授予2001—2002年度“优秀社会团体”和“优秀民办非企业单位”光荣称号。（深图）

编辑 王冰 余胜 窦英杰　美编 张浩

2003年4月28日的《深图通讯》报纸创刊号

二、《行走南书房》季刊

在2014年“世界读书日”期间，深圳图书馆创办了以“经典阅读”和“深阅读”为主题的公益阅读型杂志《行走南书房》。

该刊为32开，72页，已出版3期。设有名人谈阅、经典重现、经典品读、馆员评书、我的阅读体验等栏目。首期以“南书房家庭经典阅读书目”作为特别策划，推出30种家庭经典阅读书目，并选载梁晓声、毕淑敏等中外名人学者的经典图书阅读心得。第2期刊载著名哲学家冯友兰的《我的读书经验》。第3期刊载英国小说家毛姆的《读书应该是一种享受》。还重点推荐馆员、读者对某部经典如《红楼梦》、《史记》和《老子》的读后感，引导读者直面经典，为读者深度解读经典。

《行走南书房》三期

后　记

历时数月的撰写，几易其稿，“21 世纪中国城市图书馆丛书”中的《深圳图书馆》终于完稿了。该书从城市与图书馆的历史发展出发，基本展现了深圳这座城市的整体风貌，是对深圳图书馆及深圳市“图书馆之城”建设的系统总结。

深圳因改革而生，因改革而兴，是中国改革开放的代表，创造了“世界工业化、城市化、现代化史上的罕见奇迹”，“十大观念”更是浓缩了深圳乃至整个当代中国创新、拼搏、包容的精神。深圳在创造经济奇迹的同时也正在创造“文化的奇迹”。今日的鹏城“因阅读而受人尊重”，正在以实际行动诠释着“全民阅读典范城市”的光荣称号。

深圳图书馆是深圳公共文化服务体系的中坚力量和重要推动者。伴随着深圳的成长，深圳图书馆也实现了跨越式发展，在中国现代公共图书馆发展史上留下了浓墨重彩的印记。多年来，深圳图书馆一以贯之地推行“服务立馆、技术强馆”的办馆理念；倡导并践行“开放、平等、免费”服务理念；通过新技术研发与应用不断推进业务变革和服务创新；首创“城市街区自助图书馆系统”；不断深化“图书馆之城”建设，实现全城“一个图书馆”；倡导经典阅读，打造文化高地，为城市提供多元化的城市公共阅读和交流空间……深圳图书馆，因服务而受到市民爱戴，因创新而得到社会的赞许。

本书章节设计、统稿和内容审定工作由张岩、王林完成，第一、二、三、四、五章内容分别由本馆员工倪连红、洪光宗、王洋、蔡箐、李璟等 5 位同志执笔撰写，马婕、洪光宗、蔡箐参与了全书统稿工作。本书的编写得到了深圳图书馆各部门的积极配合，也得到了深圳市“图书馆之城”各成员馆的大力支持，为本书提供了丰富的素材，在此致以诚挚的谢意！同时，感谢本丛书的编审人员和天津大学出版社为本书的出版发行付出的努力和心血。限于时间和篇幅，书中可能存在疏漏，敬请谅解。

本书编写组

History

01

Chapter 1

History and Culture of Shenzhen

Shenzhen, also known as Pengcheng, is located in the southern Guangdong Province, on the east coast of the Pearl River Delta. Against the mountain and facing the sea, it is connected to Daya Bay and Dapeng Bay in the east, to Zhongshan City, Zhuhai City by the Pearl River estuary in the west, to Shenzhen river and Hong Kong in the south, and to Dongguan City, Huizhou City in the north. The total area of the Shenzhen is about 2, 020 km^2. Shenzhen is a new city of immigrants. It is a city known for the result of the Reform and Opening-up policy, and also a city respected by people for dense reading atmosphere. Coming to Shenzhen, entering the Shenzhen Library, you can feel the rich cultural atmosphere and the life rhythm of the city. The construction of Shenzhen Library and "City of Library" are records of the soul of Shenzhen shaped by the culture. After three decades of history, Shenzhen has created not only a miracle of economy, but also a miracle of culture.

Section 1

The Southern Border Convert into an Immigrant City

The development history of Shenzhen Special Economic Zone (SEZ) is only 30 years, but there have been human activities on this land for more than 6, 700 years. There were residents living and multiplying in Shenzhen at the middle of Neolithic Age. They left cultural ruins like the Xian Touling Neolithic ruins, the Da Meisha archaeological ruins, etc. Wu Beiling archaeological ruins of Shang Dynasty, located in Nanshan District, is the largest Shang Dynasty Tombs found and excavated in Lingnan area so far.

Since Qin Dynasty, Shenzhen was a part of Nanhai Commandery (with Guangzhou as its county town (Junzhi)). Shenzhen was located at the seaside and its salt industry was well-developed. In 118 BC, the government of the Western Han Dynasty set the officers of salt industry in Panyu of Nanhai Commandery. In the year 331, six counties were under the jurisdiction of the Dongguan Commandery with its county town (Junzhi) at Bao'an County. The tomb of Huang Shu, who was known as the humanistic primogenitor of Lingnan, was located in Shajing of Bao'an County, which was one of the earlier celebrities' tombs in Shenzhen.

Shenzhen, which belonged to Guangzhou Xiangshan County, was an important hub of the South Sea Trade in Song Dynasty. Shenzhen was under the jurisdiction of Guangzhou Province, which named as "Guangzhou Lu" in Yuan Dynasty and as "Guangzhou Fu" in Ming Dynasty. In 1573, the government of Ming Dynasty expanded the thousand-household defense base of Dongguan, set up Xin'an County and set the county town in Nantou to be in charge of today's Shenzhen and Hong Kong. In Qing Dynasty, Shenzhen belonged to Guangzhou Fu of "Guangzhaoluo Dao" (a historical administrative division). After the Opium

War, regions which had belonged to Xin'an before, for instance Hong Kong Island, Kowloon Peninsula, and the New Territories were occupied and governed by Britain. Since then Shenzhen and Hong Kong were administrated separately.

In 1913, Xin'an County renamed as Bao'an County, with the county seat in Nantou. The government of Bao'an County moved to Dongguan County temporarily while Nantou was fallen into Japan during Anti-Japanese War. In 1953, the county seat of Bao'an moved to Shenzhen Xu which was 10 kilometers away from Nantou.

1. Nantou Ancient City

Nantou Ancient City (also named as Xin'an Ancient City) was located in the east coast of the Pearl River Estuary. Since the government set up the Dongguan Commandery in 331, administrative centers of Dongguan Commandery and Bao'an County were both in Nantou. Tunmen Town was set up in Tang Dynasty with its administrative center in Nantou. Till Ming and Qing Dynasties, Nantou Ancient City, Tunmen Town and Xin'an County included, had become an administrative center, a coastal defense fort and a center of marine transportation and foreign trades in coastal areas of Lingnan.

Existing ruins built in 1394 were transitioned from Dongguan thousand-household defense forts, which were coastal defense forts in Ming Dynasty. The ruins were also the administrative center of Xin'an County set up in 1573. The completely existing historical and cultural ruins of Nantou Ancient City include: the Dongguan Guild Hall, the Coastal Defense

Office, the Xin'an Guandi Temple (also named Nantou Guandi Temple), the south gate of Xin'an Ancient City and Duke of Xinguo Wen Tianxiang's ancestral shrine in Nantou, etc.

2. Dapeng Fort

Located at the fortress of Dapeng peninsula, Dapeng Fort, with its land area of about 110, 000 m^2, was built in 1394.

The Dapeng Fort was the military fortress of coastal defense in Ming and Qing Dynasties. There are a number of generals' mansions built in the Qing Dynasty. The "Zhenwei General's Mansion" of Lai Enjue, who was the admiral of Guangdong Navy during the Jiaqing and Daoguang reigns, is the largest and well-intact one. In this ancient city, there are antique residential buildings of nearly 100, 000 m^2 area built during Ming and Qing Dynasties, collecting the characteristic of the dwellings of both Cantonese and Hakka, and preserving a number of historic ruins like the Dapeng Store House, the Thean Hou Temple and Yandun Ruin. The villagers have been using an unique language, called Dapeng dialect, and retain the Ox God Festival, singing mountain songs, marriage and other unique folklore.

3. Two Different Architecture Styles

Located in the southern border, Shenzhen preferably keeps the Lingnan culture and Hakka culture.

The descendants of Wen Tianxiang still dwell in Lingnan. The typical representatives of Lingnan culture mainly include: the Wen Tianxiang's ancestral shrine (which retains valuable *Bao'an Wen's Genealogy*) in Dongfang Village of Songgang Town, the Duke of Xinguo Wen Tianxiang's ancestral shrine in Nantou, the only well-preserved old village called Fenghuang Village in Shenzhen, etc.

Hakka enclosed houses are famous as characteristic dwellings in Hakka culture. A large number of Hakka people came here from the east of Guangdong during 1666-1669, as a consequence Hakka enclosed houses became widespread. They were distributed mainly over Longgang District, and partly over Yantian District and Bao'an District. Hakka enclosed houses such as the Da Wanshi habitat in Pingshan, the Hehu habitat and the Longtian habitat and so on have been well-preserved up to now. Thereinto, the Hehu habitat is one of the largest Hakka enclosed houses.

4. Special Economic Zone

In March 1979, Bao'an County was promoted to Shenzhen City. In November, Shenzhen became a prefecture-level city. On August 26, 1980, at the fifteenth session of the fifth Standing Committee of the National People's Congress, *The Regulations of Guangdong Province Special Economic Zone* was passed. The regulations decided to set up Special Economic Zone in Shenzhen, Zhuhai, Shantou in Guangdong and Xiamen in Fujian.

Shenzhen, including current Luohu, Futian, and Nanshan districts was formally nominated as a "Special Economic Zone". Shenzhen was promoted to a sub-provincial city in March 1981 and was given the right of provincial-level economic administration in November 1988. In February 1992, the Standing Committee of the National People's Congress granted the Shenzhen People's Congress and its Standing Committee and the municipal government the right to make local laws and regulations. On May 31, 2010, the Shenzhen Special Economic Zone was expanded to include all districts of the city, increasing fivefold over its pre-expansion size, nearly twice the size of Hong Kong.

At present, Shenzhen has direct jurisdiction over six administrative districts, comprising Luohu, Futian, Nanshan, Yantian, Bao'an and Longgang and four functional districts called Guangming, Pingshan, Longhua and Dapeng.

Since the establishment of the Shenzhen Special Economic Zone, it has maintained a rapid economic development. The city's economic aggregate had risen from 196 million yuan to 1. 5 trillion yuan till 2014, meanwhile the per capita disposable income had reached more than 40, 000 yuan, which created "a rare miracle in the history of industrialization, urbanization and modernization worldwide".

As the "experimental field" and "window" of the Reform and Opening-up policy, Shenzhen has explored sustainable development road of China for thirty years, and finally becomes an important gateway of China to contact with the world.

Section 2

The "Ten Concepts" Shows the City Spirit

Shenzhen could not develop without the reform of concepts. On the 30th anniversary of the establishment of Shenzhen Special Economic Zone, Shenzhen government held a public poll. The following ten concepts were voted as "the most influential concepts of Shenzhen": "Time is money, efficiency is life"; "Empty talk endangers the nation, practical work brings prosperity"; "Dare to be the first"; "Reform and innovate"; "Let the city be respected for dense reading atmosphere"; "Encourage innovation and be tolerant of failure"; "Achieve the cultural rights of citizens"; "Roses given, fragrance is in hand"; "Shenzhen embraces the world"; "Coming in Shenzhen, you are the master of Shenzhen". Each concept was summarized from the ethos of different times and different development phases. The "ten concepts" show the motivity that pushed Shenzhen to develop, and they also become the most representative and reflective concepts for the spirit of Shenzhen. They reflect the spirit of contemporary Shenzhen and they also provide more powerful, creative, and multiple ideological resources for the transformation of China.

1. City Culture Strategy

Shenzhen, based on "the protection of civil culture right" and "the promotion of culture sovereignty", is not only the symbol and practitioner of Reform and Opening-up spirit, but also advocates innovative, intelligent and powerful city's mainstream culture among the whole society. Shenzhen pilots culture reform, promotes nationwide reading and cultural programs, creates the highland of city culture by high degree of cultural awareness, cultural self-confidence and cultural self-reliance spirit.

The Shenzhen government decided to take special measures to accelerate the cultural construction, to increase the proportion of local financial in culture investment at the early days of the SEZ. The government had spent 1/3 of local fiscal revenues for cultural construction for three years since 1982. Eight cultural facilities such as Shenzhen Library, Shenzhen University and Shenzhen Museum were built and became landmark buildings of the SEZ. In the 1990s, after Deng Xiaoping's South Talk, the Chinese economic reform was rised by storm. Shenzhen Special Economic Zone, with innovative advantages, had achieved great-leap-forward development in the field of economy, society, culture and environment through the development of high-tech industries. The SEZ also had built six key cultural facilities, for instance, new Shenzhen Library, Shenzhen Book City and Guan Shanyue Art Gallery and so on.

Entering the 21st century, Shenzhen has established the development strategies that "building up the city by culture", "strengthening the city by culture", and determined to build "the city of piano", "the city of library" and "the city of design". In 2005, Shenzhen government regarded cultural industry as the fourth industry besides high-tech industry, logistics industry and finance industry. The four major industries constituted the pillar of the harmonious Shenzhen, and the beneficial Shenzhen. Under the strategies that "building up the city by culture", "strengthening the city by culture", Shenzhen government increased the investment in cultural undertakings. The average annual growth rate reached 16% in recent years.

Today, the strategies "building up the city by culture", "strengthening the city by culture" have come to fruition: in the new center, key cultural facilities, such as the Shenzhen Library, the Shenzhen Concert Hall, the Museum, the Children's Palace, the Shenzhen Books Mall and so on, were opened and made great effectiveness; large-scale cultural events, such as "Shenzhen Reading Month", "China (Shenzhen) International Cultural Industries Expo", "Citizen Culture Forum", became well-known brands; Shenzhen became the experimental city of cultural system reform. In 2008, UNESCO awarded Shenzhen the title "City of Design"; in 2009, Shenzhen was listed as a candidate for world "the most respected knowledge city"; in 2012, "the City of Library" took shape; in 2013, UNESCO

issued Shenzhen the "reading model city in the world" certificate; in 2014, *The China Urban Competitiveness Report of 2014* released by the Chinese Academy of Social Sciences pointed out that the competitiveness of Shenzhen ranked second in China, following Hong Kong.

2. Coming in Shenzhen, You Are Shenzhen's Master

Shenzhen is a city of immigrants. More than 95% of the population from all over the country carried their own dreams and aspirations, which forms the innovative, diverse, inclusive Special Zone's culture.

In Shenzhen, core socialist values, Lingnan culture and local culture blending Western culture, central plains culture and the culture of Hong Kong and Taiwan, achieve the prosperity of elite culture and the mass culture. At the same time, culture of Shenzhen also contains marginal culture, and combines the traditional culture and modern civilization.

Culture of Shenzhen includes migrant workers' culture, marine culture, cultural creative industry, culture of innovation, and so on. With these rich and diverse cultures, Shenzhen is always innovative, competitive and pragmatic, efficient and enterprising. Development of cultural innovation in Shenzhen forms many excellent consecratory spirit symbols. Hence Shenzhen becomes the city which has the most volunteers and blood donator.

Now, "Shenzhen people" are not only a household symbol, but also people's identity of city and profound experience of diverse and inclusive culture of Shenzhen. The cultural agreement encourages Shenzhen people to struggle, fight and accept spontaneously. Shenzhen admits millions of people from all over the world with widely different cultures and provides them with the stage to fulfil their grand plans.

3. City Changes Due to Reading

Shenzhen insists that reading is no longer the "noble insists", but the "happy enjoyment" of citizens' culture. Shenzhen dedicates to building a scholarly society.

In 2000, the first "Shenzhen Reading Month" activity, organized by the Shenzhen Municipal Government and hosted by Shenzhen Publication & Distribution Group and more than 30 organizations such as Shenzhen Library, was opened. The "Shenzhen Reading Month", with the overall theme of "reading, progress, harmony", is held to organize various reading and cultural activities on November every year, which become Shenzhen reading feast. More than 1.7 million people participated in the first section, and the number increased to nearly 10 million in 2014. "Shenzhen Reading Month" improves the city's influence and cultural taste, promotes the citizens to read, and also provides many new ideas and reference to city development strategies, cultural studies and creative city construction.

To encourage cultural originality, Shenzhen has held "Innovation December" activity every year since 2005, which attracted many experts and scholars in the field of creative cultural industry at home and abroad. "Innovation December" activity becomes one of the most important activities of the creative and design industry. "Innovation December" witnesses the rapid growth of Shenzhen's culture industry and starts a wave of cultural innovation in Shenzhen.

"Shenzhen Care Action" is a new model of social assistance, with the aim of improving the literacy of migrant workers, rural residents and teenagers, which provides a chance and platform for bridging the information gap and promoting reading among special groups. With the enthusiastic support from citizens and organization including Shenzhen Library, the organizer not only improves their service to the public, but also enlarged the care action to poor and remote areas outside Shenzhen.

Cultural initiatives like "Shenzhen Reading Month", "Innovation December", "Shenzhen Care Action" have promoted the implementation of the public cultural rights, also have created a good reading atmosphere in the whole society, and have improved citizens' sense of culture belonging and city identification. And coming with the growth of the public reading and the promotion of reading passion, there are a large number of model readers and "outstanding scholarly families".

Municipal and district public libraries are important places for promoting the public reading in Shenzhen. As early as 1998, while Liu Chucai was the chief librarian of Shenzhen Library and the member of municipal CPPCC (Chinese People's Political Consultative Conference), he submitted a proposal to start "Shenzhen Reading Festival", which attracted great attention of municipal authorities and directly promoted the implement of "Shenzhen Reading Month". Municipal and district libraries, on the one hand, vigorously advance the urban library network construction, and joint to build "the city of library" with the target of "being equal and integrative", therefore let the citizens benefit from the city's culture development and Reform and Opening-up. On the other hand, taking the advantage of their literature resources, space and professional conditions, municipal and district libraries organize thousands of reading promotion activities in all forms, which made a great influence in the whole society.

In Shenzhen, various civil organizations participate in the promotion of the public reading. Reading culture was transformed from government-led to folk-conscious gradually. As the emergence and flourish of all kinds of civil reading groups, they interacte and cooperate with libraries, bookstores and other cultural venues, and complement each other with advantages.

In Shenzhen, reading is becoming a cultural need of the citizens, more and more people suppress fickleness and sweep away vulgarity through reading. Connotation and temperament of the city get promoted, therefore, the city becomes more and more beautiful, civilized, harmonious and livable.

Section 3

"Culture + Technology" —Road of Library Development

City libraries are the spiritual home and classroom of the city. In highly developed cities, they create a serene and harmonious learning environment, and it is also an important option for the citizens to learn and relax in the digital network environment.

After the establishment of the Special Economic Zone, as one of the first eight cultural facilities in Shenzhen, Shenzhen Library, which located in Hongli Road, was popular with readers for its opening, and started a reading craze in Shenzhen. After the completion of new Shenzhen Library, located in the center of the city, the slogan of "open, equal, free" was used clearly. The new library advocated that the basic services of library should be free, and led the public cultural venues of China to open for free.

Cultural innovation is inseparable from the support of science and technology. The construction of Shenzhen Library and "the City of Library", taking humanism as the core, modern science and technology as the means, constantly change the inherent mode of library services and management, and promote the change of libraries' service concepts, and also make a significant contribution to establishing and perfecting the system of public cultural services.

1. Bao'an Library

The predecessor of Shenzhen Library was Bao'an Library. After the establishment of PRC, Bao'an County Cultural Center Library was established and renamed as Bao'an Library in 1962. As Bao'an Library was independent from County Cultural Center in

1975, several houses and limited collections were used to provide services.

2. An Open Oasis

In October 1979, as the Bao'an County upgraded to Bao'an City, Bao'an Library was renamed as Shenzhen City Library and located at No. 151, Jiefang Road.

On November 12, 1983, the first concrete pile of Shenzhen City Library was laid at the new site next to Litchi Park. In 1984, the name of the library was renamed as Shenzhen Library. In the same year, Shenzhen Municipal Government promulgated relevant documents, providing policy guarantee for the resources construction of SEZ Documentation Center. Shenzhen's governor also made important instruction that, "Shenzhen Library should strengthen the collection and exchange of literature from Hong Kong and Taiwan, and should serve as a bridge and a window. Shenzhen Library should be the matrix and center of Shenzhen regions' librarianship, and should guide and coordinate other libraries in SEZ. Libraries should form as an integral whole, rather than isolate on their own."

On December 20, 1986, located next to Litchi Park, Shenzhen Library with beautiful and unique style was officially opened. Absorbing the service concepts of the international modern library, Shenzhen Library first carried out service model of "Integration of collecting-Borrowing-Reading" in China, providing open-shelves services and no-card access. With the self-developed "Real-time multi-user computer light pen circulation management system", every book owned a unique barcode and basic bibliographic data. In June 1987, "Real-time multi-user computer light pen circulation management system" passed technical appraisal by the Ministry of Culture, which was the first ministerial level appraisal held in librarianship.

Shenzhen Library learnt domestic and international advanced experience to innovate library services constantly. In November 1992, newspaper clipping service center was officially established, and became a typical mode of promoting information service for government enterprises by public libraries. In August 1994, the "fashion library" was opened, and became a special library with regional characteristics. In April 1998, "multimedia reading room and the Internet club", which was constructed cooperatively with Shenzhen Data Communication Bureau, opened service to the public, and became an electronic reading room that early provided Internet services in China. In December 2000, "law library" was opened to receive readers...

深圳特區報

周日特刊

一片开放的绿洲

——深图迈向"大图书馆"纪实

周日特写

The rapid development of Shenzhen Libraries was highly commended by citizens and attracted the attention of library community. The library was praised as "an open oasis."

3. The Busiest Library

In December 1998, as one of the six key projects at center area of Shenzhen, Shenzhen Cultural Center (including Central Library & Concert Hall) started construction. In July 2000, the main project of Shenzhen Cultural Center was started. In July 2006, the new Shenzhen Library (Central Library in Shenzhen Culture Center) opened, and became an

important cultural landmark of Shenzhen.

The new Shenzhen Library is located in the south of beautiful Lotus Hill in administrative and cultural center of Shenzhen, with a total construction area of nearly 50, 000 m^2 and 2, 040 reading seats. Main architectural style is very modern: "Silver tree" in the hall of the library symbolizes cultural forest; three black radial buildings on the south side are like three opening books; beautiful water curtain and three dimensional glass surfaces on the east side compose a performing harp; from the aerial view at the Lotus Hill, the Library shines in the sunlight, softly and rigidly, forming an immortal grand sight.

进馆读者日均过万　城乡处处能借能还

深圳图书馆缘何"全球最繁忙"

200台"自助馆"遍布街区

已共建55个馆外流通点

Adhering the concept of "being set up by services, developed by technology" and practicing "open, equal, free" public library spirit, the new Shenzhen Library fully implements computerized management and self-service, creates colorful cultural space and holds various reader activities in order to provide the public with services communication platform.

Shenzhen Library receives more than 10, 000 readers every day, and the number grows exponentially during weekends and holidays. The new Shenzhen Library has become the busiest cultural venues in Shenzhen and also an important symbol of cultural Shenzhen.

4. The Pride of Library Automation in China

In 1988, commissioned by the Ministry of Culture, Shenzhen Library collaborated with eight provincial libraries to develop the "Integrated Library Automation System (ILAS)". The system became one of the first domestically produced library automation software system.

After application of the system in Shenzhen Library and several partner libraries, the system passed appraisal by Ministry of Culture in November, 1991. To continually impel the escalation and promotion of ILAS and to build domestic brand of library automation system, Shenzhen Library established " Shenzhen Ketu Automation Technology Company" and set up a professional team in technology development and application. The upgrade of ILAS software from 1. 0 to 5. 0 versions took only three years. The escalation of ILAS promoted integrated development of Shenzhen Library business, at the same time, accelerated the development of the library automated process in China, and increased the number of users of ILAS system rapidly. In the late 1990s, public edition, university edition, BIG5 edition and Unicode edition with library automation network system (ILAS II) as a core came out, forming a full-featured software product line in the industry, with integrated technical indicators remaining a domestic leading level. In May 1998, the Science & Education Department and the Library Department of the Ministry of Culture held a joint press conference. Promotion and application of ILAS reached a new climax and the number of users exceeded 4, 000. At present, the new generation digital library system ILAS III has been put into application and then becomes modern domestically-produced large-scale integrated library system.

In 1998, with the extensive use of library cataloging, Shenzhen Library also successfully developed auxiliary products of ILAS—Unified Automated Cataloging Network System (UACN). The birth of UACN powerfully promoted the establishment and development of catalog center in different regions. Many regions in China built combined bibliographic databases with certain size, which replaced the traditional card catalogs and improved the efficiency of purchasing & cataloging work and the standardization of sorting & cataloging work. On-line Public Access Catalogue System (OPAC) facing to readers was popularized, laying a foundation for rational distribution and co-construction & sharing of regional literature resources. In December 2000, supported by UACN, in the guiding ideology "taking advantage of each other, developing as a whole, servicing the library community, facing society together", a non-profit local literature purchasing and cataloging collaboration network (CRLNet) was built by Shenzhen Library, Hunan Library, Fujian Library, Shanghai Library, Tianjin Library and Liaoning Provincial Library, with its network center in Shenzhen Library. On the basis of equal cooperation and mutual benefit, CRLNet established a series of technical insurance measures like real-time download-upload system, upload registration system, licensed cataloguer system, central quality control system and so on. Shenzhen Library not only provided a platform for regional purchasing & cataloging cooperation, but also became an example of comprehensive purchasing & cataloging cooperation. At the same time, Shenzhen Library was the direct beneficiary of CRLNet, with its retrospective bibliography data coverage over 90%, and newly published bibliographic data coverage up to 70%. In 2005, CRLNet was awarded the first "Ministry of culture Award for Innovation".

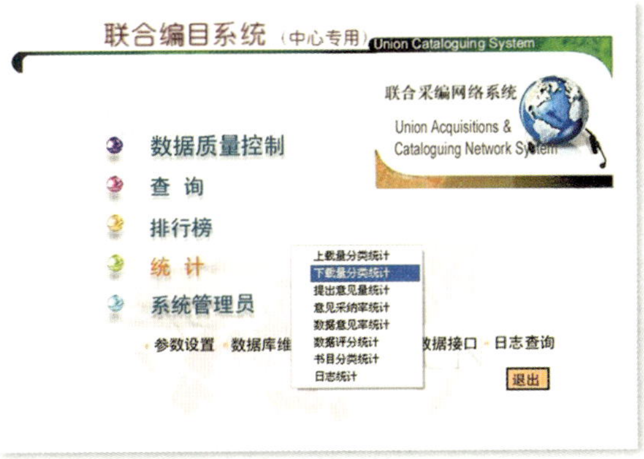

ILAS is a famous brand of library automation in China. Its birth and development have

greatly accelerated library automated and networked and have promoted the standardization of library work. ILAS avoids repetitive development and reduces the introduction of expensive foreign systems. It has promoted the development of similar systems in China and improved the overall level of our library automation software system through competition. ILAS has won eleven awards like "the National Scientific and Technological Progress Award", "Ministry of Culture Scientific and Technological Progress Award", "Ministry of Culture Outstanding Scientific and Technological Achievement Popularization Award" and so on. At the 62nd IFLA exhibition, ILAS was praised as "the pride of Chinese library automation".

Section 4

The Construction of City Library Network

Entering the 21st century, building a comprehensive system of public cultural services has become an important cultural undertaking, the government pays more attention to citizens' right to fair access to information and culture.

1. Public Library Network

The number of libraries and collections per capita is one of the important indicators of urban cultural development. The Shenzhen government has always been committed to the development of public library network, and has considered "the City of Library", which has rich resources and convenient services, as the characteristic culture of Shenzhen to be planned and implemented.

In order to fully promote the "building up city by culture" development strategy and the development of librarianship in the whole city, Shenzhen Municipal Bureau of Culture, according to the general requirement about librarianship development of *The notice on Implementation of the National Cultural Information Resources Sharing Project* by Ministry of Culture and Ministry of Finance and other plans by Shenzhen Municipal Government, made *The Three-year* (2003-2005) *Implementation Plan of Shenzhen "City of Library" Construction* (hereafter referred to as the Three-year Plan).

The general objective of the "*Three-year Plan*" was: to the end of 2005, every 150, 000 people would have a public library, every 15, 000 people would have a community library; each inhabitant would own two book collections; one-card would be preliminary applied on book circulation. The construction of "City of Library" was formally included in the long-term plan about people's livelihood of Shenzhen government. Since 2003, with *Three-year Plan* as a guide, Shenzhen city and district level libraries vigorously promoted the construction of libraries' network and implemented the livelihood welfare indicator and public library collections per capita indicator. The public library network entered a period of rapid development.

With public libraries' position in cultural reform becoming more and more prominent, and *Culture Development Program during the National 11th Five-year Plan Period* enacted, Shenzhen Municipal Bureau of Culture made *A Five-year Plan (2006-2010) of Shenzhen "City of Library" Construction* (hereafter referred to as the *11th Five-year Plan*). The general objective of the *11th Five-year Plan* was: to 2010, Shenzhen would have three municipal public libraries constructed by provincial standards, six district libraries constructed by prefecture-level standards, 55 street libraries or branches of district libraries constructed by county-level standards, and 600 community libraries according to *Shenzhen Grassroots Library Evaluation Standards*; Shenzhen would initially form a developing pattern with sound network, reasonable layout, rich literatures, advanced management, efficient services, sharing resources, innovative system and ensuring funding, would further improve the library network system with Shenzhen Library as a leader, Shenzhen Science and Technology Library and Shenzhen Children's Library as backbones, street libraries and branches of district libraries as base, community libraries as network nodes and all sort of library information agencies taken part in. By the end of 2010, "City of Library" had developed considerably in construction scale, construetion and service benefits and achieved the goals in the *11th Five-year Plan*.

During period of *the 12th Five-year Plan*, central government, provincial government and municipal government attached great importance to public culture development, and introduced many important documents such as *Certain Opinions on Strengthening the Construction of Public Cultural Service System of General Office of the CPC*, *General Office of the State Council*, *Outline of the Pearl River Delta Region Reform Development Program (2008-2020)*, *Outline of Constructing Guangdong Province as Culture Advanced Province (2011-2020)*, and so on. Shenzhen Municipal Government also proposes that the construction of cultural city should be speeded up and the city should be built as a national innovative city and modern international advanced city. Acceleration of Special Zone "Integration" and application for "World Book Capital" made new development requests the development of Shenzhen librarianship. Shenzhen Municipal Government enacted the *Plan of "City of Library" Construction (2011-2015) in Shenzhen* and made further plans on perfecting infrastructure, enriching literature resources, creating "libraries network without borders", improving professional service level, actively promoting the public reading, carrying out exchanges and cooperation, and so on.

Today, with joint efforts by both governments and public libraries, Shenzhen has formed a relatively perfect library network by city, district, street, community four levels and a characteristic literature resources system which meets the development of the region, has basically realized unified service in the whole city. Until the end of 2014, there are 617 public libraries in Shenzhen, including three city libraries, eight district libraries and 606 street and grass-roots libraries, forming a public library service network covering the city. The total area of public libraries in the city is 355, 000 m^2. There are 43, 000 reading seats and 5, 230 computers for readers offering wireless network.

Comparison of Shenzhen Public Library Network Construction

Year	The number of public libraries	City library	District library	Street library	Community library
2002	323	2	6	30	285
2008	624	3	6	51	564
2014	617	3	8	69	537

2. Tour for City and District Libraries

Shenzhen government attach great importance to cultural construction. In the 21st century, the investment of city and district libraries' infrastructures is increased constantly. Shenzhen government has built two new city libraries, five district libraries and rebuilt one city library, two district libraries.

University Town Library of Shenzhen (Shenzhen Science & Technology Library)

University Town Library of Shenzhen (Shenzhen Science & Technology Library), located in the heart of university town's west campus in Nanshan District, with an area of 40, 000 m^2, is the first new type library with dual functions of academic library and public library. Until the end of 2014, the library has held about 1. 26 million volumes of paper literature, 2. 39 million copies of electronic literature, 1, 700 data ports and 2, 500 reading seats. It was opened in December, 2006. University Town Library of Shenzhen is the service station of National Science and Technology Library (NSTL), novelty search station of which is the only one ministerial lever agent in Shenzhen. The "expert forum" founded in Shenzhen university town by the library has a great impact on the whole city. The Shenzhen University Town Library Law Study Center, is an international library, founded by Shenzhen University Town Library collaborated with Transnational Law School of Peking University, in accordance with the requires of United States ABA (American Bar Association) standards. The center was formally opened on February 28, 2011. There are about 8, 500 kinds of English paper books, 33 kinds of professional electronic resources databases, in which the literature of "United States law" are especially richful.

Shenzhen Children's Library

Shenzhen Children's Library, located in the north of Litchi Park in Futian District, covers an area of 22, 000 m^2, is holding about 1. 3 million volumes of paper literature, 670, 000 copies of electronic literature and 1216 reading seats. It was formally open to public in April, 2009. Shenzhen Children's Library is the only independent literature and information center specially servicing for children, parents and educators in Shenzhen, Hong Kong and Macao. The library set up "reading point system" and developed one-stop digital resources platforms—"e-reading station" and "pleasure reading 365", which were widely praised by readers. Also, the library's resources construction focuses on classic readings, comics, teaching resources, picture books and sinology literature associated with children's education. Hence, characteristics literature areas like classic reading area, "reading the painting world", sinology literature area, were established.

Futian District Library

Futian District Library was established in July 1999 and open in December 2001. The new library was open to public in August 2008. Futian District Library covers an area of 10, 260 m^2. There are 790, 000 volumes of paper literature, 1 million copies of electronic literature and 1209 reading seats held in the library. The whole district implements "main-branch library" management mode: 10 branch street libraries, 94 community libraries are established. Futian District Library first implemented "main-branch library" management and service new mode in the city and held series of activities like "authority's forums", "reading salon". Futian District Library has a local literature reading area, with 3, 296 kinds including 5, 676 volumes of local literature and hundreds of audio-visual materials and six genealogies in Futian District. Futian District Library also built the "Futian full-text database of local documents" and "Futian high-quality literature and art multimedia database".

Luohu District Library

Located in the junction of Yijing Road and Huangbei Road, Luohu District Library was founded in 1985 and formally opened service in September 1998. Luohu District Library covers an area of 8, 014 m^2, with 540, 000 volumes of paper literature, 610, 000 copies of electronic literature and 900 reading seats. One district library, five street libraries and 91 community libraries are established in the whole district. Luohu District Library focused on constructing characteristic libraries such as finance · jewelry library, sinology reference library and so on. The "You Library" originated by Luohu District Library is the example of using the concept of the "third space" to reform community library. The activity "reading to know ancient and modern, opening books to develop mind and body" held by Luohu District Library won the award of outstanding cases. The "living library" activity won the award of promotion in the collection activity "2013 outstanding cases of reading promotion in villages and towns".

Bao'an Library

The old premise of Bao'an Library was open to public in July 1993, and the new library was formally opened at the end of 2013. The new library building covers an area of 37, 000 m^2, holding about 990, 000 volumes of paper literature, 150, 000 copies of electronic literature and nearly 2, 000 reading seats. One district library, six street libraries and 89 community libraries (including 30 community reading centers) are established in the whole district. Bao'an Library provides special childcare services for migrant workers, and sets up migrant worker library specifically servicing for migrant workers. Series of activities such as "Bao'an Library weekly lecture", "Bao'an Library English salon" and "Bao'an Library children English" are held. In 2006, Bao'an Library began the collecting, arrangement and development of local literature. The first series of *Bao'an Literary Treasure* were published. In 2009, *Records of Bao'an Geographical Sculpture* edited by Bao'an Library, introduced the city sculptures in the whole city and recorded great changes of the city since Reform & Opening-up.

Nanshan Library

Nanshan Library formally opened service in March 1997, covers an area of 18, 770 m^2, holding about 920, 000 volumes of paper literature, 430, 000 copies of electronic literature and 1, 340 reading seats. One district library, 10 street libraries and 73 community libraries are established in the whole district. The library is open every day. The activity "stairway to happiness—hierarchical system of children reading promotion" held by Nanshan Library won the award of outstanding cases in the collection activity "2013 outstanding cases of reading promotion in villages and towns". In 2000, Nanshan Library committed to collecting photos of Nanshan and now it has collected more than 2, 000 pictures of each period and theme. In 2003, featured pictures were selected to be published in photo gallery *Advanced Nanshan with the Times*. Nanshan Picture Library began construction in 2006.

Longgang Library

Longgang Library was formally open to public in July 2005 with an area of 23, 784 m^2. The library is holding about 970, 000 volumes of paper literature, 160, 000 copies of electronic literature and 1, 206 reading seats. One district library, 11 migrant worker libraries, seven street libraries and 80 community libraries are established in the whole district. Longgang Library takes "providing reading, guiding reading, promoting reading" as service purpose. Hundred Dragons Calligraphy Collection Room of Longgang Library collects hundred pieces of calligraphy artworks of Chinese character "Dragon" written by the well-known calligraphers in China. Brand activities such as "Longgang forum", "Longgang book club" and so on are founded by the library. Longgang Library also made "implement rules of collecting work of local and Hakka literature" and appointed staff to be in charge of collecting Hakka literature materials dispersed in the district and gradually establishing Hakka literature collection system and database.

Yantian District Library

Yantian District Library was formally open to public in August 2003, covering an area of 10, 192 m^2, holding about 220, 000 volumes of paper literature, 160, 000 copies of electronic literature and 642 reading seats. One district library, four street libraries and 20 community libraries are established in the whole district. Yantian District Library, taking marine literature as collection emphasis, establishes marine document library, planned widely-acclaimed "marine culture reading activities" and establishes toy library for one to six-year old children. Marine document center, with the collections of more than 2, 000 books of marine, 5, 000 copies of the marine electronic literature, has collected more than 170 pieces of ancient and modern charts (duplicate) from China and overseas, which provided document support for marine study and Shenzhen geography study.

Pingshan New District Library

Pingshan New District Library was formally open to public in July 2012 and covers an area of 3, 300 m^2. The library is holding about 190, 000 volumes of paper literature and 316 reading seats. One district library, two street libraries and 13 community libraries are established in the whole district. Pingshan District Government plans to build a more advanced library and takes the transition library in use currently as a library branch of new Pingshan New District Library. Cellphone reading activities facing to employees in new district cooperated by the library are widely welcomed by enterprises in the area.

Guangming New District Library

Guangming New District Library was formally open to public in August 2012 and covers an area of 10, 000 m^2. The library is holding about 200, 000 volumes of paper literature and 600 reading seats. One district library, two street libraries and 23 community libraries are established in the whole district. "Reading and my life" forum and "find it" activity are listed as key projects by Shenzhen Municipal Bureau of Culture Sports and Tourism. In September 2014, the library launched subject of "looking for 'bright memory'" and established "special collection room for bright memory", which have collected local literature of 178 volumes. Culture resources were found, culture history were recorded by collecting local literature and other resources.

3. Various Library Running Modes

Shenzhen city and district libraries actively explored and practiced a variety of library running modes, including main-branch library system, cooperative library, book service station, self-service library and so on. In *The Three-year (2003-2005) Implementation Plan of Shenzhen "City of Library" Construction* made by 2003, it was clearly expounded that the main-branch library system was the characteristic and content of "City of Library". It was suggested that the main-branch library system with "unified distribution, unified purchasing, unified cataloging, unified delivery" as its main characteristics was a good form of construction of public library service system.

Main-branch Library System of Shenzhen Library

Shenzhen Library promoted the construction of city's public library service system, at the same time, the library set up different types of branches or service points. In November 2002, Shenzhen Library took community libraries of Meilin First Village, Lianhua North Village and Yitian Village as service stations and allocated literature resources together with "unified lending and returning" service mode. In July 2008, the construction of self-service library implemented by Shenzhen Library were gradually launched. 220 self-service libraries became branches of Shenzhen Library and integrated into unified operation and service management.

The "Ivy" Plan of Shenzhen Children's Library

Relying on Shenzhen Children's Library's management and resource platform and insisting on principle of commonweal, the "Ivy" plan cooperates with primary and secondary school libraries and realizes unified lending and returning and sharing of literature resources with primary and secondary school libraries in the whole city. Reading promoting activities are carried out among primary and secondary school students, and reading promoting skills of primary and secondary school librarians are improved. In 2009, Shenzhen Children's Library built a branch library for migrant workers' children on Dalang Street in Bao'an. Currently, there have been more than 70 primary and secondary school libraries who joined the "Ivy" plan.

"Library District" Founded by Futian District Library

In order to establish district of library and perfect one-kilometer cultural circle in Futian District, Futian District Library first practiced "main-branch library" system and established the organizational structure with district library as the main library, street libraries and community libraries as branch libraries. The "main-branch library" system implements unified grant, procurement, cataloguing, distribution and management by district government and has formed a relatively complete operational mechanism. By the end of 2014, there had been 105 public libraries built in Futian District, with the percentage of community libraries covering up to 99%.

Bao’an Library Construct Community Reading Centers

Bao’an district government brought the construction of community library network into public service system construction and adopted the mode of running library with the society. Bao’an Library started to construct directly affiliated branch library in 2007. In 2012, Bao’an Library constructed community reading centers instead of the old self-built and self-management mode. As community reading centers were brought into a unified public library service system, information sharing and interconnection services were available to these centers in a full range of district. Apart from traditional book reading areas and newspaper reading areas, community reading centers were also set up with electronic reading area, parent-child reading area and PAD experience area and so on. In January 2013, more than 30 community reading centers were opened, therefore scheduled, high quality, convenient reading services were available to the community residents.

Integrated Management Mode of Nanshan Library

Taking the opportunity of construction of Shenzhen “City of Library” plan, Nanshan Library had stepped up efforts to construct grass-roots libraries since 2004. Considering real situation of the district, Nanshan Library gradually found an integrated management mode which was suitable for their own development to run the libraries. By the end of 2014, according to integrated management mode, eight directly affiliated branch libraries had been established.

Migrant Worker Library Built by Longgang Libray

The construction of Longang Library "main-branch library" system was started in 2007. Longgang Library selected industrial zones with populated migrant workers to build migrant worker library as branch library and formed a framework that "promoted by government, enterprises participate, united plan and manage". 20 directly affiliated branch libraries had been established.

"You" Library Founded by Luohu District Library

According to the four-lever structure of public libraries in the district, Luohu District

Library implemented different management modes of main-branch library system, including five close branch libraries and 91 semi-close branch libraries. Learning from the concept of "the third space", Luohu District Library founded the first "You" Library in December 2012, with Wenhua Community Library as trial. It was devoted to create a new service mode of community library and made community library a third place apart from home (living space) and workspace, through the consolidation and adjustment of existing community libraries' functions and layout.

Book Service Station

Book service station is a new attempt to extend public library service. They are always set up at the regions or organizations with strong reading demand but with difficulty to use library. Book service stations are developed by both library and organization. Literature resources are provided by library, place and staff are provided by the organization, both sides provide services together. By the end of 2014, 399 book service stations of various types had been set up in total by city and district libraries.

4. National Key Cultural Projects

In recent years, to build a content-enriched, technology-advanced, urban& rural-covered, spread-fast public digital cultural service system, Chinese government has implemented many cultural benefiting projects such as the National Cultural Information Resource Sharing Project, public electronic reading room scheme, digital library promoting project. Meanwhile, government focuses on the protection of ancient books. In 2007, General Office of the State Council issued *the opinions on further strengthening the protection of ancient books* and suggested that "Chinese ancient books protection plan" should be vigorously implemented during the period of "*11th Five-year Plan*" and libraries should step up efforts to protect ancient book collections.

National Cultural Information Resources Sharing Project

As the Shenzhen Branch Center of Cultural Sharing Project, Shenzhen Library keeps promoting the construction of resources and service system of Cultural Sharing Project since 2003. Shenzhen Library established technology platform of Cultural Sharing Project, then standardized and improved the construction of city center and grass-roots service point. Relying on the network of existing cultural facilities, taking city and district public libraries as main parts and using the resources from National Center, Guangdong Provincial Center and Shenzhen public libraries, resources services are provided by Sharing Project for Shenzhen general public.

Performing the duties as branch center of National Cultural Information Resource Sharing Project, Shenzhen Library is in charge of website maintenance and management of branch center of Cultural Sharing Project, and is responsible for resources processing, distributing, organizing of business training and reader activities. Shenzhen Library and the remote office of party member signed service cooperation agreement of sharing project and played quality programs of Cultural Sharing Project through Tianwei wired TV network.

In 2008, Shenzhen won the title "National Cultural Information Resource Sharing Project Model City", becoming one of the first three cities awarded the title officially honored by Ministry of Culture. In 2009, the new website of Shenzhen Branch Center of Cultural Sharing Project completed and put into use. In 2012, Bao'an Library was appraised as the only "National Cultural Information Resource Sharing Project · the public electronic reading room demonstration" in Shenzhen by Ministry of Culture.

Public Electronic Reading Room Construction Plan

According to the requirement in *The Implementation Program of "Public Electronic Reading Room Construction Plan"*, Shenzhen city and district libraries promoted to construct electronic reading room of the library in the region. Through unified services platform of "City of Library", it realized the standardized management and integrated services of city and district public electronic reading room.

Office of Shenzhen Municipal Government issued *The Implementation Program of Further Strengthening Public Library Electronic Reading Room Construction* and made requirements such as standard community library electronic reading room should set more than 10 computers and so on. Municipal Bureau of Culture issued *Notice on Accelerating the Public Library Electronic Rcading Room Construction* and requested that the proportion of electronic reading room trials should be constructed by 20% of standard community library within 2008. Each district made construction schemes of the public electronic reading room. Government rewarded the grass-root public libraries that meet the standards by "Propaganda and Culture Fund" and funded to purchase the computers and network equipment of Cultural Sharing Project, also built public electronic reading room. After the implementation of unified services, unified services system and management standards of electronic reading room were adopted throughout the city, unified authentication management and peccancy monitoring management were implemented among readers. An electronic reading room service network with rich resources, improved services, continuous development and significant social benefits was formed in the city.

Shenzhen Library adopted the approaches that combine centralized and decentralized deployment. The main electronic reading room service area coveres an area of 1, 222 m^2. There are 190 computers for readers in electronic reading room with free wireless Internet access service.

Digital Library Promotion Project

Under the guidance of National Library of China and Sun Yat-Sen Library of Guangdong Province, according to spirit of *The Notice of Accelerating the Implementation of Digital Library Promotion Project from the Ministry of Culture Forwarded by Department of Culture of Guangdong Province*, Shenzhen Library specially set up "Digital Library Promotion Project Working Group" and organized to carry it out seriously and actively, in order to construct digital resources service network and system of Shenzhen and creat digital resources service portal of Shenzhen region— "Shenzhen Document Database". Meanwhile, Shenzhen Library actively created conditions for interconnecting with National Library of China VLAN and the intercommunication of application system platform. In 2014, Shenzhen Library introduced VPN at 100M from National Library of China and equipped with a dedicated server. What's more, Shenzhen Library established promotion project website links and publicity guide signal system and participated in digital reading promotion activities called "network books", also propagandized itself through website, sign system, Weibo, WeChat and other various channels.

Chinese Ancient Book Protection Plan

Ancient book stacks were built in accordance with *The Basic Requirements for Library Ancient Book Stacks* made by National Library of China. They meet the requirements of temperature, humidity, air purification, illumination and ultraviolet protection and provide basic conditions for ensuring document security. To carry out *The Opinions of General Office of the State Council on Further Strengthening the Protection of Ancient Books* and *The Notice of General Office of the People's Government of Guangdong Province on Further Strengthening the Protection of Ancient Books*, Shenzhen Library invested in ancient books reparation, collation and investigation. At the same time, Shenzhen Library focused on publicity, communication and knowledge popularization of ancient books protection and develop staffs on ancient books protection and actively explored new mode of ancient books joint collection. In 2012, Shenzhen Library was one of the first organizations that completed investigation of ancient book collections. Ancient books reparation room was completed and put into use in 2014.

5. Work of Library Society

Shenzhen Book and Information Society was founded in 1986. It is a legally registered regional, public, academic professional group made up of library and information science professionals, scientific and technological workers from related industry or agency, with more than 10 corporate members and 700 individual members.

Under the leadership of Shenzhen Civil Affairs Bureau, Shenzhen Science and

Technology Association and Shenzhen Federation of Social Science, Shenzhen Library and Information Society fully plays a positive role as a member and makes a positive contribution to the development of library and information service in Shenzhen. It constantly innovates activities and makes significant achievements on science knowledge popularization, academic communication and advisory services for decision-making. Shenzhen Library and Information Society has been appraised as "advanced society" by Shenzhen Science and Technology Association and Shenzhen Federation of Social Science for many times, also won "advanced organization award" in all previous large-scale activities.

The society encourages members to participate in academic research and is in charge of daily management of libraries' research projects in the whole city. Cooperating with Shenzhen Science and Technology Association, Shenzhen Federation of Social Science and libraries at all levels, the society also helds seminars, lectures and large-scale public reading promotion activities. "City of Library" development achievements were promoted through exhibitions like "achievements exhibition of Shenzhen public library network construction" and "achievements exhibition of Shenzhen as 'City of Library'". In addition, the society set up librarians' training for the whole city and organized members to participate in national, provincial library society activities. Moreover, for scientific reference of the development of librarian and information service, the society organized library and information science experts to do special research. *Public Library*, is edited and published by the society.

In recent years, many academic exchange activities were held by the society. In the whole year of 2014, the society organized nearly 30 academic lectures, which broadened the horizon of librarians from all levels and strengthened exchanges with each other. Meanwhile, the society made the research guide of Shenzhen "City of Library" project during 2014-2015, in which "Shenzhen Mode" as designated research project was established. The society proposed that city's public library should joint the producing of "Shenzhen Memories". Moreover, the society validated the normalization and standardization of results of "City of Library" construction, with more than 30 researches covering all area established.

In July 2009, Reading Promotion Committee of Library Society of China was established, with Wuxi as its committee director. Shenzhen Library began to participant in nationwide reading promotion activities. It organized practice and theory research of public library reading promotion services and built "nationwide reading" website. In March 2010, Shenzhen Library successfully hosted working conference of Reading Promotion Committee and the fourth "nationwide reading forum". "Summit forum of public libraries" was successfully held in November 2009 and 2010. Experts and scholars from all around the country gathered in Shenzhen, reviewed the development of public library cause in the past five years together and looked forward to new development of public libraries during "*12th Five-year Plan*".

Section 5

Legislation Guarantee and Mechanism Exploration

1. First Public Library Regulation

In order to develop public librarianship of Shenzhen Special Economic Zone and meet people's demand for scientific and cultural knowledge, *Regulations of Public Library in Shenzhen Special Economic Zone* (*for trial*) was adopted by the 16th meeting of the second session of the Standing Committee of the People's Congress of Shenzhen on July 15, 1997 and was practiced since October 1, 1997.

The Regulations of Public Library in Shenzhen Special Economic Zone (*for trial*) was the first public library law issued by local people's congress who has legislative powers. The regulations finalized the library policies in the form of legal provisions and ensured the implementation by legal authority. Therefore, governmental authorities could deal with library business under the rule of law, the independence and sustainable development of library could be ensured. Moreover, deposit copy system was finalized in the form of law.

The introduction of the regulations ensured the development of Shenzhen public librarianship and sped up the process of library legislation in China.

2. Indicator System of Public Library Collection

In order to promote the construction of harmonious society, and to construct Shenzhen as a harmonious, effective, international and innovative city, Shenzhen government made and implemented *The Indicator System of Shenzhen People's Livelihood Welfare.* Facing the reality of Shenzhen and based on the growth in material wealth, the indicator system took effective supplies of public products and services from government as the important conditions to ensure social justice and aimed to reflect the situation of Shenzhen people's survival, livelihood and welfare from income distribution, public products and services.

The Work Program of Implementing Indicator System of Shenzhen People's Livelihood Welfare and Public Library Collection of Books Per Capita made by Shenzhen Municipal Bureau of Culture pointed that the following aims should be accomplished from 2007 to 2010: total collection of Shenzhen public library will reach to 18 million copies (including electronic literatures), resident population's collection will reach to two copies per capita, registered population's collection will reach to six copies per capita, guarantee system for literature information resources will be established and improved.

"Public library collection of books per capita" was included in indicator system of livelihood welfare, which became an important part of safeguard of citizens' cultural needs and performance appraisal of Government for the first time. Implementation of the program had increased government investment in public libraries and sped up the construction of public libraries' literature resources in Shenzhen, also promoted the balance development of public libraries.

3. Library Board System Pioneer

In 2007, Shenzhen Library was listed as one of the first ten institutions that was appropriate to set up library board by Shenzhen government. After that, Shenzhen Library was listed as a pilot by both central and local governments and became the pioneer of library board system. What's more, Shenzhen Library was the first nonprofit cultural agency managed by corporate.

Since the end of 2007, after the investigation and analysis of relevant case, Shenzhen Library prepared *The Program for the Implementation of the Corporate Governance Structure of Shenzhen Library* and established overall objectives, basic requirements and relevant procedures. Shenzhen Library set up a working group to promote corporate governance structure of Shenzhen Library. The group drafted *The Shenzhen Library Board Regulation* (*draft*) and the related systems. In 2010, in accordance with *The Rules of Qualifications and*

Recommend Procedures of Board Members from the Society (*for trial*) , the first members of the library board were elected. In December 2010, Shenzhen Municipal Bureau of Culture, Sports and Tourism held an ceremony of "Shenzhen Library Board", and the first library board members were engaged. Soon afterward, the first meeting of the first session of Shenzhen Library Board was held, *The Shenzhen Library Board Regulation* and other supporting systems were established.

As the affair discussing and decision making agency, Shenzhen Library Board is responsible for determining the Shenzhen Library's development strategies and development plans. After several years of operation, the board has made some achievements. Community leaders are invited to join together, promotes library development, enhances the level of public cultural services. Board members include professionals, scholars, community leaders and government representatives, and so on.

4. City Reading Promotion Regulations

Since 2013, reading legislation work had drawn the attention by the central and local governments. In order to promote the sustainable development of Shenzhen citizens' reading through top legal system, Shenzhen took the lead to make *Reading Promotion Regulations of Shenzhen Economic Special Zone* (hereinafter referred to as *The Regulations*). According to the reading problems in Shenzhen, and the development trend of national reading, the regulations are made to slove the key issues of Shenzhen reading legislation, such as organization management, facility construction, resources distribution, reading of minors, legal reading activities, reading support, and so on. *The Regulations* also normalized responsibilities and obligations of the government to promoting reading services, therefore provides legal guarantees for reading.

The Regulations particularly emphasize that juveniles reading services should be promoted from a legal perspective. It also suggestes relevant legal measures to encourage enterprises, social organizations and other civil forces participated in promote reading. In addition, *The Regulations* design a nonprofit funding to integrate funds and resources and to support the development of national reading.

The Regulations promote reading deeply by law, therefore make reading becoming a normal behavior in city. The implementation of *The Regulations* will further promote library service equity and further protect the public right to basic reading. The public reading will make a great effort on improving city's competitiveness and cultural soft power and promoting city's creativity.

Service

02

Chapter 2

Library Set Up by Service, Developed by Technology

Since it opened in 1986, Shenzhen Library has developed automatic management system by itself, and has managed with computers and made all books accessible on bookshelves. As a young library, Shenzhen Library chooses the development way like "setting up by service, developing by technology". Adhered to "open, equal, free" service spirit, the service model of "Integration of Hiding-Borrowing-Reading" has been carried out. Shenzhen Library constantly innovates service means, perfects service system, elevates service level, extends service range, in order to build the city culture as a knowledge-hall with comfortable reading environment, scientific atmosphere and variety of functions. For the past 30 years, Shenzhen Library has adopted technology applications and innovations actively, promoting service innovation and business development by technology. Library service and management have become easy, humanized and wonderful because of technology.

Section 1

Returning to Public Library Spirit "Open, Equal, Free"

When it was opened in July 2006, Shenzhen Library promised to the public that "our library is open to all readers, with services free. Whoever you are, whether you have a job or house, whether you are a registered resident, whether you are well-dressed or cash-strapped, and whenever you come to the library for knowledge and culture, you will receive warm reception as others." Shenzhen Library advocates "open, equal, free" service spirit and service means of "full openness, certificate-free access, hierarchical management, one card access", and is opened to all public, thereby promoting the access of public cultural venues to be free in China.

1. Wide-open, Large-bay Architecture Mode

New Shenzhen Library is constructed with unique shape, clever conception and strong sense of modernity, adopting wide-open, large-bay, gap-free layout. It is a unique cultural landscape of young and vibrant Shenzhen.

Spacious large-bay structure, good lighting conditions, elegant reading environment, and a comprehensive library guide system, make the libraray space transparent and open, which brings people relaxed, comfortable experience visually and mentally. In the library, readers and books are separated. Escalators, elevators and staircases are reasonably distributed in order. Shelves, reading tables and chairs are coordinated with floor decoration, which were specially customized according to different functional areas, taking into account the harmonization of function, environment and utilization.

There are six stories of service areas, with 2, 040 reading seats. The service mode of "Integration of Hiding-Borrowing-Reading" has been carried out. Readers can select preferred books, periodicals and audio-video materials in accordance with their own needs, and then handle borrow-lend procedures by themselves.

2. Comprehensive and Popular Service Patterns

The 1-3 floors of Shenzhen Library are for public service, with newspapers reading, periodicals lending, old newspapers and periodicals consulting, Chinese and foreign language books lending and other services. Audio-video materials are provided for lending at the fourth floor. In 2014, more than 3. 91 million readers visited Shenzhen Library, and borrowed books for 3. 57 million copies/times.

Newspaper Reading Area

More than 350 kinds of Chinese newspapers of the current year and 4, 200 kinds of Chinese paper journals are available for consulting. There are two electronic-newspaper reading machines and eight computers for electronic-newspaper reading and consulting. Moreover, old publications including more than 100 kinds of Chinese old newspapers, 4, 000 kinds of Chinese old issues, 400 kinds of old issues from Hong Kong and Taiwan, 500 kinds of foreign language old issues, are available.

Journal Lending Area

There are more than 700 kinds of Chinese journals specially selected in journal lending area. The total number of journals is more than 30, 000 items, above 2, 000 items are updated every month. Also, Chinese journals within two years are available to lend. Readers can read and borrow the journals with their cards, and return them by self-service machines.

Book Reading and Lending area

There are nearly 1 million volumes of Chinese books, more than 30, 000 items of foreign

language books covering English, French, German, and so on. 54 OPAC terminals and 12 self-service book borrowing and lending machines are set in the area. What's more, the reception desk is prepared to consult and handle lending and borrowing procedure. Beside the entrance of the library, there are two self-loan machines helping readers to check and lend.

Audio-video Materials Lending Area

There are nearly 18, 000 kinds, about 145, 000 volumes of audio-video materials, including TV dramas, movies, documentaries, and so on. Two audio-video material watching machines and one self-loan machine are set in this area. What's more, the reception desk is prepared to consult and handle lending and borrowing registration.

Book Service Station

To serve remote areas, areas absent of cultural facilities or special groups, and to extend library services, book service stations were built under joint efforts. 63 book service stations have been set up to provide collective registration and lending services at nursing homes, frontier force settlements, welfare centers, armed police force settlements and judicial branches.

In 2014, Dalang book service station ("Easy-read Bar") in Dalang Fashion Creative Town was built by enterprises and Shenzhen Library, which became a new cooperation mode in library field.

3. Digital Service Environment

There are 2,846 information points and 363 computers for readers with total network bandwidth of 402Mbps and wireless network covering the reader service areas. Besides, electronic guide systems and electronic information screens are set in the service areas. Digital environment provides readers with handy Internet service and digital reading experience. In 2014, the digital learning space and network information space have served 367,000 readers, and wireless Internet has served 246,000 readers.

Network Information Space

Network information space with 118 computers for readers on the fourth floor, is an integrated service area providing the Internet access, Cultural Information Sharing Project resource and video-on-demand. Readers can use the computer and surf the Internet for free with their cards. Also, readers can browse various resources and print relevant materials provided by Shenzhen Library and the Sharing Project, including classic movies, TV dramas, science popularization films, art and language teaching programs, animations and music. In 2014, the network information space served 285, 000 readers.

Digital Learning Space

Digital learning space, next to network information space, equipped with 72 computers for readers, is a multimedia learning and sharing space providing individual and group readers with free digital resources consulting, audio-visual education, information literacy training and the like. Readers can use the computer for free with their cards and retrieve on line 33 categories of 74 databases including electronic books, periodicals, newspapers, dissertations, conference papers, audio-video materials and digital resources of National Digital Library Promoting Project, and print relevant information by self-service. In addition, readers can retrieve 22 kinds of self-built databases, which contain intangible cultural heritage, city landscape sculpture, online audio-reading for the blind, Shenzhen Literature Library and so on. Also, readers can watch multimedia courseware on information skills training, participate in activities sponsored by library, such as, database training, computer training, information literacy lectures and so on. In 2014, the digital learning space served readers for 64, 000 times.

Digital Reading Experience Space

Digital reading experience space, located at the corridor on the fourth floor, is a place for readers to experience new technologies, enjoy digital reading, socialize and relax. Readers can enjoy 1 million items of e-books, 50 titles of newspapers, more than 200 titles of journals and can listen to about 500, 000 musical compositions by more than 9, 000 artists and 100 kinds of instruments through e-book lending machines, pads, electronic newspaper reading machines and other terminal equipments provided here. Moreover, multimedia resources, such as academic videos, university courses, celebrities' interviews, *Lecture Room*, *Sinology Essence*, and *5, 000 Years of Chinese History* are available to readers. Readers can also access the resources and services of mobile library through mobile equipments like mobile phones anytime and anywhere.

Wireless Network Services

WiFi signal covers the entire library service areas; free wireless network service is accessible to readers above 16 years old. Wireless network registration management makes the readers easy to connect to the Internet. What's more, uniform digital resource certification and one-site retrieval allow readers to use their own equipment to access digital resources of the library and the region.

Section 2

Self-service Highlights the Independence and Convenience of Library

As the first library fully applied RFID technology in China, Shenzhen Library built a set of RFID data model according to international rules and formulated a specification for the application of RFID technology. The library planned and applied RFID technology in circulation services, literature reading and lending services, collection management, bookshelves management, warehouse management and other fields, in order to fully promote self-service. At the beginning of the opening of new Shenzhen Library, 1 million paper books were pasted with RFID labels, more than 41,500 shelves were clearly identified. The library introduced 17 self-loan machines, 2 self-registration machines and 8 self-print machines, which can be achieved interoperability with library automation system. Also, Shenzhen Library developed OPAC retrieval-based positioning system and self-service system for using computer, built up a full range of self-service system, and highlighted the independence and convenience of library. Shenzhen Library has applied for 8 patents in the field of RFID technology application.

The List of Patents in the Field of RFID Technology Application

No.	Patent name	Patent type	Patent number
1	Library Self-service System	invention patent	ZL 2007 1 0124308. 7
2	Library Self-service Terminal	utility model patent	ZL 2007 2 0172766. 3
3	Structure of Self-service Terminal Cabinet	utility model patent	ZL 2007 2 0172630. 2
4	Library Self-service Terminal (1)	industrial design patent	ZL 2007 3 0173427. 2
5	Library Self-service Terminal (2)	industrial design patent	ZL 2007 3 0173426. 8
6	A smart device for literatures' sorting and returing	utility model patent	ZL 2008 2 0213196. 2
7	A smart device for literatures' shelving, sorting and carrying	utility model patent	ZL 2005 2 0009361. 9
8	Outside rainproof sunshade tool components	industrial design patent	ZL 2011 3 0266585. 9

1. OPAC Catalog Retrieval and Document Location

There are 78 OPAC self-consult terminals set up in Shenzhen Library, providing retrieved service of all the books, periodicals, audio-video materials and e-book online-reading service of Shenzhen library. Covers, contents, abstracts, book reviews and other related information are showed on OPAC detail page.

By classification retrieval, readers can further expand or contract the search results by keyword, author, classification number, the year of publication, and other ways. Hot word cloud function is added to guide readers. Meanwhile, big data is applied to analyze readers' retrieval behaviors, so as to provide readers with personalized literature recommendation service. Under the OPAC, readers may directly submit applications for book reservation, then after two working days the reader can get the book at specified place.

Supported by RFID technology, OPAC can achieve accurate positioning of literature of Shenzhen Library. It reveals the circulation positions of literatures in real time, and then guides readers to the location where the literature is. Meanwhile, OPAC can also reveal the library's location in which the document is in time.

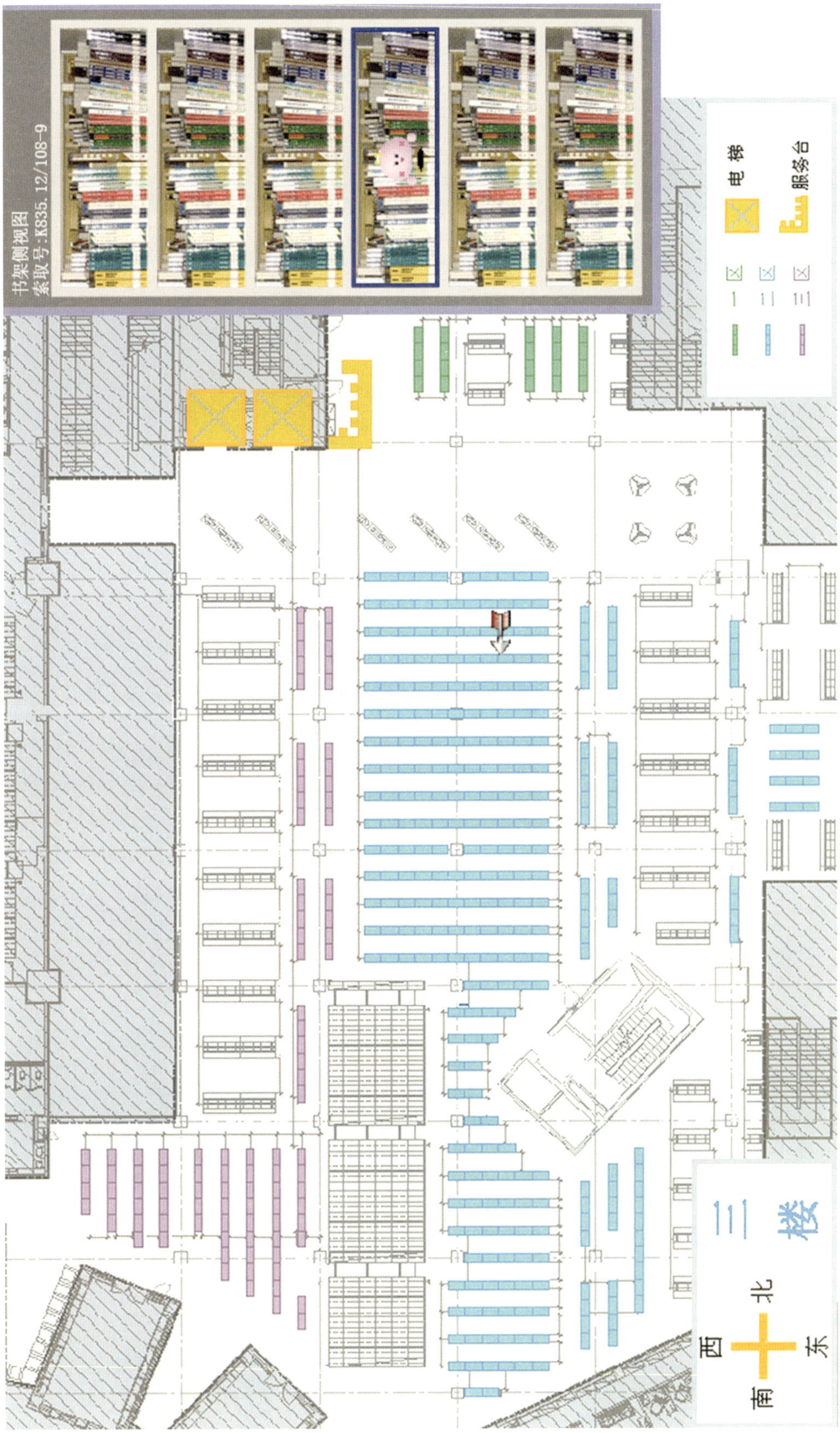

书架侧视图
索取号:K835.12/108-9
一区
二区
三区
电梯
服务台
三楼
西
北
南
东

深圳市福田区福中一路2001号 可外借1本 可阅览1本
深圳市
福田区
深圳水库
仙湖植物园
叶定仕故居
罗沙路
罗沙仙湖立交桥
品翰教育
文锦北路
文锦渡路
深圳站
泥岗红岭立交桥
黄木岗立交桥
滨河上步立交
深圳河
鸡冠石
黄竹园
北环彩田立交桥
滨河大道
南坪快速
大脑壳
白眉石
王龙立交
龙须山
北环香蜜立交
福田立交
京港澳高速
海侨城
松山
小梧桐
沙湾路

2. 95% of Readers Choose Self-registration Machine Service

Shenzhen Library sets up two self-registration machines at the front desk. Readers can apply library RFID card, store cash, and pay overdue fee with second-generation ID card.

In 2014, readers use self-registration machines to get the cards of 51, 251, as 95. 46% of total new-registered card number.

3. 95% of Readers Choose Self-loan Machine Service

Shenzhen Library introduces 17 self-loan machines, setting on the main service floors. Readers can borrow or return many books within a few seconds as long as they enter the password with the reader cards. Readers can also use self-loan machine to research loan information and pay overdue fee.

More than 95% readers in Shenzhen Library were served by self-loan machines, and the ratio increased year by year. In 2014, there were 1. 212 million books circulated in Shenzhen Library by self-service (not including children's service area), with artificial circulation only 25, 600 copies, self-service book circulation accounted for 97. 9% of total.

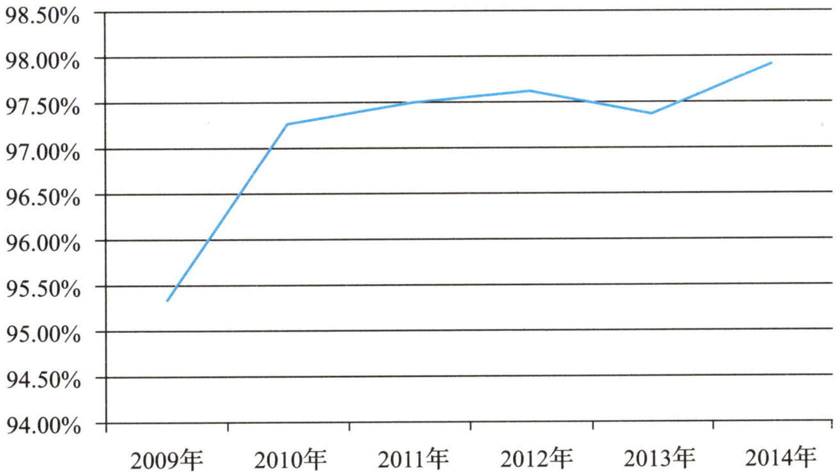

4. E-reading Service Mode with Complete Self-service

Shenzhen Library provides both paper and digital resources. There is electronic reading area on each floor, and unified self-help logging-on management mode is adopted. Readers use their cards to apply for seats by self-service. The automatic timing system can remind readers of logging-out in advance. Readers can submit application for printing and print what they want after confirmation by the front desk.

Eight self-service copiers are set in the service area. As long as entering the password, readers can print the resources by themselves. The system can automatically calculate the printings, and then pay material costs.

Section 3

All-media Platform Provides Diversified Services and Interactions

For emerging new technology and new media, Shenzhen Library constantly integrates texts, pictures, audio and video resources sets the Internet and mobile network as main channels, sets various type of computers, TV, mobile phone, and pad computers as terminals, develops an all-media service platform providing the citizens with diversified, in-time and handy service, promoting interaction, popularity, and influence of the library.

1. Website Service Platform

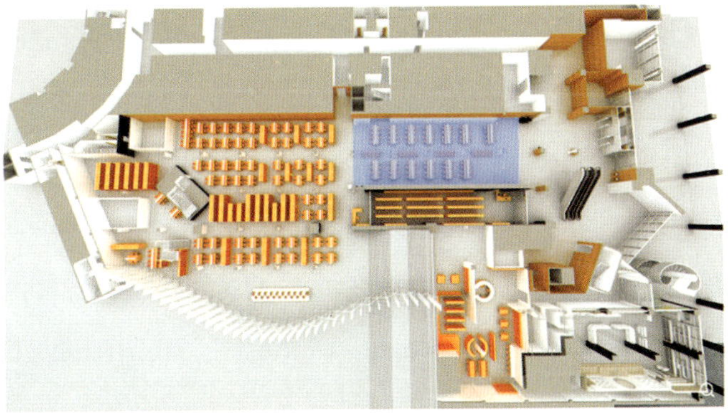

Shenzhen Library's website (http://www.szlib.org.cn) is a comprehensive service platform in the network age and an important window for library services, propaganda and communication.

In 2014, Shenzhen Library's new website was formally launched, consisting of News, Resources Guide, Resources Retrieval, Service Guide, "Asking the Librarian", Self-service Library, "My Library" and so on. It can be visited by all terminals. In its design, the new website emphasizes the readers experience, putting the popular functions like library resources recommendation and retrieval in conspicuous positions, so that readers can quickly locate resources and get services needed. In 2014, the website was hit 21.006 million times.

The introduction of online real-time consulting system and the application of "network robot" technology make online real-time consulting service more effective. In 2014, 7,627 visitors were served by online real-time consulting system.

Digital resource service column shows the library's digital resource and publishes digital resource service news. With the help of unified retrieval platform of "Shenzhen Document Net" "visit from outside" of digital resources comes true. In 2014, download through the outside-the-library access reached 1.307 million times.

2. Short Message Service Platform

Short message service (SMS) is an early form of service for mobile terminal. In 2007, Shenzhen Library introduced SMS platform, readers can receive customized information through mobile phones, including reminding readers of due book-return time, reserved books notice and other notifications. Besides, readers can also query lending information, renew books, report the loss of library card by SMS in real time.

SMS still takes a certain service share currently, and always is an important support for reservation services. Also, SMS promotes library's intelligent management and gives timely warnings and responses. In 2014, the short message platform served 320, 000 people, including overdue reminding services of 172, 000 times, reservation notices of 144, 000 times.

3. Telephony and Voice Platform

In March 2012, Shenzhen Library introduced telephony and voice service platform, which integrated the auto-voice service and manual answering service. The platform achieves the automatic response of related business and call service of effective management. Auto-response system equips with auto-voice guidance which can issue notices and provide auto-answer service, such as answering about opening and closing time of the library, card registration rules, borrowing rules, borrowed books consulting self-renew books, password revision and loss report of reader's card and so on. Call management system can automatically assign attendants and provide functions like sound recording, and voice massage mail. At non-working time, services are provided by record broadcasting. In 2014, Shenzhen Library answered 45, 126 advisory calls from readers through telephony and voice platform.

4. New Media Platform

In January 2011, Shenzhen Library created Sina Weibo account, and subsequently created Tencent Weibo and WeChat, founded a "micro-group", and built the WeChat public service platform, thereby attracting a growing number of readers.

深圳图书馆官方新浪微博

深圳图书馆官方腾讯微博

There are several columns on Shenzhen Library Weibo, such as, "Shenzhen Library lectures", "Shenzhen Library activities", "Sharing Project TV programs broadcasting", "Shenzhen Library books information", "Shenzhen Library resources", "media reports", "Shenzhen Library response" and the like. There are some functions on WeChat such as "Shenzhen Library Service", "Shenzhen Library Consultation", "Interaction". Activities, Micro-bookshelf, news of Shenzhen Library and recommendations by experts are sent to readers regularly. By taking advantage of "Micro-platform", some commonly used library services, such as book renewal, book reservation, reader card binding and overdue fee payment, are embeded into the platform after the second development.

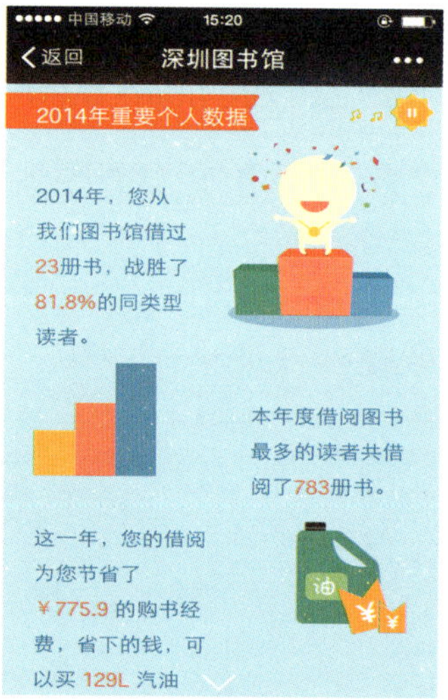

Shenzhen Library innovatively combines Weibo, WeChat and micro-community three platforms for joint marketing, thus constructs a "three micro-platforms" service network. Comprehensive propagation and services are set up to launch featured micro-services anytime and anywhere. Since these platforms launched in January 2011, they have attracted nearly 200, 000 users to subscribe. "2014, My Reading Time" at WeChat platform also received acclaim from the public.

Section 4

Multi-level Reference Service Makes It a Research Library

Shenzhen Library systematically collects local documents in Shenzhen, combining with development the city economy, industry and culture, and sets up a subject literature service area and builds a characteristic collection. Through subject librarian system and reference service collaboration, Shenzhen Library launchs professional knowledge guidance and reference service, deepens the documentary resources construction, and improves literature information service. Shenzhen Library's goal is to become a research library.

1. Characteristic and Special Subject Literature Service

In accordance with the needs of economic construction and social development of the city, Shenzhen Library sets up a number of characteristic and special subject literature areas, so as to display related literature for readers to consult and read. Each area collects systematically related literature resources according to different target readers. Professional services, both paper documents service and digital resource service, are provided by the reference service staffs.

Reference Book Area

More than 7, 000 volumes of Chinese and foreign reference books are provided in the area, including dictionaries, encyclopedias, local chronicles, manuals and so on. The reference books saved in closed-shelves can be accessed after application at the front desk.

Shenzhen Local Literature Area

From the beginning of the 1990s, Shenzhen Library devotes to gathering, sorting, collecting, displaying Shenzhen local literature, opening government information and related news, and builds a subject database of local literatures. There have been more than 50, 000 items of books, and above 400 titles of periodicals, newspapers and back issues.

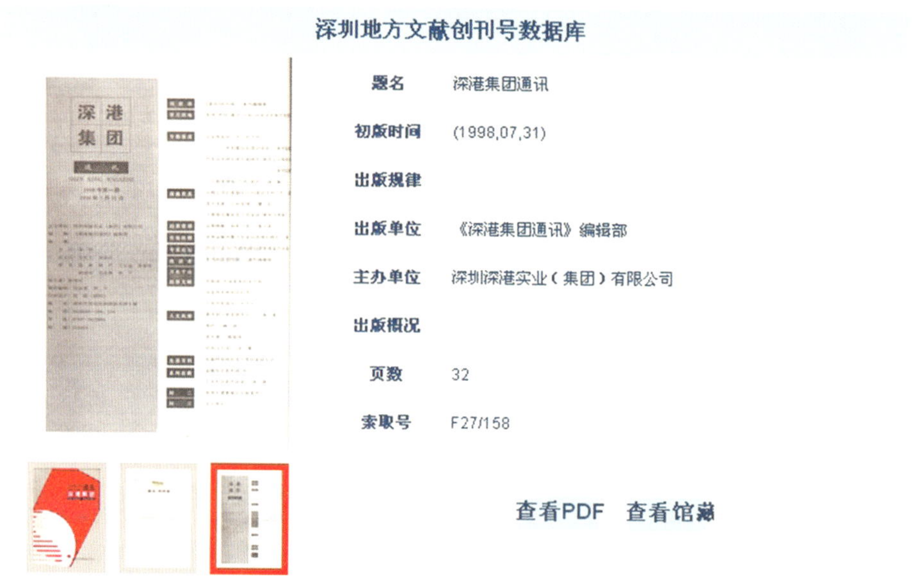

Shenzhen scholar literature area was built in 2013. The area provides scholar recommendations, documents display, issued information issue, and communication, it is an important part of Shenzhen local literature.

Hong Kong, Macao and Taiwan Literature Area

Shenzhen is adjacent to Hong Kong, Macao and Taiwan. With the geographical advantages, Shenzhen Library selects high-quality literatures from Hong Kong, Macao, and Taiwan as its collection priorities. At present, there have been more than 50, 000 titles of books at Hong Kong, Macao and Taiwan literature area, more than 500 titles of main periodicals, 25 titles of newspapers. It has become the literature center of Hong Kong, Macao and Taiwan in Shenzhen.

Fashion and Graphic Design Literature Area

In 1994, taking account of regional industrial characteristics, Shenzhen Library set up the fashion sub-library, focusing on collecting information on fashion design, production and sale. In 2014, to help the construction of Shenzhen to be the world's design city, Shenzhen Library established fashion and graphic design literature area in alliance with Shenzhen Graphic Design Association, which provided service for designers, professional readers and creative design industry in Shenzhen, and held fashion and graphic design exhibitions, professional salons. In addition, the library has collected Chinese and foreign-language books about fashion and graphic design of more than 5, 000 items, periodicals of over 200 titles, and special literature. It also provides subject database and relevant digital resource services.

Legal Literature Area

Shenzhen Library established the library of law subject in 2000, which has become the legal literature area now. Services such as legal literature guidance, legal information consulting, legal documents checking are provided in the area. In recent years, taking readers demands as guide and legal popularity as targets, the area propagandizes the legal literature collections by various of legal popularity activities and helps readers to take use of them. The area helps readers learn law, use law, know law and obey law, it is becoming the literature base of Shenzhen in legal research and practice and an example of legal publicity and education. Chinese and foreign legal books of over 26, 200 items, periodicals of over 174 titles, newspapers of over 39 titles and legal database query service are available to readers. The special shelves of "People's Republic of China Legal Monograph Series" exhibits four series of legal monograph published by China Legal Publishing House and China Law Press, more than 100 titles. In 2009, Shenzhen Library was awarded "Provincial Legal Popularization Advance Organization" prize by Propaganda Department and Legal Popularization Office of Guangdong Province. In 2013, taken use of legal literature area's resources and service team, "Public Legal Service Platform" with a "Shenzhen Library Lawyer Service Volunteers" team of 80 people, was set up for providing the public with legal advisory and legal forum, which guided the public to "learn legal knowledge", achieved the "inherit legal spirit" function of public library. The platform has served about 3, 000 readers. In 2014, the "Public Legal Service Platform" project won the honor title of "Shenzhen Culture Volunteer Service Model Project".

Trade Literature Area

Trade literature area takes investment environment and information, industry analysis and market reports, enterprise and products directories, trade opportunities and tariff information, statistical yearbooks and exhibition documents as its collection priorities. The collections cover information about commercial, trade and market activities, as well as research reference literature and time sensitive information literature, with trade economic literature as the main part, providing readers with trade literature service. There are Chinese and foreign trade documents of more than 23, 000 titles, with Chinese industries and regional statistical yearbooks of more than 500 titles, 4, 800 items.

ASEAN Literature Area

With local literature of ASEAN as the theme, the area provides readers with documents and related news of the countries of ASEAN. There are books of ASEAN of 2, 300 titles, Chinese and foreign periodicals of over 110 titles, and newspapers of 15 kinds. Over 200 titles (500 volumes) of literatures among them have been from the public.

2. Thematic Information Development

Shenzhen Library provides government departments, institutions, social agencies with services such as decision-making information reference, media public opinion monitoring, industry information bulletin and the like. It becomes an important way for related departments to get public opinions and media news at home and aboard. Shenzhen Library systematically collects media reports about major events in Shenzhen to constructed thematic databases, some databases such as International Cultural Industries Fair, China Hi-Tech Fair, International University Sports Federation games had been listed in the joint construction program of National Digital Library Promotion Project. Special topics, such as "Taiwan, Hong Kong and Macao e-clippings", "Shenzhen news reported in Hong Kong", "other important news reported in Hong Kong", "Shenzhen news reported by domestic media", "domestic and foreign news reported in Hong Kong", "domestic and foreign news reported by domestic media", "daily economy news" have become important reference sources of public opinion trends for Shenzhen Municipal Government.

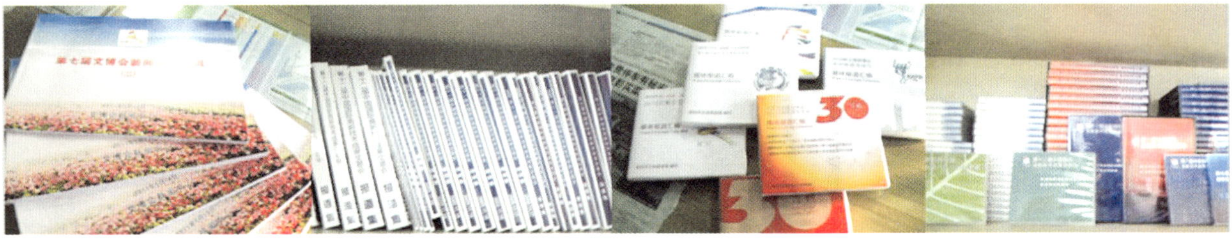

In 2014, Shenzhen Library had compiled 2, 541 issues of thematic information, more than 50, 000 records, 2, 048 pictures, had completed. 15 categories of the audio and video programs for municipal government office had been collected, processed and uploaded. The time length of the programs accumulated up to 270, 000 minutes.

3. Document Delivery Cooperation

Using the Internet, Shenzhen Library launches all kinds of digital reference services including e-mail consulting, forms consulting, real-time consulting, and document delivery and so on. In September 2012, Shenzhen Library joined the "National Library Reference Service Union" and launched documents delivery services together with University Town Library of Shenzhen, Shenzhen University Library and other union members.

In 2014, the reference staffs delivered literatures for 16, 000 times, and was honored "Guangdong Province Services Contribution Award of Literature Resource Co-construction and Sharing".

4. Subject Librarian Service

Shenzhen Library launched subject librarian service in 2014. Nine librarians were selected as subject librarians on philosophy, social science, pedagogy, etc. The daily services have been to deeper and personalized knowledge services. Cooperated with Shenzhen Academy of Social Science (including Institute of Economics, Institute of Social Development, Institute of Culture, Institute of Political Science&Law, Institute of International City), Culture Research Center of Shenzhen Special Zone, Shenzhen Lawyers Association and other research institutions, subject librarians provides embedded reference services. It accepts reference services applications through phone, e-mail, online consultation platform and on-site consultation. Relying on subject librarians and specialized reference service team, Shenzhen Library provides services like patent, standard, dissertation retrieval and survey review writing, etc.

In 2014, the reference service team with the subject librarian as its core, launched 42 SDI (selective dissemination of information) services and provided substitute searches for 291 times.

Section 5

Personalized Services for Different Readers

Shenzhen Library classifies its readers according to their literature information needs, and provides special literature resources and equipment facilities for their special reading behaviors and features, therefore targeted services can fully protect the cultural rights of special groups to the information culture.

1. Children's Reading

In 2009, Shenzhen Library set up children's service area with 700m^2. Registration, book loaning, reading guidance and other services were provided here for 3-13 years old children. There were nearly 20, 000 copies of novels, stories, puzzles, comics, history and geography books suitable for children and hundred kinds of journals and newspapers. In addition, readers' activities were regularly launched for children to cultivate children's interest in reading.

In November 2014, Shenzhen Library started to reconstruct the children's service area. After reconstruction, the service area is expanded. It sets an independent young children passage, and creates a "pleasure" reading space. Besides, new self-service machines with cartoon image increases children's interests. The new children's area becomes "Shenzhen Library V-care Public-Space, providing young readers with more perfect and diversified literature services and reading activities. In 2011, it honored the title of "Shenzhen Woman Civilization Post". In 2014, the area had served 535, 000 readers, 240, 000 copies of books had been loaned, 107 various reader activities had been held with over 26, 000 participants.

2. The Senior Reading

To help and promote reading among the elderly and make them have "something to enjoy, something to learn and something to do", Shenzhen Library takes the following measures: make the elderly to priority, set special seats, provide large-size word books and magnifying glass for the elderly and introduces audio databases. In 2014, Shenzhen Library organized "The Elderly Reading Scheme" and launched several computer training classes to expand the ways of elderly readers for getting information. The classes had served 715 readers. In addition, Shenzhen Library launched "care elderly, intelligent life" cultural salon and recommended "fitness and regimen" booklist for the aged. The library also sent books to "Shenzhen retired cadre activities center". In 2015, paintings and calligraphy courses, exhibition, and paper-cut cultural salon were added.

深圳观察 文化 A04

老人热衷泡书堆 书写最美"夕阳红"

深圳图书馆"银发阅读"搭建平台让深圳市民老有所为

3. Barrier-free Reading

In November 2006, the Shenzhen Library established reading room equipped with seven computers for the visually impaired, to provide several services for visually impaired people such as the visually impaired braille documents lending, the Internet service, free computer training, braille material printing and so on. The library also organizes thematic activities for the visually impaired poople. More than 3, 000 braille books and audio books are provided here. Also, there are special equipments such as electronic visual aids, braille reading machines, braille printing machines, braille displays, etc.

Shenzhen Library had trained more than 5, 000 visually impaired people throught computer training classes. No less than 300 students had been graduated. In 2009, the staff wrote the first braille textbook about computers learning called *Blind Elementary Computer Training Course*. The services for the visually impaired people were elected as the 2012 "best case" of reading promotion in Guangdong Province and awarded the second prize on the public reading annual meeting in 2013.

Reading room for the visually impaired people also has the following awards: "Shenzhen Center visually impaired information barrier-free service center", "Activity base of Library Society of China Disabled People Reading Committee" and "base for blind computer free training". The reading room also received many honors in Shenzhen and Guangdong Province.

Section 6

Science and Technology Application Promotes Intelligent Services

Giving play to the superiorities of technology, Shenzhen Library constantly promotes the transformation of library business modes and service means. In 2006, Shenzhen Library took the openning of the new library as an opportunity, built a large-scale computer network system with high beginning, high standards in all aspects. An integration library business platform of Shenzhen has been built to realize effective management and integration services of library resources. In addition, with the research and application of RFID technology, monitor technology, visualization technology and data-digging technology, service and management of library are becoming smarter and smarter.

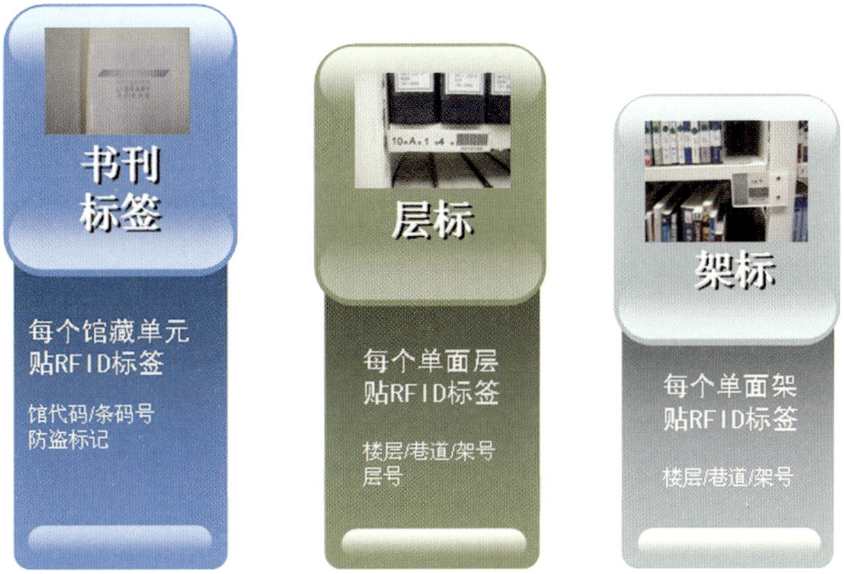

1. Intelligent Document Management System

In 2006, based on the library automation system, Shenzhen Library deeply studied the application of RFID technology in library and developed a set of practicable, efficient "RFID intelligent document management system" that showed the new concepts about library shelving management and services.

Shenzhen Library designs the layer and shelf label coding system in accordance with "floor, partition, corridor, shelve, layer", therefore the location view of each document in the library is created, the basis of document location management is established.

The OPAC query page shows visible document distribution of each floor, so that readers can easier find documents, which implements OPAC document guidance.

Shenzhen Library developes a series of intelligent document management functions. Relying on the intelligent document management system, Shenzhen Library organizes literature inventory every year. The information of hundreds of thousands of books can be collected in one day by eight handheld inventory equipments and "location collection" function, then through the "location inventory" function, inventory results can be outputted according to books' location, partition and shelf number, thereby documents that are "not on the shelf" can be found.

Shenzhen Library designes and inventes the first RFID smart book conveyor in the world, with books loading and shelving functions. A new document sorting mode was raised, which laid the foundation for the development of self-service library system.

2. Monitoring and Management System

In 2008, Shenzhen Library developed self-service library monitoring system, in accordance with the operation management model and features of self-service library. The system can monitor the operation, resources, video information, service status, fault repair situation of self-service libraries. The system also can response in time and make scientific service process and transport route.

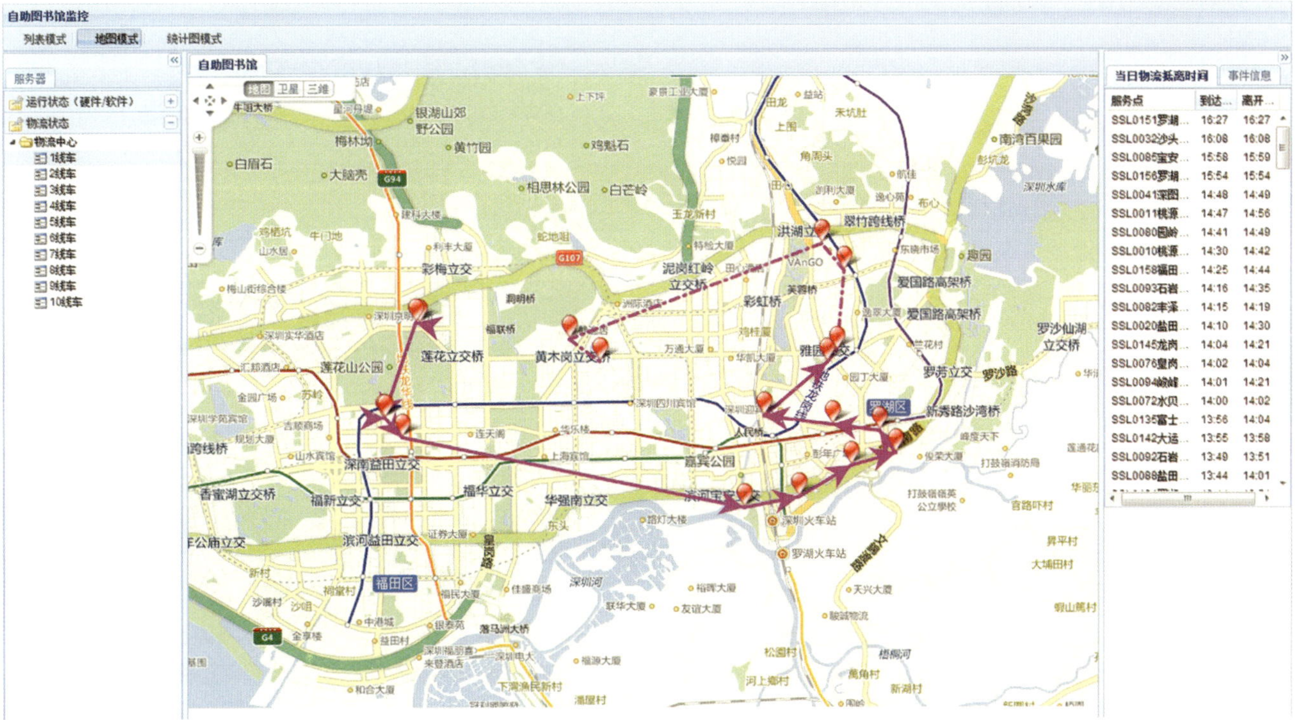

Based on self-service library monitor system, Shenzhen Library continuously integrates related technology platforms. Using common monitoring technology and open source software, Shenzhen Library developes library monitor management platform and sets up a monitoring and management center to control the network and server system, database system, self-service library system and reader service system. Normal, critical, abnormal situations can be differentiated by monitoring and management system in different color, and clearly be displayed on the screen. If the datas are above the warning line, the automatic alarm system and automatic response system will be started. The important alerts will be sent to the related staffs by short message or phone call, the general alerts is automatically processed by the system. The establishing and running of the monitoring and management system, not only enhances the ability to find system fault and speeds up recovery efficiency of the system, but also becomes an important support of decision-making management and optimizing management.

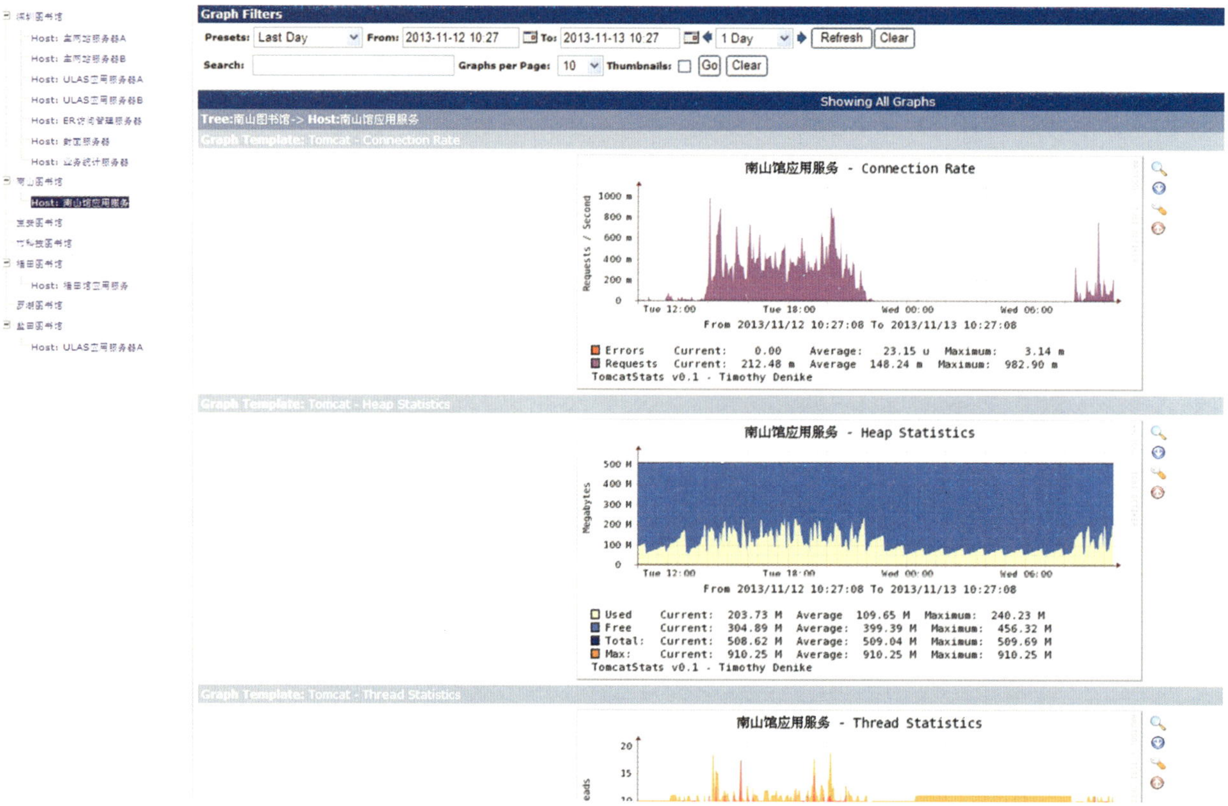

3. Visual Statistical Analysis

Statistical analysis provides the library's benefit assessment and management decision with important information and data references. Traditional automation statistical analysis of library, such as statistical analysis of readers, resources, services and so on, mainly bases on real-time working, shows by sheet, needs a longtime and displays in a vigid way.

In 2012, Shenzhen Library started to research and explore visual statistic alanalysis. First of all, through continuous data protection technology, a standby database system was established and synchronized with the core database system. Then relying on the synchronous backup system, a specialized statistical analysis platform was built to fully integrate and dig data of city libraries and application system. Then it divided the data into readers, literature, services, equipment and many other series, and got the association of library business data in the whole city through the comparative analysis of different period, different places and different dimensions. Finally, the index values, index correlation, time and space in traditional table can be rendered in a graphical, visual mode with the help of visualization technology.

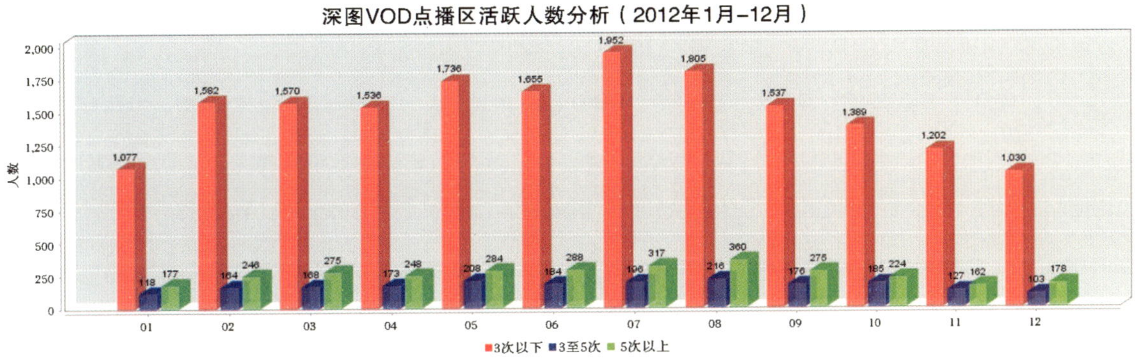

The establishment of visual statistical analysis system eases the pressure on core database system. The system sorts out statistical analysis mode and improves the statistical efficiency and the form of statistical results, which lays a more solid foundation for scientific management.

4. Cross-platform Data Digging

Shenzhen Library is a network data center of public libraries in Shenzhen, which compiles comparatively typical, comprehensive data all over the city, including basic service data, digital resource utilization data, website service data, self-service data, SMS data, mobile service data, telephone service data, and so on. Business data in one library is in a mass scale, business data among libraries grows explosively, moreover there are inextricable correlations among data. Shenzhen Library has always been committed to collect structured or semi-structured business and operations data from several platforms, and to harvest data by open source data digging tools and establish data regression analysis model, pre-built database of correlation among data with association rules, then to display data through visualization technology, and provide delicacy service and quantized decision management with data support.

At present, Shenzhen Library has used cross-platform data digging in book shelving analysis, website function adjustment, self-service library sites adjustment and in books recommending, aid decision making on documents resource allocation, documents purchasing, rules decision of e-reading room, reader activity and so on.

Based on service data digging of library service points dimension, cross-platform data digging provides quantitative management of readers' service of service points, also can form various analysis results in short time. Based on service data digging of readers' dimension, cross-platform data comes main source of readers "personal reading bill" service, also makes it possible to analyze readers' habits while using library by readers' age, education, and major situation. Based on service data digging of several library service platforms, the comparative analysis of multi-platform services can be formed.

Section 7

Business Research Promotes Library Development

1. Regulations and Business Norms

Shenzhen Library attaches great importance to construction of rules and regulations. The library gradually forms a normative management and working pattern which administered, assessed and appraised by regulation. While the new library opened in 2006, Shenzhen Library made a series of rules and regulations. In 2012, in order to further strengthen the construction of library regulations and business norms, Shenzhen Library set up compilation committee. Following the principle of scientificity, effectiveness and pertinence, they elaborately organized researching, sorting out, checking and reviewing work of regulations and business norms, in order to coordinate and unifies regulations and business norms. *Shenzhen Library's Regulations and Business Norms Pandect* (*hereinafter referred to* "*the Pandect*") published in 2014 had been made and revised 145 regulations and business norms, with the basic framework of 7 categories including affair and resources planning and construction, readers service organization, computer network and software system management, personnel management, financial management, city of library and sharing project management. 21 items of the original regulations were revised, 36 items of new regulation and 88 items of business norms were added.

Shenzhen Library actively participates in national and provincial construction work of standardization. The library participates in the rule-making about RFID Data modal held by Ministry of Culture and hosts the formulation of *Basic Level Library Service Norm*. It also participats the formulation of *County Public Library Business Norm*.

As the related business of Shenzhen "City of Library" continues to expans, Shenzhen Library continually summarizes the experience, so 3 development will be innovated through business research, and sustainable development will be promoted by standardization. In recent years, a series of "City of Library" business norms had been set up, including city-level standards *Application Norm of RFID Technology in Public Library* and *Application Norm of Unified Service Platform in Public Library*.

2. Research Project and Subject Research

Shenzhen Library have taken more than 10 national scientific research projects and won awards for many times. Nearly 20 monographs which covered the entire development history of the library have been published one after another, involved the concept, services, technology, catalogue and "City of Library", self-service library and so on.

Integrated library automation system (ILAS) is the early research project untaken by Shenzhen Library. As ILAS technically innovated, Shenzhen Library developed a number of outstanding technicians on the development and application of library automation system. At the same time, strong atmosphere of scientific research and new technologies application has been created in Shenzhen Library gradually.

"Research of digital library system and development of application platform" is the national key scientific research project. The final product "digital library application system" 11 (dILAS) passed technical appraisal by Ministry of Culture in May 2005. dILAS becomes the core system for the full implementation of computerization management and self-service of the new Shenzhen Library, also becomes the basic platform of promoting unified service and omnimedia service in the "City of Library".

"24-hour self-service library system on city blocks" (hereinafter refer to "self-service library") was the research project of Ministry of Culture undertaken by Shenzhen Library in 2007, and was accepted by Ministry of Culture in June 2009. Its development and success markes a new stage of Chinese public library on service extending and high-tech application. Based on RFID technology and integratied a variety of high-tech, a self-service library can store more than 400 books and quickly lay on blocks. The self-service library can provided with reader registration, books borrowing and returning, literature search, digital resources service and other functions, self-service library takes full-self-service mode. It can service for 24 hours, and it is a new city library network that is independent, free and convenient.

In April 2014, accepted by the Ministry of Culture the project *Research on Modern Science and Technology Application in Public Libraries* is the first key project of science and technology enhancement program of Ministry of Culture. The project objectively and completely summarizes the status of science and technology applications in public libraries, and enhances the entire cognition on the nature and methods of science and technology application in public libraries. The project suggests a general mode of library science and technology application in line with the development trend and forms a number typical system cases and relevant results. The project has important promotional value and reference meaning to science and technology application in library.

To promote librarians' business level and quality and drive business development, Shenzhen Library constantly consolidates the business infrastructure and actively promotes delicacy service and business research. In 2014, Shenzhen Library organized 28 business research projects, covering main business fields and key problems, 19 of which have been accepted and turned into applications and dynamic tracking.

Shenzhen Library key scientific project list

No.	Project name	Project Level	Project time
1	Real-time multi-user computer light pen circulation management system	Project of the Ministry of Culture	6/1987
2	China National Bibliography retrospective database	Project of the Ministry of Culture	1/1999
3	Integrated library automation system (ILAS)	Project of the Ministry of Culture	1988-11/1991
4	Intergated library automation system (ILAS II)	Project of the Ministry of Culture	5/1998—7/1999
5	Unified acquisition and cataloging system (UACN)	Project of the Ministry of Culture	6/1997-7/1999

(continuous)

No.	Project name	Level	Project time
6	Regional digital library network architecture research and development (research of digital library system and development of application platform)	National high-tech project of the Ministry of Culture	12/2001-5/2005
7	24-hour self-service library system in city blocks	The Ministry of Culture	7/2007-6/2009
8	Public library management system study	legislative important research topic on *Public Library Law*	1/2009
9	Service mode innovation of the library—development and implementation of self-service library	National culture innovation program in 2009	2009-11/2012
10	Research on implementation means of library professional qualifications authentication in China	project of special funds of Library Society of China in 2013	2013-2014
11	Research on public libraries' the public reading activity and construction of learning-type society	project of National Planning Office of Philosophy and Social Science in 2013	2013-2014
12	Research on modern science and technology application in public libraries	key project of science and technology enhancement program of Ministry of culture	7/2010-4/2014

3. Public Library Institute

In November 2009, Shenzhen Library set up Public Library Institute, with "frontier, innovation and sharing" as its research policy, with public library theory and practice as its research guidance and the mission to promote the development of domestic public libraries.

Public Library Institute is the first professional research institution taking public library as study object, also is an academic research institution facing the whole country, but with international vision.

Public Library Institute widely invites famous experts and

public library managers at home and abroad as researchers and establishes a wide academic network. Proposing and completing related research subject and holding academic conference and summit, Public Library Institute researchs around major theory and practice problems of public library development at home and abroad. Public Library Institute launchs research results to government and the public timely and publishes academic works. The institute provides government decision and regulations development with reference and applys research results timely and effectively. Therefore the institute promotes the development of the public librarianship, publicizes public library values to society and enhances the industry influence.

While Public Library Institute was established, the first Public Library International Summit Forum was held. With the heads of library organizations, famous public library directors, experts and scholars at home and abroad gathered to discuss public library cooperation and development. In November 2010, "2010 Public Library Summit Forum" and the annual meeting of Public Library Institute were held jointly by Public Library Institute and Shenzhen Library, the theme was "Development and Transcendence: present and future of Chinese public library development".

Since the establishment of Public Library Institute, *Blue Book of Chinese Public Library Development* (2010) has been authored which is the most systematic, abundant and innovative book in Chinese library industry Public Library Institute also has planned and organized the compiling series of books about *Library Scientists*, in which *Hwa-Wei Lee* (the famous library scientist in the United States) *Corpus* won 2011 the best book award of Chinese American Librarian Association.

Section 8

Social Attention and Honors

Shenzhen Library's innovation on services and technology gets much attention from the media and gains approval by the industry and full appreciation from the public and leaders at all levels.

In January 2008, in the "Chinese book industry annual award in 2007", jointly organized by the *Publisher* periodical and Sina, Shenzhen Library was elected as "the best library in 2007" by Chinese netizens. In 2014, there were more than 20 newspapers, main media and websites reporting Shenzhen Library, with 563 paper reports and nine TV news.

媒体报道汇总表

媒体	名称	级别				数量	小计
		中央部级	省级	副省级	其他		
报纸	人民日报	6				6	563
	中国青年报	1				1	
	中国文化报	6				6	
	图书馆报	2				2	
	南方日报		9			9	
	南方都市报		33			33	
	广州日报			8		8	
	羊城晚报			12		12	
	深圳特区报			104		104	
	深圳商报			152		152	
	晶报			60		60	

The first vice-president of IFLA, Mr. Bowden said with emotion, "I've visited to many libraries all around the world, this library (Shenzhen Library) can claim to be the busiest library in the world." While Dr. Hwa-Wei Lee, library director of Ohio University, visited Shenzhen Library, he praised highly of innovative service concepts and management models of Shenzhen Library and signed "friendly cooperation and exchange agreement" with Shenzhen Library. When IFLA secretary-general, Jennifer Nicolsoninspected Shenzhen cultural development and library construction, she highly acclaimed construction and service of Shenzhen "city of library", pointed that "libraries in Shenzhen have developed into a great international window."

潘九堂： 这只是一个普通社区图书馆，在城中村和小区结合部，有不少好书。深圳有数百家这样的社区图书馆，可自由进入阅读自习，100块押金可借5本，各网点通借通还，这是深圳最值得骄傲的公共设施@深圳图书馆。一个人如果可连上图书馆式互联网，就没理由为自己不求上进和没文化找借口了，过几天去办借书证。（2月8日17：56）

hi百采： 深圳最值得骄傲的公共设施 //@深圳图书馆：回复@crystal_song521(2月10日09：36)

奇袜小姐高宇婧： //@蔡小东 zZ这的确是深圳值得骄傲的地方，而且每到周六日深圳图书馆人流量都特别多，尽管如此，环境还是异常的安静没有任何噪音

Central and provincial leaders inspected Shenzhen Library services for many times and made important instructions. In August 2011, before the opening ceremony of the 26th Universities' Summer Games, General Secretary of the Communist Party of China, Chinese

President, Chairman of the Central Military Commission at that time, Hu Jintao visited self-service library points, experienced the self-service process, praised that self-service library is convenient and beneficial for the public.

Shenzhen Library provided caring services to every reader therefore gained recognition and praise from the public: "I spent every night and every weekend in Shenzhen Library for almost three years. I wouldn't leave and carry my heavy bag to catch the bus until the closing music sounded, thanks to Shenzhen Library!" " When I first came to Shenzhen, with the help of my aunt, I had my readers card. How honorable! I've used it for six years. I feel it better and better now. I like Spain language corner and photography training class very much!" "I have seen many public libraries over the years, however none of them is like Shenzhen Library which I fall in love with at the first sight!" Speaking of self-service library, citizens commented that: "The books are sent to my house. I feel it hard to refuse reading!" "I'm going to stay here. Shenzhen is a nice city. There is something other cities do not have!"

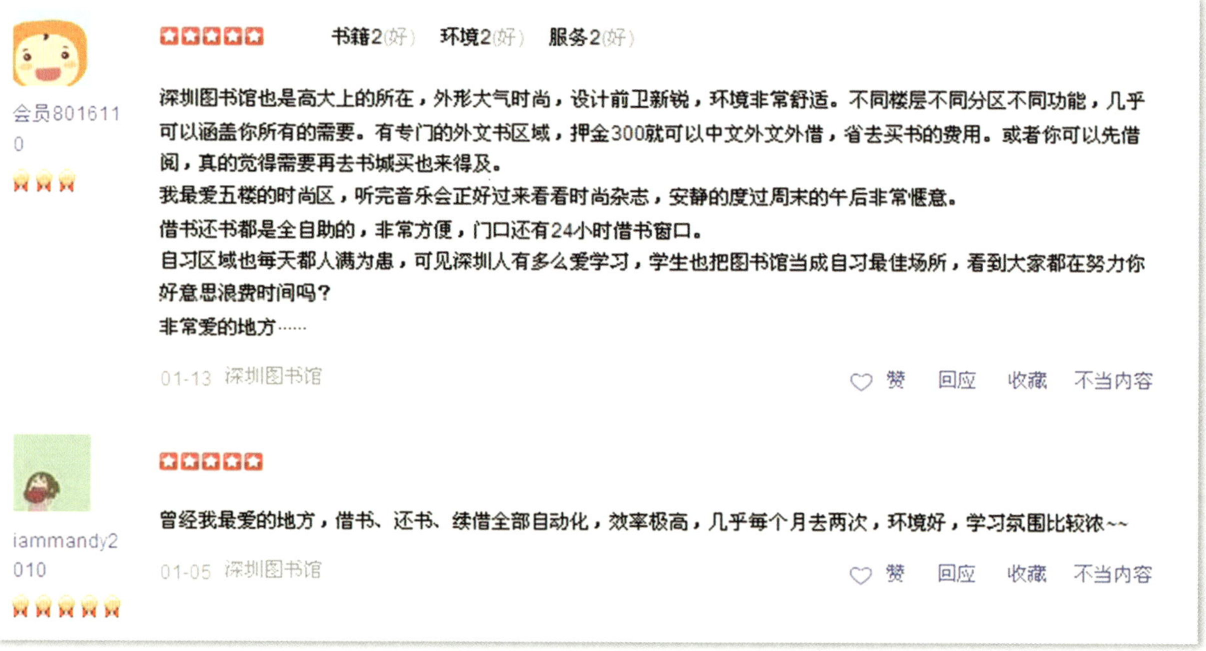
会员8016110
书籍2(好) 环境2(好) 服务2(好)

深圳图书馆也是高大上的所在，外形大气时尚，设计前卫新锐，环境非常舒适。不同楼层不同分区不同功能，几乎可以涵盖你所有的需要。有专门的外文书区域，押金300就可以中文外文外借，省去买书的费用。或者你可以先借阅，真的觉得需要再去书城买也来得及。
我最爱五楼的时尚区，听完音乐会正好过来看看时尚杂志，安静的度过周末的午后非常惬意。
借书还书都是全自助的，非常方便，门口还有24小时借书窗口。
自习区域也每天都人满为患，可见深圳人有多么爱学习，学生也把图书馆当成自习最佳场所，看到大家都在努力你好意思浪费时间吗？
非常爱的地方……

01-13 深圳图书馆 赞 回应 收藏 不当内容

iammandy2010

曾经我最爱的地方，借书、还书、续借全部自动化，效率极高，几乎每个月去两次，环境好，学习氛围比较浓~~

01-05 深圳图书馆 赞 回应 收藏 不当内容

List of Shenzhen Library's main award

Award time	Honor	Award project	Award unit
11/1988	Science and technology progress 2nd prize of the Ministry of Culture	Real-time multi-user computer light pen circulation management system	The Ministry of Culture
12/1989	The first "national civilized library" title		The Ministry of Culture
1992	The provincial advanced unit in cultural system		Department of Culture of Guangdong Province
8/1992	Science and technology progress 1st prize of Department of Culture of Guangdong Province	Integrated library automation system (ILAS)	Department of Culture of Guangdong Province
11/1992	Science and Technology progress 1st prize of the Ministry of Culture	Integrated library automation system (ILAS)	The Ministry of culture
5/1993	Science and technology progress 1st prize of Shenzhen	Integrated library automation system (ILAS)	Shenzhen City
8/1993	Science and technology progress 1st prize of Department of Culture of Guangdong Province	Integrated library automation system (ILAS)	Department of Culture of Guangdong Province
11/1993	Provincial Civilized Library		Guangdong Province
12/1993	Science and technology progress 3rd prize of China	Integrated library automation system (ILAS)	State Scientific and Technological Commission
9/1994	"Science and technology invention and innovation" award by UN	Integrated library automation system (ILAS)	National Bureau in China Technology Information Promotion System by United Nations
10/1994	Science and technology progress 1st prize of the Ministry of culture	Application of integrated library automatic system	The Ministry of Culture
12/1994	The second "national civilized library" title		The Ministry of Culture

(continuous)

Award time	Honor	Award project	Award unit
4/1995	National culture advanced unit		The National Ministry of Personnel, The Ministry of Culture
10/1999	The first level public library		The Ministry of Culture
11/1999	Science and technology progress 1st prize of the Ministry of Culture	Library automation network system (ILAS II)	The Ministry of Culture
12/1999	Advanced unit of national sci-encepopularization work		The Ministry of Science and Technology, Publicity Department of the Central Committee of the Communist party of China, China Association for Science and Technology
2004	Advanced unit of Guangdong Province Cultural Information Resources Sharing Project		Guangdong Province Cultural Information Resources Sharing Project Leader team, Department of Culture of Guangdong Province
11/2005	The first innovation award of the Ministry of Culture	local literature purchasing and cataloging collaboration network (CRLNet)	The Ministry of Culture
1/2008	2007 best library		*Publisher* periodical& Sina
10/2009	The third session innovation award of the Ministry of Culture	"self-service library on city blocks" project	The Ministry of Culture
10/2009	The third session innovation award of the Ministry of Culture	"The public cultural forum in Shenzhen" (co-organized by Shenzhen Library)	The Ministry of Culture
6/2010	The fifteenth Stars Award	"self-service library on city blocks" project	The Ministry of Culture

(continuous)

Award time	Honor	Award project	Award unit
3/2013	Characteristic culture brand of Guangdong Province	Shenzhen "city of library" unified service	Department of Culture of Guangdong Province
11/2013	2012 the public reading advanced unit		The Library Society of China
2014	National blind reading promotion outstanding unit		China Association of the Blind, China Braille Publishing House, China Blind Library, National Committee of Reading Promotion for Blind

深圳图书馆
自助图书馆

03

Chapter 3
“City of Library” Service Integration

Adhering to "co-construction and sharing" development concepts, Shenzhen Library world constantly promoted the process of services integration. They innovated new mode during construction and collaborated with each other in management. From the joint "unified loaning and returning" in 2004 to the "unified service" among the whole city in 2009, from the "Shenzhen Document Database" in 2009 to "Shenzhen science and technology literature information platform" in 2012, from the construction of self-library network in 2008 to the implementation of Shenzhen swap-library project, under the current system, Shenzhen Library world devoted to provide the public with undifferentiated services on the same platform, to promote the unified reveal and access of paper and digital resources in the whole city, and to make literature resources security system continuously enriched and improved. Shenzhen "city of library" construction has changed from quantity to quality. "One library" in the city has begun to take shape.

Service System of
Shenzhen Library Network
CITY OF LIBRARY
图书馆之城

Shenzhen "city of library" is currently one of the most outstanding achievements in the field of culture, has become a city brand of public cultural service in Shenzhen and one of the most important mode of public cultural service system in China.

Section 1

Unified Service of Public Libraries in the Whole City

With the significant support from the governments, Shenzhen public libraries at all levels grew fast in a short period and formed a structure with municipal, district, street, community libraries. District libraries and street libraries played an important role in the development process of city public libraries. However, with the development of the whole city, differentiation among libraries at all levels had become increasingly prominent, public demand for library services continued to increase. Therefore, it is imperative to promote libraries with different management subjects to achieve unified service.

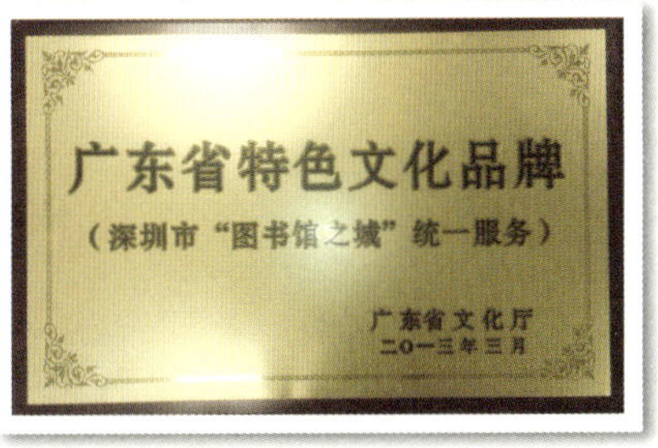

In 2009, as Shenzhen Municipal Bureau of Culture promulgated *the Construction Program of Shenzhen "City of Library" Unified Technology Platform*, the city's public library unified service started. Based on unified card identification, unified document identification, unified application standards of RFID technology, unified service items and service rules, city and district libraries built a unified service platform. Following the principle of "seek big common points while reserving small differences", while a library is ready to join, it would be involved in unified service. Libraries continued promoting one-card

一证阅遍"图书馆之城"统一服务全城均等

access, unified loaning and returning as well as resource sharing. By the end of 2014, 226 public libraries at all levels including two municipal libraries, eight district libraries and 220 self-service libraries joined the unified service. People with reader's card was capable to use all resources and could enjoy all kinds of library services, as long as the library was joined unified service platform.

In 2013, Shenzhen " city of library " unified service was awarded " Guangdong characteristic cultural brand". In 2014, the city's unified services brold reader's cards more than 1. 25 million copies and unified service circulation reached 4. 13 million times and 16. 46 million volumes.

1. Unify Business Standards and Rules

Unify Reader's Card and Document Identification

Unifying reader's card identification means: with the premise that libraries make and issue reader's card respectively, the codes, specification and design of reader's card are unified, in order to ensure readers' unified authentication and information management on one system platform and realize one-card access in the city. The number of reader's card use 13-bit code, with the former 6-bit as library code and the latter 7-bit as swift number. Reader's card has a built-in RFID chip, with the logo of "city of library" unified service on the cover.

Unifying literature identification means: with the premise that libraries purchase and process literature respectively, the codes of literatures are unified, in order to ensure literatures' unified identification and information management on one system platform. The number of literature identification use 14-bit code, with the former 6-bit as library code and the latter 8-bit as swift number. The literature identification uses both bar code and RFID label. A unified bar code number is allocated to collection literature, then written in the RFID label.

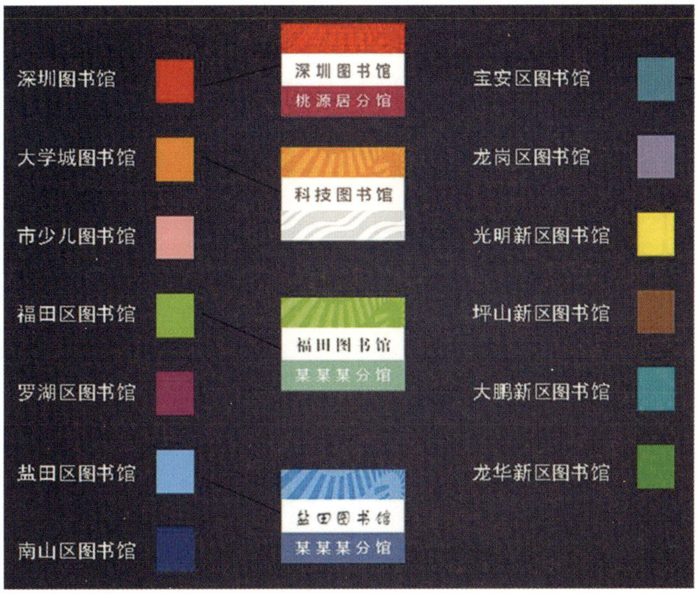

Unifying collections' color code means: with the premise that remain the original form of collections' labels not changed, different colors are assigned to different libraries. Then combining with the logo of libraries, specific collection identifications of each library are formed. Literature color codes are stuck in the upper right corner of back cover in order to enhance the recognition of collections in each library. Moreover, libraries are allowed to add special logo under the unified literature color code in order to make it easier to sort and manage different types of literatures from different libraries manually.

Unify Application Standards of RFID Technology

Since Shenzhen Library has fully used RFID technology in 2006, "city of library" unified service already took the application of RFID technology as important work content in intial plan, and made a series of RFID application standards. On the basis of unified standards of RFID technology application, as unified service was promoted among the libraries, the popular application of RFID technology and self-servicewas also promoted in the city and the foundation of the intelligent management of libraries in the city was laid.

In 2010, Shenzhen Library participated in the industry standard setting of *RFID-Library-Database* organized by the Ministry of Culture and National Library of China. In 2014, based on the comprehensive summary of "city of library" RFID applications, Shenzhen Library established the standard *Business Norms of RFID Technology Application in Public Library*, and guided the city's public library at all levels to introduce RFID technology and equipment. The library also made RFID application system plan, and did the construction and operation management of the system. Meanwhile, it provided reference to RFID technology application in other libraries in China.

Unify Service Items and Rules

As the libraries had formed diversified service items and rules, Shenzhen Library tried to unify all those main items into one service range, including registration, loaning, reading registration, e-reading room management, self-print and the like. Around these items, the city library and district libraries jointly developed unified service rules, including library ID registration rules, loaning and renewing rules, loss process rules, overdue process rules, delay rules, punishment rules, reservation service rules, e-reading room service rules and so on. All libraries that joined unified service provided the citizens with undifferentiated service in accordance with unified service items and service rules. The platform provided necessary technical support for other special services through the unified authentication.

Loaning service is the most basic service of the library, The rule normalized and unified main literature type in public library, such as Chinese books, foreign books, children books, braille literatures, audio-visual materials and the like, in order to make different reading and loaning rules according to different literature types in the whole city. In addition, the rule flexibly set up several service items and rules, also solved service management problems about special literature types in the libraries.

Unify Business Process and Rule

Unifying service requires not only a system platform, but also the comprehensive standardization of business process. After sorting out the original business, Shenzhen Library summarizes the main business works of "city of library" unified service and unifies the working process, working link and operation method of various business for instance library ID registration, loaning and returning, reading, using computer and so on. Besides, with application system, a set of unified service business specification are established, including *Working Rules of Readers and Circulation Affair of Unified Service*, *Working Rules of Unified Technical Platform Management*, *Working Rules of Financial Settlement of Unified Service*, and the like.

With the function of reading, loaning, network service and prestoring fee in the Shenzhen "city of library" reader's card, readers can apply for new card, renew or cancel the card and apply for or cancel some services at city or district libraries and designated service point, readers also can report the loss of reader's card through telephone, short message and website. All the 220 self-service libraries in Shenzhen can handle the application of new reader's card. Readers can read and borrow literatures from every library and self-service library, and return them at any library. Readers also can renew the book through telephone, short message and website, ete.

Readers can directly pay the overdue fee or use the advanced payment self-deduct services at any library or self-service library . Moreover, unified service also regulates the financial affairs among the city's libraries and clears the allocation of deposit, overdue fee, library fine, print cost in the service or fees during service. The principles of settlement, as well as financial transition processes, are set up, which realizes necessary financial settlement among the city and district libraries.

2. Unify Service Technology Platform

To meet the more complex running requirements of system and data management environment of Shenzhen "city of library", to support diversified business modes, to adapt growing business volume of "city of library", and to guarantee normal running of "city of library" business, Shenzhen Library led to build up the scientific, applicable network architecture in the city, constantly introduced, integrated, and optimized computer network system, storage system, server system, database system and application software system and so on, independently invented center management system of "city of library", integrated data from the libraries and built up network data center with high availability, therefore realized the efficient exchange of visit among the libraries.

In 2014, Shenzhen Library led to make the *Standard of Public Library Unified Service Technology Platform Application* that became the specialized guidance documents for Shenzhen public libraries to join unified services and adopt unified service technology platform.

Network Data Center

Relying on Shenzhen Library's computer network system, the "city of library" network data center deployed sets of server clusters with high-end minicomputer as the core. The core database used IBM P690 high-end minicomputer cluster, digital resource server and WEB server used IBM P570 minicomputer cluster. Other types of application servers used virtualization technology and deployed "city if library" center management system, self-service system, SMS systems, reference systems, statistical analysis service system, reader authentication system, mobile service system, and so on. Core storage was HP XP series storage system with FC-SAN structure and equipped with double-link fiber access channel. It re-

alized data synchronization on memory level by using BC rapid replication technology, and could remove an entire needed set of data from the specified time point. Network data center introduced tape library and virtual tape library groups, did database incremental backup every day and did database full backup weekly.

In 2013, network data center introduced database synchronization software, realized local and offsite backups on database-level. Database synchronization time difference reached second-level, further ensured data security.

Distributed Network Architecture

Network data center deployed two different ways to distribute network architecture.

VPN virtual private network was set up for "city of library" unified services and self-service libraries. Making full use of the advantage of VPN technology, the safe and fast channel was established among all the libraries and self-service libraries.

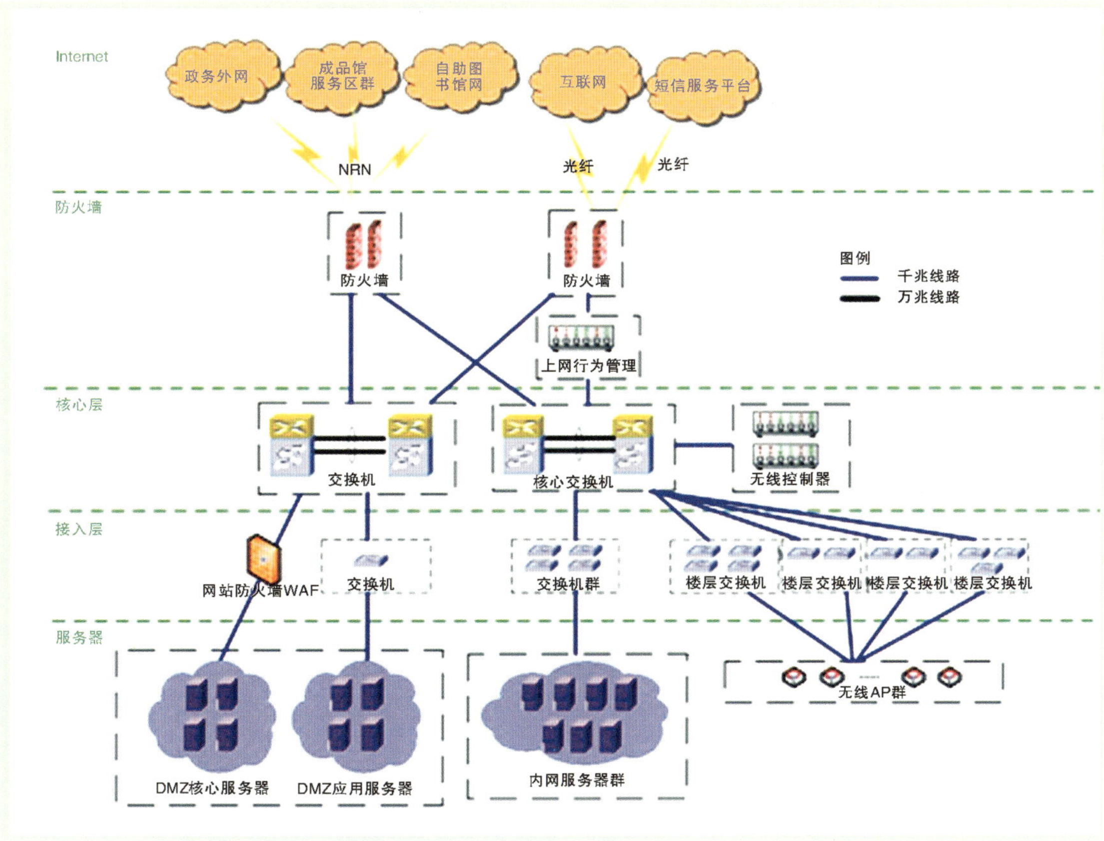

The network set the Internet behavior management device at the network main channel and deployed Web firewall WAF at the front end of Web server, to effectively block network intrusion and make sure the availability, integrity and confidentiality of public libraries network system and application system.

To reduce network data center's load and share service pressure, the main application systems used a distributed network architecture: install front application server in each library, deploy applications such as library normal business, retrieval services, statistical analysis, data output, and so on, and work with network data center core servers, which improved the efficiency of the entire system.

Layered System Assurance

Network data center adopted high-reliability system assurance strategy, and deployed database systems, middleware to balance the load. Therefore the business of "city of library" could keep uninterrupted, and also the security and flexibility of the system could be improved.

Relying on the reliable storage system, double-server system and disaster tolerance backup system, database systems layer was deployed in the LAN to make sure the security of database.

The middleware layer, such as B/S middleware, C/S middleware and various application servers and so on, was set up between the database system layer and the external application layer, combining local deployment with off-site deployment, usually deployed in VPN network, took a certain redundancy into account, in order to balance the load and recover the system.

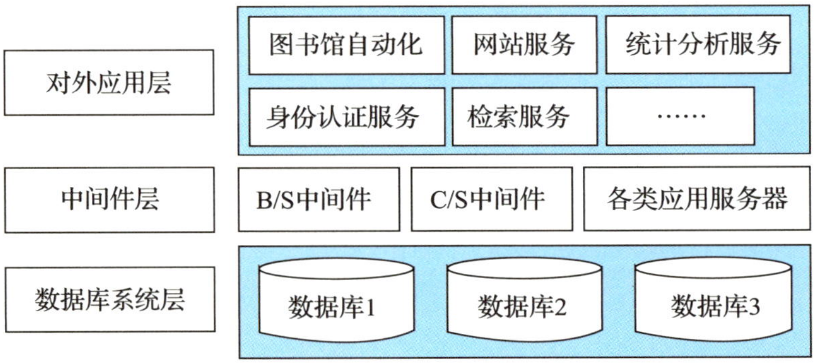

External application layer was deployed on specialized servers, or pre-posed to the application server of the libraries, in order to improve the overall performance of the system.

Center Management System

Shenzhen Library took the national key scientific research project on "Architecture Research of Digital Library System and Development of Application Platform". The research focus on structure system of digital library and construction mode of application platforms under complex environment. Relying on the results of the research project, combined with the specifil situation of Shenzhen Library, Shenzhen Library developed United Library Automation System (ULAS for short), and continuously expanded and optimized the system, to promote united services and self-service in the city, and to achieve integrate service management.

United service's main implementation work is launched around ULAS switching and data consolidation. In October 2009, Shenzhen Library's core application system was successfully switched to ULAS, self-service libraries in the city were taken into the united technology platform. In March 2010, Longgang District Library and its 16 branch libraries were united, using ULAS to manage united service. Until April 2012, city's district libraries and the main branches realized united service by ULAS. In December 2013, Shenzhen University Town Library (Shenzhen Science and Technology Library) successfully switched to ULAS.

Today, ULAS has become an important support of "city of library" united service and integrated service management, of which the business fields cover acquisition and cataloguing management, collection management, readers service and other basic business, and it is also the support of self-service equipment, self-service libraries, voice services platform, Web services portal, micro-platform, mobile service platform and other system business.

3. City Library Literature Guarantee and Deployment

Literature Allocation Rating System

Promoted by the government, Shenzhen city and district public libraries, according to the requirement of *The Work Program of Implementing Indicator System of Shenzhen People's Livelihood Welfare and Public Library Collection of Books Per Capita* and *Implementation Plan of Index Assessment of Shenzhen People's Public Library Collection of Books Per Capita*, gave play to the advantage of each district and library, advanced the construction of literature guarantee system. The total amount of literature resources had begun to take shape. Multi-level literature guarantees system which guarantee original service, reservation service, local literature service and digital service were built gradually.

Chinese book and services guarantee system of Shenzhen are assumed by Shenzhen Library. Shenzhen Library collected all varieties of the literatures that meet collection development policy, and other libraries can supplement the variety complementary books.

Shenzhen Library is the local document center of Shenzhen. According to the deposit system, Shenzhen Library comprehensive receives publication samples from Shenzhen publishing houses or organization with responsibility for press. Meanwhile, Shenzhen Library releases documents requisition information to the public through the media, to collect various types of local characteristic literature that in line with collecting principles from organization and individuals. At present, municipal and district libraries are extensively cooperating on the construction of Shenzhen local documents. Based on union catalog of local literature, they share the responsibilities on local documents collection, organization, storage, digitalization and service.

City and district libraries allocate the basic literature for lending service respectively. Basic literature of grass-root libraries in each district are mainly purchased, cataloged and deployed by district library. For instance, Futian District Library, there are one district level library, 10 street branch libraries, 94 community libraries. Each new branch library is equipped by the district library with 3,000 books, 20 kinds of newspapers, 100 kinds of periodicals.

Shenzhen Library has been providing reservation services from August 2008. Till now, there were 595,000 volumes of books put into reservation services, and the ability of storage site and fetching books manually, the number increased continually. In 2011, Shenzhen Municipal Bureau of Culture Sports and Tourism enacted *Shenzhen "City of Library" Reservation Service Implementation Program*, asking all the district libraries to establish reservation bank and join the city's united reservation services. At present, Yantian District and Longgang District have already established reservation bank and provided services.

Digital resources of Shenzhen region are procured by municipal and district libraries. In 2010, in line with the construction of "Shenzhen literature database", digital resources joint procuring group was set up. Shenzhen University Town Library (Shenzhen Science and Technology Library) took the lead, coordinated with Shenzhen Library, Shenzhen University Library, with the joint participation of other libraries, promoted united procurement of digital resources in the city.

Logistics Rating System in the City and District

Due to paper documents distribution, reservation books sending and literature sending back to the library regularly, literature would circulate in the city-wide, which needs logistics services.

Logistics system of Shenzhen "city of library" is mainly composed of city-district public libraries logistics, district public library logistics, self-service library logistics. Governments invite public bidding, introduce professional logistic company, build professional logistics team, to complete the distribution and transfer of documents.

Shenzhen Library is responsible for logistics among city-district libraries. Logistic teams take and send documents among city and district libraries weekly. District library is responsible for logistics at district level: logistic teams take and send documents in the district regularly, including allocating new literatures, literature deployment and returning documents back to the library. When district-level logistics find documents that don't belong to the district library, they gather all of them to district library, and then turn them to city-district library logistics to transfer. Shenzhen Library is in charge of the logistics of self-service library, including document allocation, reservation books sending and literature sending back to the library. Different from the district logistics, self-service library logistics have more frequent running, more complex work and are organized according traffic line instead of administrative areas, in order to improve efficiency.

Shenzhen City's Library Dispensing Stack

With the development of libraries in Shenzhen, collection space of public library is becoming saturated. In order to further strengthen and perfect Shenzhen multi-level literature guarantee system, construct a modern literature reservation, deployment, distribution and transferring center, build a proactive network data center and disaster tolerant center, upgrade overall service capacity, effectively solve the urgent problem that public library collection space is insufficient, with vigorous support of government, Shenzhen Library takes great efforts to promote related work on "Shenzhen city's library dispensing stack" project (hereinafter referred to "dispensing stack"). The project was listed into the 12th Five planning of Shenzhen "city of library" construction, and was included in 2015 major projects in Shenzhen. Now the project has entered design and bidding stage.

Dispensing stack sites at the junction of Tenglong Road and Zhongmei Road in Longhua new district, in the core of Shenzhen sub center, close to Shenzhen North Railway Station. The south side of the stack is cultural blocks in the planning. The stack is surrounded by mature large-scale residential community. The dispensing stack is designed to hold 8 million books, is the infrastructure engineering of Shenzhen "city of library" construction, is the important resource platform of Shenzhen as "the public reading model city", is the important cultural facility of the special zone, is the livelihood project for public culture and education service.

Section 2

Self-service Library All over the City

“Self-service library system in city blocks” (hereinafter referred to as “self-service library”) is the cultural innovation project established by the Ministry of Culture and self-developed by Shenzhen, is an important part of Shenzhen public cultural service system construction, is an important measure to guarantee citizens' basic culture rights, to promote equalization and facilitation of public library services. By the end of 2014, there had been 220 self-service libraries in Shenzhen. The construction and operation of self-service library improved the city image and social influence of Shenzhen, accelerated the construction of “city of library”. The project lets the country and the world to feel the refreshing library services, becomes the innovation focus of public cultural service system.

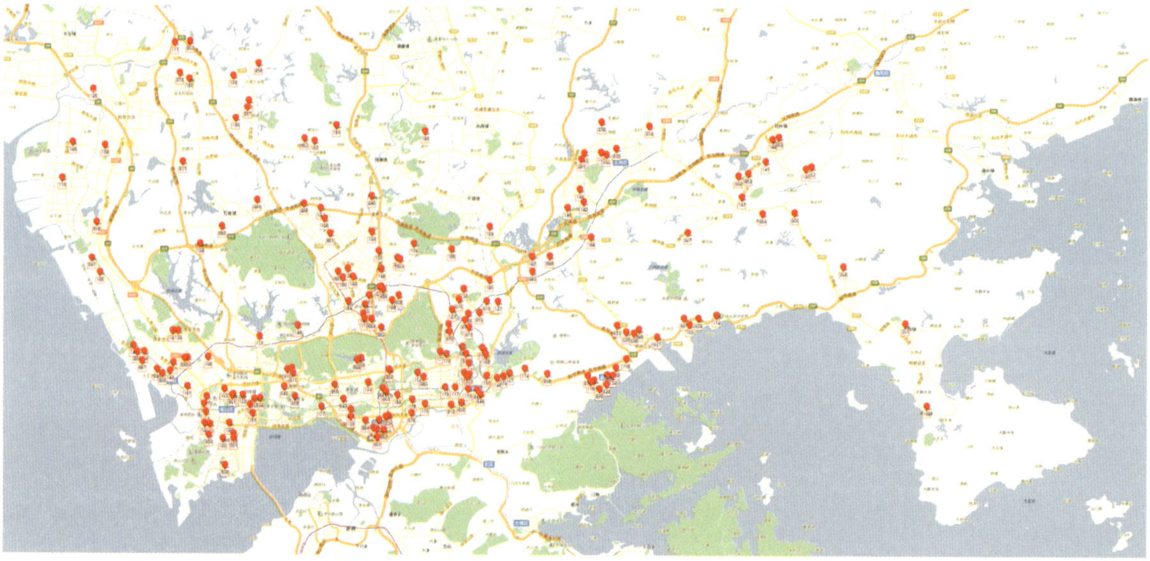

Since bringing into service in July 2008 to the end of 2014, self-service libraries had totally lent and returned books for 11.86 million volumes/times, handled 13.3 million pieces of reader's cards, sent 61,800 volumes/times of reservation books.

1. Self-developed Self-service Library

Self-service library adopts unified technical and service standards, offers full-self-service mode, through integrated and networked construction and management, covers the city blocks, and provides equal access to basic library services.

In March 2007, self-service library was listed on construction projects of *Shenzhen "City of Library" Construction* (2006-2010) *Five-year Plann*. In June 2007, the project was included in the national research projects of the Ministry of Culture. In April 2008, the first self-developed self-service library opened service to readers outside the north gate of Shenzhen Library. In June 2009, the self-service library system project was accepted by the Ministry of Culture. Experts made such comments: "Self-service library is initiative on the service concept, service mode and service means, self-help library service machine and the integrated software systems also take the lead in China, and have no precedent in global library world."

Based on RFID technology, integrating a variety of high-tech, self-service library could store more than 400 books. Setting registration, books borrowing and returning, literature search, digital resources service and other functions in one, self-service library took full-self-service mode, was unattended, opened for 24 hours, could be laid on blocks. Self-service library let readers enjoy nearby library service, fully reflected modern library service concepts of independent, free and convenient.

Self-service library is not a once-stereotyped product. During the construction and management of self-service library, new concepts have been continually blended in, technical innovation is applied in service and management modes. In the case of equipment, Shenzhen Library constantly improved assembling process, ensured the security and shortcut of installation, enhanced defensive capacity of equipment security, and installed books disinfection devices, set rain-proof equipment outside. In the case of function, Shenzhen Library added electronic reading device, supported mobile phone reader's card, explored energy-saving mode. In the case of management, Shenzhen Library constantly promoted Network Center construction, improved monitoring management capacity of equipment, resources and service, reduced maintenance response time.

On December 6, 2009, the Ministry of Culture held conference about "24-hour self-service library system in city blocks" in Shenzhen, to promote the application in the regions nationwide.

2. Self-service Libraries Have 98% Coverage Rate

Since 2008, Shenzhen Municipal Government has been pushing the construction of self-service library, in accordance with the feature of layout, service and management of self-service library, further promoted the equalization of public library services in the city, built a nationwide reading atmosphere in the city. After 8-years-efforts, self-service libraries covering 57 streets of the city's self-service libraries coverage has more than 98%.

ntegrated Construction Led by Government

Shenzhen Municipal Government attaches great importance to self-help library projects. In April 2008, city leaders led the related department inspected "24-hour self-service library in city blocks" and held an investigation meeting. In July 2008, the Municipal Government decided to pilot 40 self-service libraries. In March 2009, the Government Office approved *the Implementation Plan of 24-hour Self-Service Library in City Blocks*. By April 2009, the 40 self-service libraries composed a new library network to provide comprehensive service, self-service library network data center and monitoring management center established. In June 2010, the city leaders hosted the meeting, to further defined the related affairs, for instance the procurement of self-service library facilities and logistics services.

家门口借还书享受"阅读便利"

As a public cultural facilities project invested by Shenzhen Municipal Government, self-service library construction had been included in Shenzhen Municipal Government Priority 2010 – 2014, and livelihood practical, the number of self-service libraries had increased continually, the layout of which had been optimized and the coverage of which had expanded.

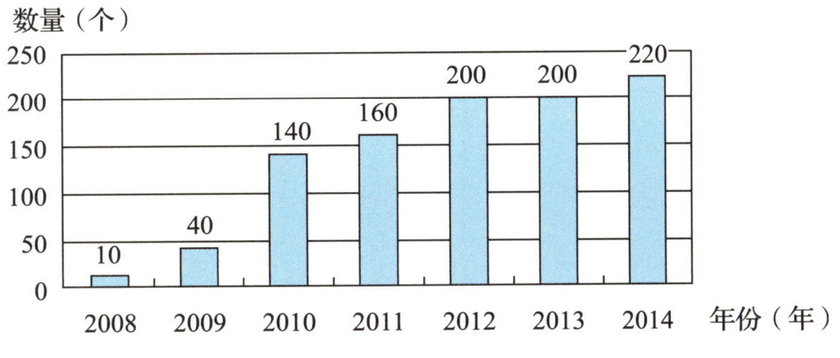

Quickly Built, Equally Distributed

Self-service library can be built very fast. The equipment installation adopts the way that factory-assembling, entire machine hoisting on site. From 2008, the self-service

libraries'construction period is only 2-3 months each year, equipment installation number reaches 2-3 machines in one day. Self-service library doesn't need comprehensive service environment: covering an area of about 7m^2, with electricity supply and the Internet. Self-service library remove is also very simple, which is good to the optimization and adjustment of the layout.

According with the plan, self-service libraries of Shenzhen were placed in the most convenient community, working area, transportation hubs and other places. The radiation radius took 1.5 km as a benchmark, below the provision that "small library's service radius≤ 2.5 km", published in *the Public Library Construction Land Use Index* in 2008.

Now there are 220 self-service libraries distributed basically balanced in each district of Shenzhen. At the same time, the layout take different needs of different types of regions into account.

Jointly Constructed by City and District, Optimize Distribution

Shenzhen Municipal Bureau of Culture, Sports and Tourism overall planned construction of self-service library of the entire city, made self-service library annual construction plan, organized self-service library point assessment, coordinated related issues of self-service library construction and management. Shenzhen Library was responsible for the implementation of self-service library, built the network data center and monitoring center, took the work of self-service library network implementation, operational management and service organization.

Listening to the advice from district governments and related departments during construction, Shenzhen Library and district libraries jointly launched field research and service point evaluation. During service point appraisement, Shenzhen Library invited some district library directors to participate in the joint planning. In the course of installation and trial operation, city and district libraries cooperated with each other closely, and promoted the relevant work jointly.

After construction for eight years, reasonable allocation principle and construction model of self-service library had been formed. In 2008, the self-service library construction suggested the "points", "lines", "zone" basic thoughts about allocation. In 2012, based on the population density of each administrative district of Shenzhen, combined with self-service network distribution status, Shenzhen Library preferentially planned the areas that are lack of cultural infrastructure at the same time with high demand. Meanwhile, combined with the construction of "city of library" service system, the self-service library system was complementary to district libraries, street libraries and community libraries, promoted the benefits of "city of library" service network.

Shenzhen Library statistically analyzed the service volumes of self-service libraries every year, combining with distribution, coverage, service object and other elements, selected service points that needs optimization or reform, then organized reform or migration, managed them dynamically.

3. Integration and socialization management

Adopt Integrated Operation Management Mechanism

Under the leadership of the Municipal Bureau of Culture, Sports and Tourism, Shenzhen Library set up a special management agency and is in charge of self-service library construction and daily management. The agency supervised the external work of logistics units and equipment maintenance units and coordinated the internal business related with self-service library, took on the works of self-service library sites implementation, promotion, propaganda, evaluation, readers advisory, and so on. Also, by using technology, the agency did intensive data analysis, find technology and management problems in time, therefore self-service library service are orderly and scientifical, and technical improvement and system perfection are raised.

Shenzhen Library made full use of manpower, technical, resource and service advantages, effectively advanced self-service library. Considering the features of self-service library, Shenzhen Library did expansion reform on the computer network infrastructure, developed self-service library management software, set up a unified self-service library monitoring platform, self-service library web services platform and telephone services platform. Library, logistics, equipment maintenance unit can monitor running indicators of self-service library, improve maintenance response time and guide the work of logistics and distribution by monitoring management.

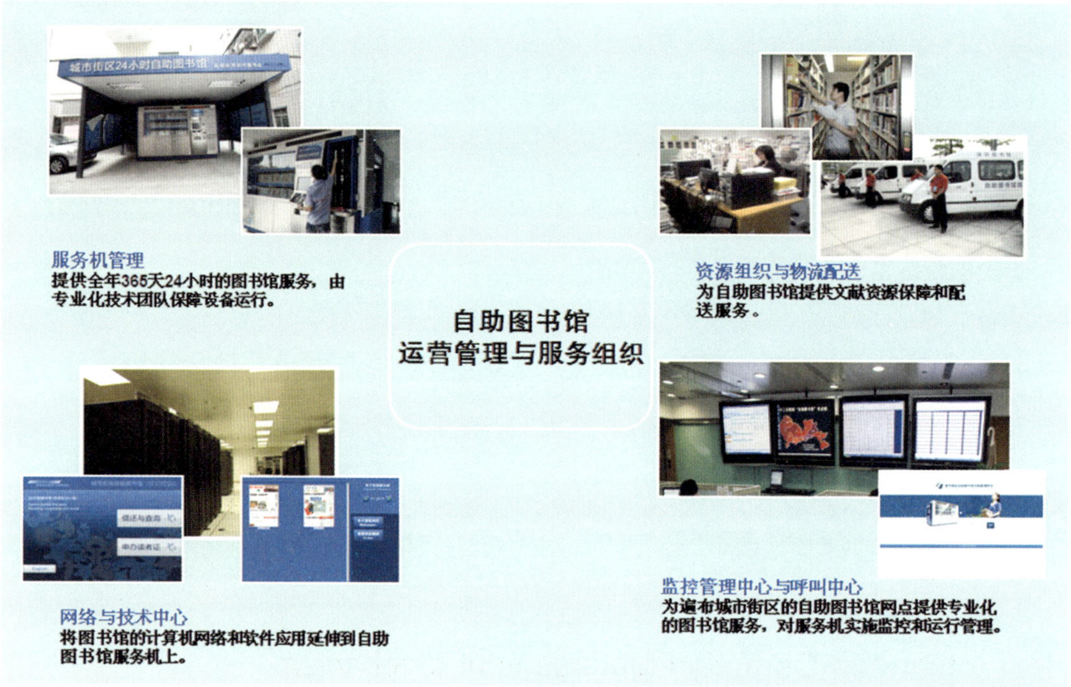

Relying on VPN technology, self-service library network realized stable data transfer between self-service library points and network data center. Readers could operate self-service library as fast as self-service equipment in the library. Various types of electronic resources were passed from network data center to all self-service library's electronic screens. Establishment of VPN network also laid a solid foundation for the effective management of self-service library network, conveniently realized remote management, software automatic updating.

Self-service library took unified document distribution mode, which could keep the relative balance of total documents in each region. In addition, self-service library can effectively control the amount of duplicates through document transfer, so that funding can be used to purchase more document varieties. Shenzhen Municipal Government had specially increased the allocation fund for the self-service library, which made sure of the literature updating of self-service libraries.

Self-service libraries locate in city blocks, of which daily management is inseparable from the participation of district libraries, so they are an integral part of the district library service. City and district libraries propagated and appraised self-service libraries in the district together. the libraries also coordinated to supplement literatures that the self-service library needed, and to solve the problems that occurred at the service point.

Adopt Socialized Service Guarantee

Self-service library requires to set up specialized logistics center, which relying on dedicated deployment stack of self-service library, to scientifically plans delivery routes, effectively organizes vehicles and personnel, and so on. Shenzhen Library, by way of government procurement bidding, introduces specialized teams and trains logistics staffs. Logistics staffs are no longer regular delivery staffs but specialized service personnel directly facing the public, which become a bridge connecting libraries and readers.

Service guarantee of self-service library service point also includes maintenance of equipment and environment. Shenzhen Library by way of government procurement bidding, introduces specialized technical teams to maintain the service machines for 24 hours, which ensure the uninterrupted operation of self-service library by monitoring, regular inspection, regular maintenance, maintenance onsite. Equipment maintenance control center, relatively fixed maintenance team stationed in line with district, core and mobile teams jointly constitutes an equipment maintenance network covering the city.

To summarize the developing course of self-service library service system, Shenzhen Library organized to write a book called *Innovation and Transcendence —Construction and Practice of Self-service Library Network in City Blocks*, which recorded the concept, technology, construction, guarantee and performance assessments of self-service library network.

Section 3

Jointly Construct "Shenzhen Document Database"

"Shenzhen document database" is an important part of Shenzhen "city of library", is the document resources integration, and retrieval platform, as well as document information resources protection and sharing platform created by Shenzhen Library, Shenzhen University Town Library (Shenzhen Science and Technology Library) and Shenzhen University Library. The construction and practice of "Shenzhen document database" is typical libraries application in regional digital service system construction field, and also a representative "cloud" application. Through the "Shenzhen document database" Shenzhen citizens can not only find city's main libraries collection resources, access to digital resources, but also can find more resources out of the city, and access to them with the joint service system.

After the construction of "Shenzhen document database" in 2009 and the full implementation of "Shenzhen technology literature information service platform", the second-stage project of "Shenzhen document database", Shenzhen not only gained richer digital resources, but also built up more efficient exchange network among the main libraries, and fully upgraded website service of "Shenzhen document database", established "Shenzhen document database" mobile service portal, further promoted digital resources service and supporting capacity of libraries in the whole city..

1. Unified Display and Service of Digital Resources

Digital resources' attributes, copyright management mode, the possible and real owning amount of public libraries together decided that digital resource service would take "cloud" model, and so public libraries should cooperate to construct regional digital resource joint service platform. Shenzhen Library was one of the libraries that early developed unified retrieval system of digital resources. In 2008, Shenzhen Library, Shenzhen University Town Library (Shenzhen Science and Technology Library) and Shenzhen University Library began to build "Shenzhen document database", to promote the resource integration, unified certification, unified display, unified retrieval, joint services and coordinate procurement.

南方日报 高度决定影响力

返回南方报网

2009年6月16日 星期二 返回首页 版面导航 标题导航

上一篇 下一篇 放大 缩小 默认

“深圳文献港”可查百万图书

本报讯(记者/苏妮)深圳图书馆、深圳大学城图书馆、深圳大学图书馆三馆联合,统一服务平台,联手打造“深圳文献港”。日前,记者从深圳图书馆了解到,自2009年6月14日起,汇集了百万册图书、上亿篇文章的“深圳文献港”(http://www.szdnet.org.cn/)正式开放,广大读者又有了一个可以查阅资料、阅读图书、获取全文渠道的图书馆。

据介绍,“深圳文献港”将联合深圳市各类型图书馆,共同建设数字文献中心。“深圳文献港”的文献资源量,除了包含联合建设的图书馆的馆藏资源,还能为读者提供全国95%的中文出版图书,可大大弥补深圳市建市短,文献资源有限的缺陷。

深圳图书馆相关负责人表示,其文献资源出自图书馆,时时更新、内容可靠;对超过6亿页、包括280万种图书的全文进行检索,不但告诉读者有什么图书,在哪个馆收藏,还可以试读正文前17页,让读者详细了解图书的内容;她提供1.5亿条中外文期刊论文、学位论文、会议论文、专利、标准等题录信息,将多种中外文数据库的资源集成在一起,采用全文检索技术,让读者足不出户就可以发现、了解文献信息。同时,对于检索结果也不是简单地显示,而是详细揭示与检索相关的知识体系,帮助读者分析检索结果,提供多面分析与聚类。

据了解,拥有深圳任何一个图书馆读者证的市民,均可以免费享受“深圳文献港”提供的包括:了解图书的详细信息,阅读正文的前17页,甚至电子图书全文。

上一版 下一版

上一篇 下一篇 放大 缩小 默认

"Shenzhen document database" introduced specialized resource discovery system, and integrated digital resources of all the member-libraries, established multi-level discovery and service system, realized the metadata integration and resources unified display in Shenzhen. People can learn about all of the libraries' collection through a web portal, as well as related information about document access.

"Shenzhen document database", through combination with unified authentication system and joint reference consultation system, provided one-stop digital resource service. Readers can access to digital resources through online reading, download, original transmission and other methods. Hence, "Shenzhen document database" became main platform of digital resource service in Shenzhen.

2. Advance in Literature Information Services Platform

In 2012, the second-stage of "Shenzhen document database", "Shenzhen science and technology literature information service platform" project started construction. Member libraries of "Shenzhen document database" had added Shenzhen Polytechnic Library and Library of South University of Science and Technology of China.

The second-stage phase engineering of "Shenzhen document database" took the network architecture that "metadata concentrated and object data dispersed", set up VPN designed network channel among the main libraries, deployed the main equipment and storage space, main application system and main digital resources, fully upgraded the website of "Shenzhen document database", formed a more professional portal website of Shenzhen science and technology literature service platform. The second-stage engineering not only achieved document resources integration and unified retrieval of member libraries, in line with unified authentication services of libraries' readers, but also achieved the integration of multimedia resources.

The upgraded "Shenzhen document database" service platform advanced digital resource service in depth. It was welcomed by the general public and the scientific workers, becoming one of the basic services platform of city's science and technology innovation platform.

3. Synchronously Create Mobile Service Portal

While integrated and professional literature resources service web portal was established, "Shenzhen document database", in line with the development trends of mobile library, launched mobile services portal of "Shenzhen document database" in April 2013, to provide the public with digital resources service and integrated library service.

Through mobile phone, Pad and other handheld terminals, citizens can use "Shenzhen document database" one-step retrieval to search for paper literatures and enjoy self-service, also can use academic resources one-step retrieval and full-text mobile reading. The online reading platform provides books, newspaper, video and audio and other resources. Citizens can free subscribe near 30 kinds of resources including news, reviews, books, newspapers, magazines, pictures, audio books and video courses. Citizens also can sets up columns such as my shelves, open courses, video, my subscriptions and so on, according to the characteritics of mobile services.

Meanwhile, mobile services portal also integrates with popular service functions of the library, such as renewal, report the loss of reader's card and so on.

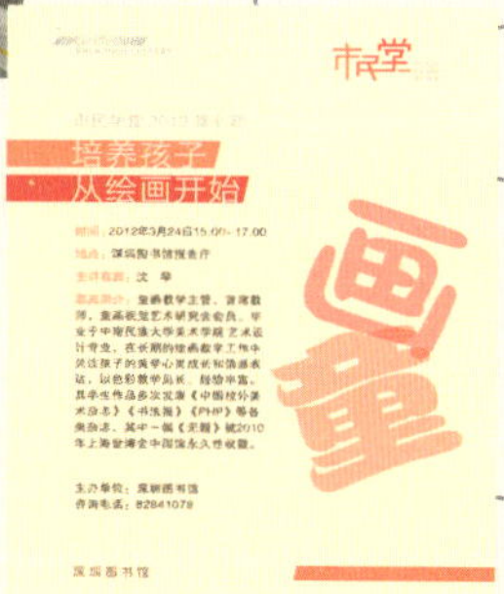

培养孩子
从绘画开始
2012年3月24日15:00-17:00
82841079
深圳图书馆

“悦读·分享”图书交换日活动

04

Chapter 4

Reading Promotion Nourishing the Soil of City Culture

Cultural Shenzhen begins from reading. Shenzhen advocates reading, and respected reading. Based on three cultural events "Shenzhen Reading Month" "Creative December" and "Care Action", Shenzhen promoted reading continuously for many years, successfully held "China (Shenzhen) International Cultural Industries Fair" for ten years, published "Reading index" for the first time in 2014, and issued "Reading Promotion Regulations". Shenzhen did what was worthy of the title "Global Reading Model City". Now, reading has been one of the deep spiritual and cultural roots of the city. Shenzhen has become a respected city because of reading, and a city "being proud of reading, taking pleasure in reading".

Shenzhen Library did its best to take the responsibility of promoting reading for many years. The idea of "Shenzhen Reading Month" originated in a proposal by the former Shenzhen Library director Liu Chucai. For now there have been 15 "Shenzhen Reading Month", and many brand activities with nation reputation were held with increasing number of participants from 1.7 million to more than 10 million year by year. In 2014, the number of reading promotion activities organized by Shenzhen Library amounted a total of 8, 158, in which more than 2.5 million citizens took part.

Relying on rich collections and professional service system, Shenzhen Library recommended its collections and services around content, time, space and organization forms. Activities were planned elaborately and made into series. Culture spaces were created and set up, and cross-region cooperations were carried out. Four distinguished activity series were formed: "SL lecture" (SL was Shenzhen Library for short), "SL exhibition", "SL art" and "SL activity". Activity brands with wide influence and a reading promotion pattern of comprehensiveness, regularity and diversity were formed. In 2014, reading promotion activities organized by Shenzhen Library reached 959, with participating citizens totaled 1.563 million.

Section 1

Advocating Classics Reading

Shenzhen Library has always been committed to providing readers with library collections and resources of high quanlity and quantity, to promote public reading and to enhance the reading tastes of the city. Faced with the popularity of digital and fragmented reading as well as the overflow of spreading information, Shenzhen Library paid attention to guiding readers back to classic reading at the same time with the promotion of popular reading and subject reading. Paper reading, slow reading and deep reading were encouraged. Classics reading bibliography was published after research, reading lectures and activities were planned and organized, and classic reading space was created with every effort. "Promote the trend of classic reading, reveal the virtue of excellent culture".

1. Publishing "Family Classic Reading Bibliography of South Space"

At the eve of the 19th "World Book Day" in 2014, Shenzhen Library and the Reading Promotion Committee of Library Society of China jointly planned and introduced "Family Classic Reading Bibliography of South Space", aimed at recommending classics fit for family reading and collection to readers.

"Family Classic Reading Bibliography of South Space" was carefully selected by experts, 30 titles of which were published every "World Book Day", so these books would amount to the capacity of an average family bookshelf in ten years. The first bibliography covered 30 titles of domestic or abroad books, which were works with lasting charms, and meeting the requirements of "family" and "classics". To meet the demand of parent-child reading, the read ability was taken into account. Some selected titles were anthologies or version with notes or translation. These works were mainly literature, history, and philosophy works, also some works on social science and popular science. To facilitate reading, all the recommended books were current editions.

2. Classics Reading Guidance Lecture Series

Among the vast books of 5,000 years of China, classics, with its profound cultural connotations, were interpreted again and again, which had lasting influence on the evolution of human civilization. Reading guidance has always been the duty of libraries. As a traditional reading promotion institution, Shenzhen Library also carries the duty of providing classics guidance to and transmitting excellent culture. To help the reading promotion of "Family Classic Reading Bibliography of South Space", many experts and scholars were invited, such as Dean of the College of Arts and Director of Sinology Institute of Shenzhen University—Jing Haifeng, Professor and Doctoral Supervisor of Central China Normal University—Zhang Sanxi, and Professor of Sun Yat-sen University—Zhang Xiaofeng, to give a series of lectures or hold reading solons about "Family Classic Reading Bibliography of South Space". These wonderful lectures led and guided the readers to learn, know and think about classics, which spread and promoted traditional culture.

3. Classic Literature and Theme Exhibition

To advertise "Family Classic Reading Bibliography of South Space", a classics display space was specially set in South Space of Shenzhen Library, including not only the display of classic bibliography, but also the first 30 books of the bibliography. An article competition of "The Family Classic Reading Bibliography of South Space" was started in April, 2004, and the readers took part actively. 20 excellent essays were chosen out from over 200 received articles after the review of experts. The essays inspired readers to enjoy the classics.

Shenzhen Library planned and organized diversified classics promotion exhibitions so as to make classic literature collection of the library known, and to show the efforts and explorations of the resources' collection, development and utilization made by the library. For instance, "Thousands of miles of Scenes in one Scroll, all in Sight: the Picture of Chinese Philosophy" theme exhibition, at which a collection of philosophy books was showcased and a bibliography was made to present the development history of Chinese philosophy. For another instance, "Look Back at the Unforgettable Classics and Movies" picture exhibition, at which classic books that had been adapted to films were recommended to readers, reminding readers of the inspirations once brought by the works.

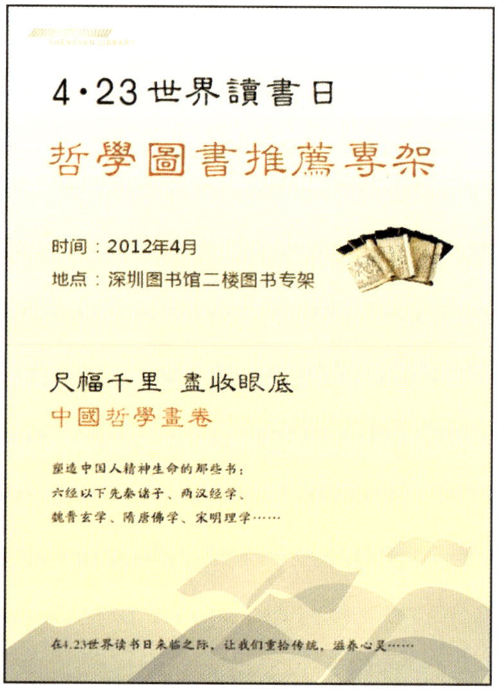

4. Classics Recitation Activity Series

There were at least two classics recitation activities every week in various forms. There was not only the recitation, but also the interaction time for readers to share reading experience.

Shenzhen Library and Shenzhen Poetry and Music Association jointly launched a series of "Reading *the Book of Poetry*" activities. There were 30 activities each year, in the form of "a lecture, a poem", which meaned that one poem of "*the Book of Poetry*" was read intensively with citizens through a lecture each time. It was planned to complete the appreciation and sharing of the 305 poems of "*the Book of Poetry*" in ten years. The series was aimed at promoting citizens to read more Chinese classics, improving their reading and understanding ability of classics as well as cultural taste, and carry forward the traditional culture.

In addition, Shenzhen Library was collaborated with non-official institutes to carry out "classics recitation" activities in South Space, aimed at impressing the present readers with classical culture through recitation and interpretation. The preferred classic books were Confucian classics, such as *the Analects of Confucius*, and *the Great Learning*. Lecturers of Sinology were invited to the South Space to guide readers' classic reading. There were 33 classics recitations in 2014 and were very popular among readers, covering a wide range of readers aged from 3 up to 70 and attracting a great deal of social attention and even the media.

5. Founding "*South Space Reading Journal*"

On April 23, 2014, World Book and Copyright Day, Shenzhen Library founded a non-profit reading-communication magazine "*South Space Reading Journal*" to promote classics reading. The word "walking", as a gerund from a verb, reflected Shenzhen Library's purpose for founding the magazine: reviving the classics, advocating humanism, connecting the librarians and the readers, encouraging sharing and communication.

"*South Space Reading Journal*" consisted of the following columns: book recommendation, talking about reading by experts, classics once more, classics chewing, and book review by librarians. There have been three issues at present. The first issue was specially planned for "Family Classic Reading Bibliography of South Space", with importance put on "classics once more". Short but concise extracts of classics were introduced to readers, and the thoughts of reading by Chinese or foreign experts and scholars were picked. Thoughts of some classics by librarians or readers, were especially introduced to help readers understand the classics. The magazine encouraged the librarians and readers to share and communicate, which was a platform for idea exchange.

6. "Shenzhen Scholars · Symposium at 19:00 in South Space"

In November 2014, Shenzhen Library and Shenzhen Academy of Social Science jointly held "Shenzhen Scholars · Symposium at 19:00 in South Study Room" activity. Focus on traditional culture and classical academic topics, the Library deeply mined and advocated local academic culture. Its aim was to construct a platform for Shenzhen scholars to exchange ideas. Local scholars of Shenzhen were the principle participants of the symposium. Invited speaker gave a lecture or started an academic dialogue with other fellow scholars invited by the speaker. The contents were based on their research background, starting with practical problems, and combined with the reality of Shenzhen, which achieved the integration of theory and reality, history and present, scholars and the public. It was praised together with "Shenzhen Citizen Cultural Forum" and "Shenzhen 20:00" by the local municipal leader as three great non-profit culture activity brands of Shenzhen.

Until February 2015, the first six activities were focused on "Confucianism and traditional culture". Famous scholars, experts or professors made wonderful presentations, started discussions or debates about the following topics: "why Confucianism", "what kind of humanism is Confucianism", "whether Confucianism is the universal value", "the personality ideal of Confucianism", and "the development of Confucianism at the new Axial Age", etc. The interaction between the guest speakers and audience was very hot, acquiring wide attention of the media. A large number of citizens participated. The activity became a cultural Mecca for Shenzhen scholars to discuss thoughts and ideas.

Section 2

The Creation of Culture Spaces

To take the full advantages of library resources and space, Shenzhen Library tried to build the reading spaces at the same time of promoting reading. Reading activities were carried out based on the integration of brand and space. The lecture hall, conference room, reader classrooms, hall and service areas were used to hold diversified, regular library activities, including Shenzhen Citizen Cultural Forum, which had acquired the honors of "ten cultural brands of Shenzhen" and "cultural innovation award" given by the Ministry of Culture. Meanwhile, as public library was "the third culture space", the buildings of Shenzhen Library were improved and updated. A series of new reading space were constructed, for example, "South Space", which extended the service range of library. Humanized and diversified reading experience and exchange were added to meet public cultural needs of different level and different category, which were widely praised by the public. By use of these spaces, series of activities at the regular time and place were planned and organized, and reading promotion brands with Shenzhen features were developed and upgraded.

1. South Space: Urban Classic Reading Space

In November 2013, Shenzhen Library set up "South Space" as classic reading area. There were nearly 8,000 items of classic books, ancient or modern, Chinese or foreign, on literature, history, and philosophy. "South Space" is a city public reading space for classic reading, reader activities, and library publicity, which advocated classic reading, humanities reading and traditional culture essence.

South Space is open free for 16 hours per day (7:00-23:00), providing self-service. Series activity of salon are held weekly at a regular time, including "classics reading", "reading salon", "micro-appreciation", "language salon", "academic salon", etc. In 2014, 258,000 visitors were received by South Space, over 200 activities were held with 3,000 audience. South Space is not only a serene place for reading, but also a place to promote classic reading, and a platform of academic thoughts exchange and collision.

As a space of showing classic literature and reading, South Space opened up "Shenzhen scholars' monographs exhibition space". It took use of the platform with wide publicity and plenty audience to recommend representative works by Shenzhen scholars to the public, so as to build a window for "Shenzhen School" and academic culture construction to present themselves and exchange ideas.

2. Reading and Lecturing Hall: Space for Public Education and Learning

As a multi-functional space for reading promotion activities and self-learning, Reading and Lecturing Hall of Shenzhen Library was opened on New Year's Day of 2015. The hall keeps open to the public for 365 days (7:00-23:00) a year free of charge. Readers can enjoy the good learning environment here, where known as the Shenzhen People's "public study room".

Reading and Lecturing Hall is designed to play the social education function of public library. Various types of non-profit reading activities are organized regularly, such as training, open class, small lectures, debates, and so on. Readers can attend these activities free of charge and free of card, such as Shenzhen Library Open Courses Online, cultural information resources sharing project video, Enjoy the Fingertips Reading, Cantonese Salon, and so on.

There is a "book station" in the hall for exchanging books and sharing readings. Readers can take and read these books by themselves or donate books. It is a knowledge space for readers' communication and sharing.

3. ILibrary: Space for Digital Reading Experience and New Media Services

"ILibrary" means InformationLibrary and InternetLibrary, founded in April 2014, where readers can use new media technology, enjoy digital reading, and develop social relationship or just take some leisure. "ILibrary" is creatively decorated by the concept of O2O (Online to Offline), divided into four areas, that is, I reading, I listening, I hearing, and I reading. Different terminals are provided here, including phones, pads, electronic book borrowing machine, electronic newspaper and periodicals reading machine, and touch screen guides. Available resources are e-books, e-journals, lecture videos, classical music, etc.

To further popularize the digital library services and video resources of the library,

Shenzhen Library began to launch "online class" on August 2014. One topic was selected each month, about which four learning videos were chosen from the collection of video database, as well as online open classes to play at "I library" every week.

4. Book Donation and Exchange Center: Public Service Platform for Reading Resources

"Shenzhen Book Donation and Exchange Center" was established in November 2012 by Shenzhen Library together with Shenzhen Project Care Orgnizing Committee Office and Shenzhen Press Group, so the center gathered the power of the library, media and social organization to construct the reading resource platform for the public. Book donation and exchange is free for the citizens. The center also organized donations for areas that was in need of books. Later on, four sub-centers were established successively at different districts of the city, so the book exchange between the city library and district libraries were possible.

The center advocates book donation and sharing, managed under the pattern of "reading +public benefit". Apart from the book exchanges, culture salons, creative exhibitions, communication and sharing salons were held to promote the literature communication and knowledge flow. The center constructed the city public benefit space vigorously.

The book exchange service runs under the points system. Citizen whoever has a reader card can accumulate or spend his or her points recorded by the card. It was two years since the center opened, with outstanding service outcome. There was an increasing public demand for the center. By the end of 2014, the center had exchanged more than 50, 000 items of books, received book donations of more than 20, 000 items, and held book exchange or other activities more than 20 times.

5. Shenzhen School Literature Area: Space for Resource Display and Communication

In recent years, Shenzhen Municipal Government attached great importance to the construction of academic culture in Shenzhen, developing Shenzhen School under the principles of "global vision, time spirit, national standpoint, Shenzhen expression". As a collection and protection centre of Shenzhen local literature, Shenzhen Library made tireless efforts in promoting local culture and academic culture. Shenzhen School Literature Area was set up in April 2013, aimed at, first, organizing and promoting local literature; second, mining local academic culture deeply; third, showing the academic achievements of Shenzhen scholars fully; and finally, creating a scholarly communication space.

Shenzhen School Literature Area is divided into three parts, that is, literature showing, featured exhibition and academic communication. Literature showing part is for introducing and promoting literature of Shenzhen School and the writings of Shenzhen scholars. Featured exhibition part is for issuing news about Shenzhen School, informing important scholars, ideas and achievements. Academic communication part is for academic communication activities related to Shenzhen School, so as to deepen the citizens' understanding and knowledge of Shenzhen School as well as give readers an elegant and comfortable environment for scholarly communication.

Shenzhen Library cooperated regularly with local top academic institutions to hold "origins of Shenzhen School" exhibition, and "one hundred scholars exhibition series", showing the charm of Shenzhen scholars and their academic achievements. There had been already successfully conducted five exhibitions of "one hundred scholars exhibition series", respectively with Shenzhen University, Shenzhen Social Science Association, as well as Shenzhen Federation of Literary and Art Circles, which showed and introduced to the citizens 100 Shenzhen local scholars' academic thoughts and achievements.

To enrich the resources of Shenzhen School Literature Area, Shenzhen Library and *Shenzhen Evening* jointly launched "collection plan of Shenzhen writers' works" on April 23, 2014, which called for works of Shenzhen local writers, including publications or manuscripts of published books to promote the collection and organization of local literature. After the launch of the program, the public responsed widely. Writers and scholars of different circles expressed their joy and desire to donate. There was a tide of book donation from both individuals and social organizations.

Shenzhen School Literature Area and Shenzhen Local Culture Studies Association jointly organized "Shenzhen Memory" lecture series in 2014, such as "Shenzhen Customs Trail". The series was about local culture from the perspective of history and culture in Shenzhen to arouse the audience's memory of Shenzhen local cultural heritage. The speaker Mr Liao Honglei interacted with the audience, which made the atmosphere very lively. Mr. Liao led the audience to learn about Shenzhen local culture and find little-known culture through telling stories in various local languages.

6. Fashion and Graphic Design Area: Space for Displaying Fashion and Creative Designs

In November 2008, Shenzhen was formally approved to join creative cities network by UNESCO, and awarded "city of design". To help the construction of "city of design", Shenzhen Library widened the original Special Section of Fashion in 2014, which became Fashion Collection and Graphic Design Area. Search and consultation services about fashion and graphic design literature were provided, while resources and space advantages were taken use of to issue and deliver information and to hold featured exhibitions and salons regularly.

In December 2014, "Silk Book Design Inviting Exhibition", jointly hosted by Shenzhen Library and Shenzhen Graphic Design Association, opened at this area. As the tenth theme activity of "Creative December" in Shenzhen, more than 40 domestic designers and artists were invited to the exhibition, who displayed their designs of originality and creativity. The exhibits focused on reading and culture, with characters and graphics as the elements, and silk as the carrier, which was a new exploration of visual expression.

Section 3

The Planning and Execution of Important Festival Activities

When there came important festivals, such as "4. 23-World Book and Copyright Day", "Shenzhen Reading Month", "Week of Public Library Services" and so on, Shenzhen Library followed the planning of the city, elaborately planned and launched a series of reading activities of rich contents, which made a reading atmosphere. Activities and participants increased year by year. The library resources and services were introduced through these activities. Different channels of advertisement were used to expand the influence of the activities, to attract public participating in reading, and to lead them to love reading, the library's reading promotion idea can gradually interiorize. There were 66 activities in the period of "Shenzhen Reading Month" of 2014, with 240, 518 participants in total.

1. Shenzhen Reading Month

Shenzhen Reading Month, a large comprehensive reading and culture event, was put forward and organized by Shenzhen Municipal Government in 2000, in the hope of making Shenzhen a learning city. The event lasts one month, once a year and one topic each time. Today, Shenzhen Reading Month has not only become a culture brand of Shenzhen, but also influenced Hong Kong and Macao, even gradually the whole country. The national media praised that reading month was another pioneering work of Shenzhen. Director of International Booksellers Federation Ms Farlane also highly praised Shenzhen Reading Month, who said that insisting on promoting reading was respectable.

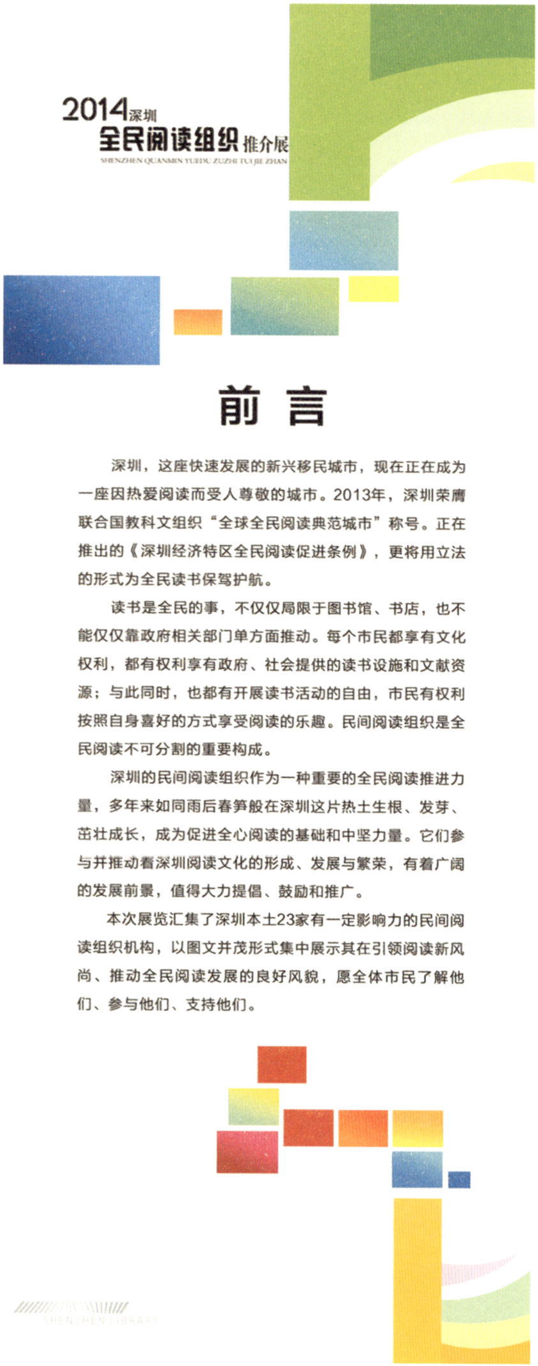
2014深圳
全民阅读组织推介展
SHENZHEN QUANMIN YUEDU ZUZHI TUIJIE ZHAN

前 言

深圳，这座快速发展的新兴移民城市，现在正在成为一座因热爱阅读而受人尊敬的城市。2013年，深圳荣膺联合国教科文组织“全球全民阅读典范城市”称号。正在推出的《深圳经济特区全民阅读促进条例》，更将用立法的形式为全民读书保驾护航。

读书是全民的事，不仅仅局限于图书馆、书店，也不能仅仅靠政府相关部门单方面推动。每个市民都享有文化权利，都有权利享有政府、社会提供的读书设施和文献资源；与此同时，也都有开展读书活动的自由，市民有权利按照自身喜好的方式享受阅读的乐趣。民间阅读组织是全民阅读不可分割的重要构成。

深圳的民间阅读组织作为一种重要的全民阅读推进力量，多年来如同雨后春笋般在深圳这片热土生根、发芽、茁壮成长，成为促进全心阅读的基础和中坚力量。它们参与并推动看深圳阅读文化的形成、发展与繁荣，有着广阔的发展前景，值得大力提倡、鼓励和推广。

本次展览汇集了深圳本土23家有一定影响力的民间阅读组织机构，以图文并茂形式集中展示其在引领阅读新风尚、推动全民阅读发展的良好风貌，愿全体市民了解他们、参与他们、支持他们。

As an important organization of advocating excellent culture and promoting reading, Shenzhen Library would launch a series of reading activities during the Reading Month. The activities transferred knowledge, shared the happiness of reading, and formed a colorful reading scenery.

In 2014, during the 15th session of Shenzhen Reading Month, a series of activities were planned and organized by Shenzhen Library to meet the theme of the Reading Month, “relaying national spirit, leading civilized life”, including the exhibition of “promoting the public reading in 2014”, Peking Opera special performance of “Reading & Shenzhen”, and “theme concert for *the Book of Poetry*”. Besides, Shenzhen Library made the best to organize the South Study Room series of activities, such as, “Shenzhen Scholars · Symposium at 19: 00 in South Study Room”, classics recitation, and reading salons. Famous writers and poets, such as Alan Macfarlane, Tujia Yefu, Yan Geling and Wang Meng, were invited to give featured lectures, such as “The Secret of Creativity — Storys of 200 Thinkers”,

History Carnival of 2014 "In My 1980s", and "Reading in the Life". Wang Jingsheng and Bai Yansong were specially invited to the reading forum, talking about "Honorable Persistence: Retrospect and Prospect of Shenzhen Reading Month at its 15th Anniversary".

In 2013, at the beginning of the 14th Shenzhen Reading Month, "South Study Room" at the first floor of Shenzhen Library was opened to the public, which became a "big study room" of Shenzhen citizens. Meanwhile, the second session of "One Hundred Scholars of Shenzhen School" exhibition started, as well as the 10th anniversary special exhibition of "the city of library". What's more, digital resources experience week activities, including "digital reading, happy learning" —tour of Shenzhen Library's digital resources, digital resources practicing week, the sixth electronic resources using skills competition of Shenzhen Library, and a theme lecture "Let Mobile Reading Become a Way of Life".

In 2012, the 13th Shenzhen Reading Month took "reading gives one a positive energy" as the theme. Shenzhen Library also took an active part in the activities of the Reading Month, organizing over 20 colorful theme reading activities, such as, Shenzhen Citizens Law Forum, The Public Class, Shenzhen Book Talk, SL Art Gallery, Shenzhen Story Collection, Shenzhen Reading Forum, "National Congress of CPC" thematic book exhibition, Reading Baby Show, etc.

2. World Book and Copyright Day

"World Book and Copyright Day" is a yearly event on April 23. April 23 of 2014 was the first World Book and Copyright Day since "promoting the public reading" was written into the report on the work of the central government, also the first World Book and Copyright Day since Shenzhen won the "Global Reading Model City" title. Shenzhen Library launched seven big series of more than 30 reader activities, such as the book exhibition, academic lecture, and essay competition of "the family classic reading list of South Study Room"; the first issue of *Walking In South Study Room*; the charm of ancient books: 2014 self-library series; digital experience space: "I Library" series; 2014 Shenzhen "journey of library" activities and the third exhibition of *One Hundred Sholars*.

The key activities of World Book and Copyright Day in 2012 were as follows: "self-Library at different View" exhibition, "happiness from reading: 2012 reading and recitation of the visually impaired", as well as classic activities, such as, "the public class room", " SL art gallery", "readers' classroom", "small story forum ", "cartoon time", and "reading class", which continued delivering the public the joy of reading sharing.

Around the World Book and Copyright Day of 2013, Shenzhen School Literature Area was opened to the public. At the same time, a series of activities were launched to celebrate the 10th anniversary of "city of library" in Shenzhen: trip to the library, "reading · sharing · understanding" reading sharing salon for the visually impaired in 2013, a large image&text exhibition: *The Story of Books*, and so on.

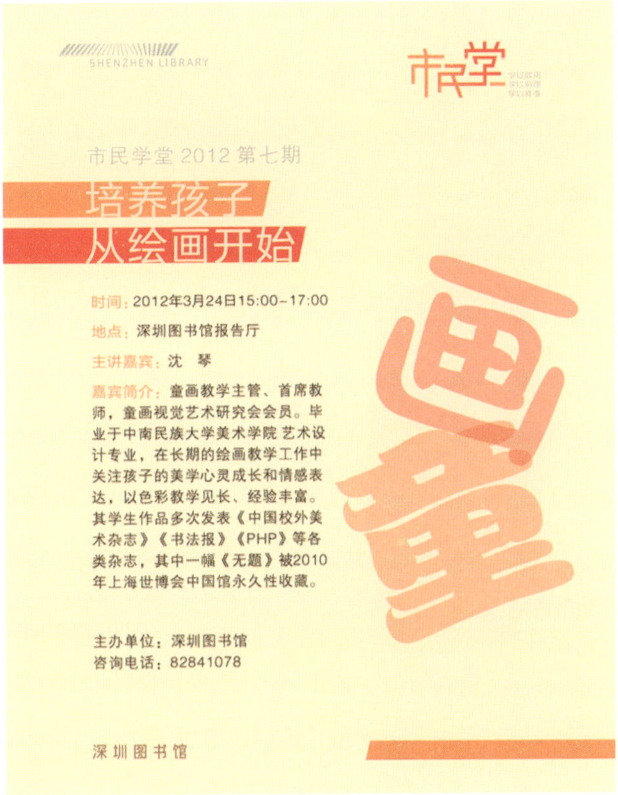

3. Public Library Service Week

The last week of May each year is the national "Public Library Service Week". In order to improve public awareness and utilization of the library, and to make public libraries play an active role in promoting reading, Shenzhen Library elaborately organized and carried out a series of activities during this week.

The 26th Library Service Week lasted from May 26 to June 1, 2014. Shenzhen Library took "To read, please come to the library" as the theme of the service week. Apart from the usual weekend activities, that is, SL lecture, SL art gallery, SL exhibition and the activities of South Study Room, other activities were launched, such as "reading theatre", "reading & sharing" book exchange, "the family classic reading list of South Study Room" theme essay competition, the voting of "reading talent", and "walking hand in hand, reading side by side" library tour specifically for disabled readers. The disabled readers and volunteer workers were invited together to try the facilities, resources and services provided by Shenzhen public libraries.

In 2013, Shenzhen Library planned 12 activities themed "walking into a library" for the Service Week, of which the citizen experience day of book acquisition and cataloging was the most notable. The complete process from the acquisition, cataloging to a book ready to be borrowed out was shown to readers. Participated readers could recommend books and then experience purchase, cataloging, processing and borrowing the books in a few minutes, which shortened the distance between the readers and librarians.

Apart from various activities attracting readers to come to the library to participate in, a series of activities out of the library were carried out , such as "knowledge & sharing: electronic resources and services introduction fair". The library workers went to official or non-official organizations, companies, and academic institutions to introduce and showcase the digital resources and services, which has become a regular form of publicizing digital resources. By the end of 2014, the introduction fair had been successfully held for 14 times. Featured exhibitions were held at Bantian Huawei Base, Shenzhen Media Group Center, Yuanling Subdistrict Library, Shatoujiao Community Workstation, Skyworth Industrial Park or other industrial areas, cultural centers, communities. These exhibitions introduced to the public services such as document delivery services, project consulting, and resources such as featured databases, which extended the social influence of the library.

4. Migrant Young Workers Culture Festival

Shenzhen Migrant Young Workers Culture Festival was created in May 2005, once a year, lasting a month, hosted by Publicity Department of the CPC Shenzhen Municipal Committee, Municipal Tourism Administration, etc. It was the only culture activity whose target participants were migrant workers, which was very popular among migrant young workers and attracted national attention.

As one of the main organizers of the Migrant Young Workers Culture Festival, Shenzhen Library held knowledge competitions on different topics, which integrated knowledge, participation, entertainment and reading promotion together, fostering a positive vibrant cultural atmosphere at the industrial area. The colorful activities held by Shenzhen Library also approached enterprises, for example, "Reading in Shenzhen" migrant workers recitation, which showed the charm of migrant workers, encouraging and supporting migrant young workers to combine self-improvement and making contribution to Shenzhen.

Section 4

Reading Promotion All over the City

The reading atmosphere and city reading culture need to be constructed together by different groups. The city and district libraries promoted reading together in cooperation with communities and non-official reading organizations. A multi-subject cooperation mechanism to promote reading and creat a reading atmosphere all over the city were finally formed under the Government-led, community-participated principle.

1. The Reading Association

Shenzhen Reading Association, a local non-profit organization, founded in November 2012, consisted of organizations and individuals who were devoted intricate promoting the public reading under the advocacy of Publicity Department of the CPC Shenzhen Municipal

Committee and Tourism Administration. The members come from schools, institutions and enterprises, non-official reading organizations, media, publishing, printing, and Internet industries. Based on a solid foundation of the citywide reading culture. The association was dedicated to disseminate reading philosophy, do reading research, hold reading activities, integrate reading resources, promote reading equality, and optimize the reading environment, etc.

2. The Library Linkage Mechanism

Shenzhen public Libraries have been enhancing cooperation to promote reading together, such as holding large exhibition tours, sharing lectures, and planning or holding activities jointly. A new linkage program of promoting reading was made in 2014, aimed at promoting the integration of city's public libraries reading resources and sharing of experts resources to provide the readers with more and better activities, to enhance the city's overall planning ability of reading promotion activities and to establish public libraries reading promotion mechanism.

The linkage of reading promotion consisted of: establishing connection mechanism; establishing a reading promotion joint-service platform of "city of library" in Shenzhen, including developing websites, APP and WeChat, weibo (China-based microblogs), and so on; establishing database of Shenzhen Public Library lectures experts and exhibition resources to achieve resource sharing; exploring the establishment of a unified bargaining mechanism.

3. Non-official Reading Promotion Organizations and Individuals

In the construction of city culture, especially the construction of reading culture of the last ten years, non-official reading promotion organizations and individuals played an important role as a new force.

According to incomplete statistics, there were over 100 non-official reading organizations so far in Shenzhen, among which over 50 were very lively ones, such as Backyard Reading Club, Shenzhen Reading Club, and Clover Story Club (Sanyecao Gushi Jiazu), and

Dreamkidland (Caihonghua Gongyi Xiaoshufang), even known nationwide. According to the public needs and putting importance on the public participation, they planned a series of reading programs such as "how far a book can go" by Backyard Reading Club, and "city reading design" by Qingfanqie, which were novel and attractive.

Section 5

Diversified Reading Promotion Platform

The reading promotion was carried out Omni-directionally, not only in content, time and space dimensions, but also in platform dimension. Traditional channels such as poster, newspaper, broadcast were still in use, while newly developed information technologies, such as library websites, micro-platforms and other cloud platforms were taken use of to recommend collection resources, library services, and reader activities and to construct readers' activity database. And a multi-channel information publishing and interactive mechanism was formed, which brought together the wisdom of the public and built an omni-media reading promotion platform.

1. Collection Recommendation via Omni-Media

Collection recommendation of Shenzhen Library has various fixed forms. New publications were recommended regularly by new publications shelves, the lists of which were decided by reader recommendations or reader surveys. Periodicals were recommended by posters with different subjects. Top borrowed periodical list was published in May every year in the periodical recommendation column, which was a focus of readers' attention. Subject books were exhibited and recommended by posters or booklists, such as "Greet the Universiade by the books · read the books about China: Chinese Humanities and geographic books recommendation" in 2011; "Incorruption theme book exhibition" and "Health-keeping section, medicine section, and nutrition section of elder adults health guidebooks" recommendation in 2012; "China history classic books" recommendation,

“Literary works of Mo Yan” recommendation, “Shenzhen writers’ works collection plan” exhibition, and popular journals recommendation in 2013; “Shenzhen reading month” book recommendation, “Periodicals popular among the elder adults” recommendation, “Diet culture-tea culture” book recommendation, and “Care the elderly, lead a wise life” journal recommendation in 2014.

- 雄险奇秀三清山 = [中英文本]
  北京:中国旅游出版社 .2005 J42/477
- 游走新疆 路琳, 王玮著
  北京:中国旅游出版社 .2006 K92/3222
- 云南神山圣湖精粹.Holy mountains and lakes in Yunnan = [汉英对照] 自兴春著
  北京:中国旅游出版社 .2007 K92/3638
- 浙江 走遍中国编写组[编]
  北京:中国旅游出版社 .2006 K92/3425
- 中国佛教古寺名刹游 香港中国旅游出版社编
  汕头:汕头大学出版社 .2008- K92/4040
- 中国佛教名山圣境游 香港中国旅游出版社编
  汕头:汕头大学出版社 .2008- K92/3813
- 中国贡嘎.Gongga mountain in China = 独秀群峰 激荡未来 standing out among mountains, promising great future 文月、慈秀摄影
  北京:中国旅游出版社 .2008- K92/4540
- 中国古都游. 卷二: 开封 · 杭州 · 安阳 · 郑州 香港中国旅游出版社编
  汕头:汕头大学出版社 .2008 K92/3816/2
- 中国古都游. 卷一: 西安 · 洛阳 · 北京 · 南京 香港中国旅游出版社编
  汕头:汕头大学出版社 .2008 K92/3816/1
- 中国旅游巡览 = [法文本] 《中国旅游巡览》编写组编
  北京:外文出版社 .2007 K92/3927
- 中国旅游指南.Best of China = 2008版 [英文本]
  北京:五洲传播出版社 .2008 K92/4058=2
- 中国名山游 香港中国旅游出版社编
  汕头:汕头大学出版社 .2008- K92/4000
- 中国少数民族风情游.北方卷 香港中国旅游出版社编
  汕头:汕头大学出版社 .2008 K892/1113/1
- 中国少数民族风情游.南方卷 香港中国旅游出版社编
  汕头:汕头大学出版社 .2008 K892/1113/2
- 中国世界遗产游.北方卷 香港中国旅游出版社编
  汕头:汕头大学出版社 .2008- K92/4045/2
- 中国世界遗产游.南方卷 香港中国旅游出版社编
  汕头:汕头大学出版社 .2008- K92/4045/1
- 中国蜀道 王蓬著
  北京:中国旅游出版社 .2008- K92/4253
- 中国乡村旅游指南.成都 耿闻...[等]编
  北京:中国旅游出版社 .2007 K92/3800/7
- 中国乡村旅游指南.广西 耿闻...[等]编
  北京:中国旅游出版社 .2008- K92/3800/6
- 中国乡村旅游指南.广州 耿闻...[等]编
  北京:中国旅游出版社 .2008- K92/3800/8
- 中国乡村旅游指南.贵阳 耿闻[等]编
  北京:中国旅游出版社 .2007 K92/3800/3
- 中国乡村旅游指南.杭州 耿闻[等]编
  北京:中国旅游出版社 .2007 K92/3800/1
- 中国乡村旅游指南.山东 耿闻[等]编
  北京:中国旅游出版社 .2008- K92/3800/4
- 中国乡村旅游指南.陕西 耿闻...[等]编
  北京:中国旅游出版社 .2008- K92/3800/5
- 中国乡村旅游指南.天津 耿闻[等]编
  北京:中国旅游出版社 .2007 K92/3800/2
- 中国最美100个度假地 《最美中国》编辑部编著
  北京:中国旅游出版社 .2009 K92/4445
- 中国最美100个古镇古村 = 全彩攻略增强版 《最美中国》编辑部编著
  北京:中国旅游出版社 .2009 K92/4274
- 中国最美100个寺庙观宫 = 全彩攻略增强版 《最美中国》编辑部编著
  北京:中国旅游出版社 .2009 K92/4428
- 重庆 三峡 神农架
  北京:中国旅游出版社 .2008- K92/4256
- 重庆 《走遍中国》编辑部编著
  北京:中国旅游出版社 .2009- K92/4276
- 重庆攻略.ChongQing how = 重庆最值得推荐的69个地方 《重庆攻略》编写组编著
  北京:中国旅游出版社 .2011 K92/3788=2
- 走进大西北 香港中国旅游出版社编
  汕头:汕头大学出版社 .2008- K92/3843
- 走进大西南 香港中国旅游出版社编
  汕头:汕头大学出版社 .2008- K92/3990

SHENZHEN LIBRARY
深图微信
2013年期刊借阅排行榜前30名期刊介绍
《三联生活周刊》周刊 C913/34
年借阅量：3084册次
该刊的前身为邹韬奋先生在上世纪20年代创办的《生活周刊》，1995年由三联书店在继承传统的基础上复刊，其定位是做新时代发展进程中的忠实记录者。
《南方人物周刊》 周刊 C91/68
年借阅量：2085册次
《南方人物周刊》融新闻性与可读性为一体，适合中高端读者的品味，关注那些对中国的进步和我们的生活产生重大影响的人，为读者奉上一席精神的盛宴。
《知音.上半月版》月刊 C913/15
年借阅量：991册次
该刊坚持把创造鲜明的个性特色作为发展自己的战略，力求把最新颖、最真实、最动人的人生故事奉献给广大读者，通过平凡故事揭示生活哲理和人生真谛，用真情和爱心拨动读者的心弦。
《知音.下半月版》月刊 C913/15/2
年借阅量：968册次
该刊是中国发行量最大的新闻纪实类杂志，创刊以来，一直坚持“人情美、人性美”的办刊宗旨和“期期有重点，篇篇是美文”的质量标准，真实、及时、生动、独家报道丰富多彩的社会生活。
《时尚芭莎》旬刊 TS957/15(2)
年借阅量：1844册次
《时尚芭莎》是一本服务于中国精英女性阶层的时尚杂志，传播来自时装、美和女性的力量。
《红秀》 半月刊 TS97/28
年借阅量：1617册次
《红秀GRAZIA》作为国内第一本高端女性时尚双周刊，以其独特的编辑理念与视角报道时装、报道美容、报道名流、报道跟女性生活息息相关的一切！
《时尚 · Cosmopolitan》
月刊 TS957/12
年借阅量：1507册次
创办于1886年的该刊是全球著名、主要针对女性读者的时尚类杂志，它鼓励并帮助它的读者：努力追求高质量的生活。
《美食与美酒》 月刊 TS2/43
年借阅量：1315册次
《美食与美酒》锁定中国最具生活品位与消费能力的读者群，集赏心悦目的图文故事、悦活心灵的情致生活于一体，在品位、畅饮、表达中领略全球都市精英们的生活真知。
《世界时装之苑》月刊 TS957/9
年借阅量：1297册次
1988年，ELLE杂志进入中国，ELLE中文版《世界时装之苑——ELLE》成功创刊，成为首家获得官方正式许可在中国国内发行的国际性杂志。
《时尚健康》半月刊 TS97/14
年借阅量：1231册次
《时尚健康》诞生于 2000年7月，是国内第一本面对成熟、快乐、健康的现代女性，提供全方位心理及生理健康资讯的女性杂志。
深圳图书馆

SHENZHEN LIBRARY

深图微信

2013年期刊借阅排行榜前30名期刊介绍

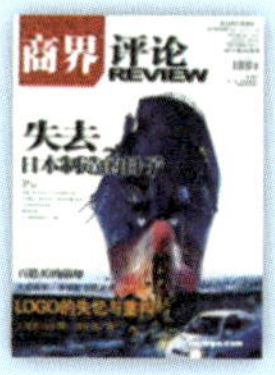

《商界.下旬刊:评论》 月刊 F7/128

年借阅量：1278册次

该刊是国内第一本最彻底深入研究微观中国经济，研究微观中国企业问题的泛MBA读本；是第一本立足本土价值观，走向全球企业实践的商业评论杂志。

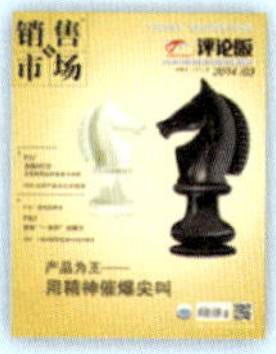

《销售与市场》 旬刊 F726/12

年借阅量：1037册次

该刊以全球化视野关注中国市场发展趋势，致力为中国企业指引方向，提供最先进的营销理念与实务方法工具，不断提炼实战案例，被业内誉为“中国营销第一刊”。

《财经》 旬刊 F83/143(2)

年借阅量：986册次

《财经》全面观察并追踪中国经济改革的重大举措、政府高层的重要动向、市场建设的重点事件，及时予以分析和评论，对于资本市场在中国的成长变化更给予特别关注。

《中国故事》 月刊 I24/22

年借阅量：1728册次

创刊于1985年的该刊以扶植文学新人，刊载老百姓喜闻乐见的中长篇文学作品为己任，曾荣获中国通俗文学的最高奖项——大众文学奖。

《故事会》 半月刊 I24/16

年借阅量：1101册次

《故事会》面向大众，贴近生活，充盈时代气息。它以发表反映中国当代社会生活的故事为主，同时兼收并蓄各类流传的民间故事和经典性的外国故事。

《看电影》 月刊 I235/6(2)

年借阅量：1082册次

《看电影》刊载最新的碟片资讯、超级碟虫的影评、鲜艳清晰的海报和剧照，帮助碟友淘碟、读碟、品碟。

《心理月刊》 月刊 B84/18

年借阅量：1547册次

《心理月刊》是具有时代敏感度的新女性杂志。它启发新时代的女性追求身体、思想和心灵的和谐统一，实现丰富而愉快的人生。

《瑞丽家居设计》 月刊 J5/110

年借阅量：1106册次

该刊以差异化优势打造其“悦读与应用”的实效定位，秉持学术高度，探求专业深度，兼容并包，雅俗共赏，集权威性、教育性、知识性和应用性于一体，使杂志更受读者欢迎。

《摄影之友》 月刊 J4/8

年借阅量：979册次

该刊创刊于1985年，是全国公开发行的，与国际潮流接轨的一本大16开全彩版专业摄影刊物，是服务于广大摄影爱好者的月刊杂志。

《健康与美容》 月刊 R16/21

年借阅量：1271册次

《健康与美容》杂志创刊于1992年，是国家卫生部主管的唯一以健康美容为内容的杂志，是国内健康、美容领域的知名刊物，深受读者喜爱。

深圳图书馆

SHENZHEN LIBRARY

深图微信

2013年期刊借阅排行榜前30名期刊介绍

《凤凰周刊》 旬刊 G22/6

年借阅量：5939册次

该刊是由香港凤凰周刊有限公司编辑出版，获得中国国务院新闻办公室和中国国家新闻出版广电总局特许在中国内地发行的以报道时事、政治、文化为主的刊物。

《新周刊》 半月刊 G21/110

年借阅量：3162册次

《新周刊》属于时事生活类杂志，它始终保持对社会潮流动态的高度敏感，张扬无情解构的犀利风格，并开创多种全新传媒报道模式，享有传媒界“话题发源地”的美誉。

《读者》 半月刊 Z4/8

年借阅量：4168册次

该刊创刊于1981年1月，是一份综合类文摘杂志，发行量稳居中国期刊排名第一。被誉为“中国人的心灵读本”“中国期刊第一品牌”。

《特别关注》 月刊 Z4/49

年借阅量：3001册次

《特别关注》杂志由湖北日报报业集团主办，是国内第一本以中年男性为主要读者对象的精品刊物。本刊开辟家事、国事、天下事、开心事、男人的事等专栏。

《中外文摘》半月刊 Z4/40(3)

年借阅量：1039册次

《中外文摘》创刊于1995年，是一份融知识性、新闻性、故事性于一体的高品位综合性刊物。它栏目丰富、文字凝练、图片精美，兼具知识性与趣味性；它视角新颖，广度与深度并举。

《中国国家地理》月刊 K9/1(2)

年借阅量：2883册次

创刊于1950年的该刊内容以中国地理为主，兼具世界各地不同区域的自然、人文景观和事件，并揭示其背景和奥秘，另亦涉及天文、生物、历史和考古等领域。

《炎黄春秋》 月刊 K2/13

年借阅量：1347册次

《炎黄春秋》是以史为主的综合性纪实月刊，对古今中外、重点是当代革命和建设的重大事件和重要人物的是非功过进行评价。

《旅行者》 月刊 K9/6

年借阅量：1009册次

该刊围绕中产阶层“休闲度假、深入体验、商务旅行、开拓视野”四种出国旅游方式，以四大版块分门别类、度身定制出国旅游解决方案。

《青年文摘》 月刊 D43/27

年借阅量：1457册次

《青年文摘》是一本面向全国、以青少年为核心读者群的文摘类综合刊物，刊物集萃来自报纸、期刊、图书等大众媒体的名篇佳作。

《看天下》 旬刊 D5/108

年借阅量：1104册次

《看天下》是国内一份综合性新闻故事类文摘读本，内容涵盖时政、财经、社会、科技、文化、时尚、娱乐、体育等领域。

深圳图书馆

With the application of modern technologies, book recommendations were carried out with all kinds of media. The recommendation column was opened up at the website of Shenzhen Library, which was composed of several sections, books recommendation, periodicals reports, new audio-video products and top borrowed book lists, top borrowed periodical lists. Electronic versions of subject booklists were published here synchronously, such as the thematic bibliographies of "recommended books on intellectual property law", recommended books by ASEAN members, recommended books of Singapore literature, and so on.

Digital resources column of Shenzhen Library Website presented all about the purchased domestic and foreign electronic databases, resources available for mobile terminals, self-constructed resources, and databases on probation, and also some recommended online resources.

With the popularity of weibo and WeChat, columns such as "Wei-Bookshelf", "experts' recommendations", "reading recommendation" were set up at the weibo and WeChat platforms, for the purpose of recommending collections synchronously, publishing subject booklists and electronic databases purchased, recommending new books and all kinds of high-quality resources.

文化、科学、教育、体育

排名	书名	借阅次数
1	玩转微信:李晓斌等编著	28
2	让孩子聪明的121个大脑训练游戏:(英)罗伯特·费希尔(Robert Fisher)著/李中译	27
3	陪孩子玩吧:亦邻著	27
4	228个超好玩的侦探推理游戏:王月星,任学明编著	23
5	爸爸去哪儿.Where are we going? Dad:湖南卫视《爸爸去哪儿》节目组编著	22
6	好习惯成就最优秀的孩子:耿军主编	20
7	每天玩一个思维游戏:莫莫编著	20
8	365个侦探推理游戏.审问石头:赵帅通编著	19
9	像犹太人一样教育孩子:赵宏林编著	19
10	叛逆不是孩子的错 = 不打、不骂、不动气的温暖教养术:(美)杰弗里·伯恩斯坦(Jeffrey Bernstein)著/陶志琼译	19

语言、文字

排名	书名	借阅次数
1	让人怦然心动的说话之道:刘杰编著	25
2	做幽默人 说幽默话:江乐兴编著	24
3	越读越喜欢的成语接龙书:方圆编著	16
4	小王子.The Little Prince:(法)安东尼·圣埃克苏佩里(Antoine de Saint-Exupery)著/林秀清译	15
5	孩子英语好！是教出来的:(韩)沈银铺著/千太阳译	14
6	绿野仙踪 = 原版插图双语典藏版:(美)莱曼·弗兰克·鲍姆(L.Frank Baum)著/罗密译	14
7	说话的艺术.The Art of Talking to Anyone = 一本手把手教你社交沟通的工具书:(美)罗莎莉·马吉欧(Rosalie Maggio)著/正林，王权译	13
8	国际刑警教你破解身体语言:沐风编著	13
9	说服力扭转影响力 = 有效说服他人的超强心理学:张浩强编著	12
10	好口才是练出来的:郭鹏编著	11

文学

排名	书名	借阅次数
1	骷髅岛:郁崇幽著	35
2	皇上，您这是喜脉啊:如来神爪编/肥志绘	33
3	胭脂:亦舒著	33
4	错过的情人:四丫头著	31
5	不予时光度流年.Never Say Goodbye to You:江崇一著	30
6	十宗罪 = 中国十大恐怖凶杀案:蜘蛛著	29

艺术

排名	书名	借阅次数
1	小纯洁的爆笑假期:慕容嗷嗷著	34
2	请叫我小纯洁.Call Me Mr. Chun:2:慕容嗷嗷著	30
3	再见，小时候:PP殿下著	29
4	猫才是这个世界的主人:二华著	27
5	好一朵雷人的奇葩:小脸通红工作室著/慕容嗷嗷,VISTA锋绘	27
6	奋斗中的囧青年:南城老李编绘	25

推荐图书　期刊报导　音像新品　图书借阅排行榜　期刊借阅排行榜　音像资料排行榜

选择时间　2014年　01月　02月　03月　04月　05月　06月　07月　08月　09月　10月　11月　12月

选择类目　NMM-A 影视速递

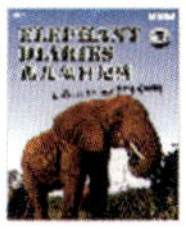

孤儿象日记簿 = Elephant Diaries

并列题名：Elephant Diaries。本片共分三集，从"代母"角度出发，让大家体会到失去母亲的野生孤儿象心理变化及见识它们的新生活。深入肯尼亚大卫谢尔迪克野生动物基金会实地拍摄，这是一部记录孤儿象宝宝在日常生活中欢笑和泪水交织的真实纪实。在这特殊的小象家族里，管理员们和年龄比较大的孤儿象，扮演着正常象家族里妈妈和阿姨们的角色，他们试着让这些孤单的小孤儿象去重新学习信任，结交新的玩伴。在幽默和心酸之中，孤儿象们面临生活中的种种挑战与危机。在它们恢复健康后，能否顺利地离开新家庭，重新回到野象群中生活？

了解详情

广岛 = Hiroshima

并列题名：Hiroshima　1945年8月6日早上8时15分，日本广岛遭到了原子弹的轰炸。刹那间，整座城市变成一片废墟。几十万人失去了生命，还有无数人一生都将忍受原子弹爆炸后遗症带来的无尽的痛苦。这是人类战争史中第一次，也是唯一的一次使用原子弹。这部纪录片向我们展示了遭受原子弹轰炸的日本人民的生活是什么样的，时间定格在短短的三周之内，从在新墨西哥的试爆到最后在日本上空的投下，还有当年做出决策的那个房间，灾难发生的那一刹那的广岛街头本节目以当事人和目击者的描述，运用最顶尖的技术，以记录形式，将往日的故事重现在观众眼前，本节目更以历史和政治层面，深入剖析原子弹爆炸带来的影响。

了解详情

飞禽传 =The Life of Birds：完整版

艾登堡禄荣誉贡献

并列题名：The life of birds　全球鸟类纪录片最具权威性的经典杰作，它由英国著名科学家大卫·艾登堡禄历时3年，环游世界访问了从北极到南极的42个国家及地区后精心制作而成。这个特辑将向您展现世界上多种精彩绝伦的生物，并探索它们多姿多彩的生活。鸟类首次扮演重要角色并成为相当明亮迷人的动物。除有绝佳的杂技技能外，它们还拥有奇特的觅食手段和寻找配偶的技巧。在日本，乌鸦能借助汽车的帮助使坚果裂开；在澳大利亚，红嘴山鸦合伙袭击并劫持了它们邻居的幼禽……

2. Notification Publishing via Omni-Media

Thousands of readers' activities were held by Shenzhen Library every year, the information of which were published not only by traditional ways such as posters and brochures, but also by electronic information screens, website notice and WeChat, as well as newspaper, radio and other media to widen the influence.

Electronic information screens were set up in and outside Shenzhen Library to publish notices and schedules of reader activities. Readers' activities column at the library website has become the hotspot . One could be informed about all kinds of reader activities once following the WeChat official account.

An integrated sharing and advertising platform was set up by Shenzhen Library to meet the requirement of omni-media information publishing, taking technical advantages and relying on a variety of new media technologies. An unified database of readers activities made it possible to update activity-related information timely and supported all the information channels such as posters, website, text-message, weibo, WeChat, which achieved a stable and efficient operation of information releasing.

3. Reader Participation and Interaction

Shenzhen Library put importance on on-the-spot communication and interaction when lectures or activities were held. Taking use of weibo and WeChat, an interactive and advertising mechanism with broad and deep participation of readers was formed. Online interaction, clicking good button, forwarding and commenting attracted the participation of public and expanded the influence. Meanwhile, a series of online activities which echoed with offline activities were carefully planned and organized, including topic participation, award for forwarding comments, calling for ideas, etc.

In November 2014, a series of reading promotion activities of "Illustrating Shenzhen Library" were carried out by the official weibo of Shenzhen Library. One service was selected to be illustrated by pictures and text at the beginning of every month, and readers were invited to interact through weibo. At the end of the month a poll was conducted to select the winner and awards were made. A "micro-community", later renamed "blog of Shenzhen Library"), described as "reading promotion place, reader interaction land", was started by Shenzhen Library to carry out the library's online activities and encourage readers' communication and interaction, which realized the interactive communication and reading dissemination between the library and the readers, as well as among readers.

4. Construction of Readers Activities Database

A readers activities database was constructed by digitalizing experts' lectures, comprehensive exhibitions, knowledge contests and other activities in order to record and preserve high-quality these resources, and further extend the space and time of reading promoting.

Excellent readers activities were chosen into "Shenzhen Library activities" database. The selection was carried out regularly, and a regulation of processing was made. Pictures, videos, and audios were digitalized with different degrees. The digitalized resources were catalogued according to the Dublin Core Metadata Element set and then put into the database, which laid the foundation for long-term preservation and utilization in digital mode.

After the resources were processed and preserved, how to present "Shenzhen Library activities" database and build an online platform of exhibition and lecture was explored to extend the time and space limit of reading promotion. Sections of experts' lectures, knowledge contests, comprehensive exhibitions, barrier-free services and other activities were set up in the database, which provided friendly access and could break through the traditional time and space limit. Readers could watch the activities online via different kinds of terminals.

Library Collection

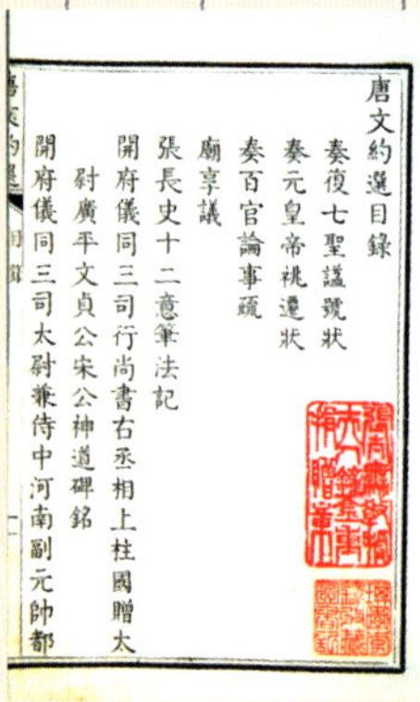

唐文約選目錄

奏復七聖謚號狀

奏元皇帝祧遷狀

奏百官論事疏

廟享議

張長史十二意筆法記

開府儀同三司行尚書右丞相上柱國贈太尉廣平文貞公宋公神道碑銘

開府儀同三司太尉兼侍中河南副元帥都

05

Chapter 5
Special Collection in Shenzhen Library

Under the policy guidance of constructing "city of library", the city and district public libraries worked in cooperation to collect Chinese literature as complete as possible, to jointly introduce digital resources and to construct steadily the literature resource system. The average number of books purchased per capita in Shenzhen and of public library books per capita ranked top in China. Meanwhile, city and district libraries kept improving their purchase plan, collection structure, and collection priority according to their collection construction principles. Targeted special collections were constructed. Thematic and special collection services were provided.

Section 1

Precious Ancient Books

The collection and preservation of ancient books began as soon as Shenzhen Library was built. The family of Mr Zhang Taiwu, a famous bibliophile, donated a number of precious ancient books in 1985, which became the earliest collection of ancient books in Shenzhen Library. There are now about 300 titles of ancient books, 3, 000 items in total, of which 300 items were rare ancient books, 2, 700 items were ordinary ancient books, and about 8, 000 items were of books of the Republic of China. There were four ancient books included into the third national rare ancient books list in 2010. *Selected Essays of the Tang, Song and Yuan Dynasties* was included into the fifth national rare ancient books list in 2016. Thirteen ancient books were included in the rare ancient books list of Guangdong Province. Meanwhile, to meet the needs of readers studying and reading ancient books, and to promote the traditional culture, Shenzhen Library purchased a variety of high-quality reproductions of classic ancient books. In 2003, Shenzhen Library purchased the *Chinese Reconstructed Rare Books*, including 758 titles, 8, 990 items in total; what's more, the sequel of the *Chinese Reconstructed Rare Books* were purchased after the financial support had been applied, including 554 titles, 4, 275 items in total.

1. Ancient Books of Original Edition

Selected Essays of the Tang, Song and Yuan Dynasties, not in volumes, edited by unknown (Qing Dynasty)

It is a manuscript dating back to 1723-1735 of 24 items. There are nine lines per page and each line has 19 characters. On each page the rectangular frame into which characters were printed are double-lined, 21.3cm in length and 14.1cm in width. The book mouth, which was the opposite side of the spine, is white. Next to the medial line of each leaf there is one all-black fishtail-shaped sign which showed where to fold the leaf.

It is the only copy extant at home and abroad after investigation. It is recorded in the *Chinese Ancient Rare Books Bibliography* as the follows: selected essays of Tang Dynasty not in volumes, selected essays of Song Dynasty not in volumes, selected essays of Yuan Dynasty not in volumes. There are 24 items in total, of which four are essays of Tang, ninteen of Song, and one of Yuan. It is a manuscript from Prince Guo Mansion during the reign of emperor Yongzheng of the Qing Dynasty, which was a tribute for the emperor to read. Some characters were written without some strokes intentionally because they were in the name of the Qing emperors, such as "玄" "玅" "胤", except the character "弘". The book was quite carefully and clearly written, with annotation in red-ink, quite pretty. At the beginning of the book was sealed with "finalized by Prince Guo", which indicated that it was an old book collected at Prince Guo Mansion.

In March 2016, the book was included into the fifth national rare ancient books list.

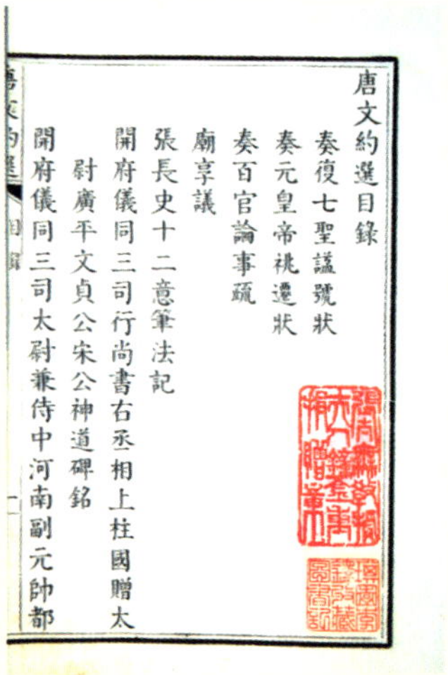
唐文約選目錄
奏復七聖謚號狀
奏元皇帝祧遷狀
奏百官論事疏
廟享議
張長史十二意筆法記
開府儀同三司行尚書右丞相上柱國贈太
尉廣平文貞公宋公神道碑銘
開府儀同三司太尉兼侍中河南副元帥都

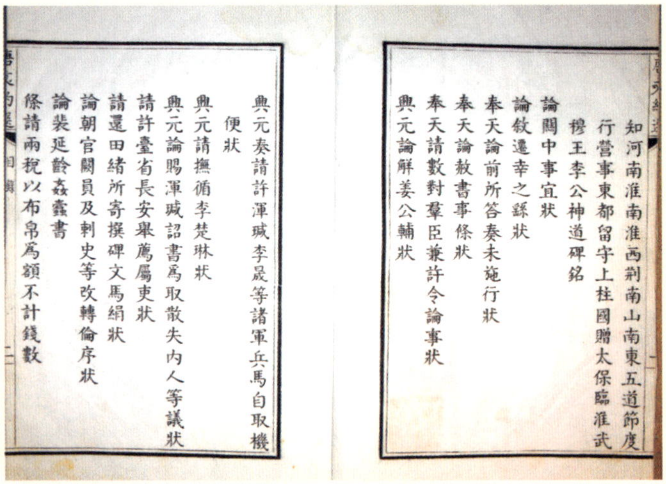
知河南淮南淮西荆南山南東五道節度
行營事東都留守上柱國贈太保臨淮武
穆王李公神道碑銘
論關中事宜狀
論敘遷幸之繇狀
奉天論前所答奏未施行狀
奉天論赦書事條狀
奉天請數對羣臣兼許令論事狀
興元論解姜公輔狀
興元奏請許渾瑊李晟等諸軍兵馬自取機
便狀
興元請撫循李楚琳狀
興元論賜渾瑊詔書爲取散失內人等議狀
請許臺省長安舉薦屬吏狀
請還田緒所寄撰碑文馬絹狀
論朝官闕員及刺史等改轉倫序狀
論裴延齡姦蠹書
條請兩稅以布帛爲額不計錢數

Zizhi Tongjian Gangmu of 59 Volumes, edited by Zhu Xi (Song Dynasty)

It was printed in 1473 by the Household Office (Volume 36, 37, 42, 43, were printed in Qing Dynasty) of 32 items. There are eight lines per page and each line has 18 characters, while 21 characters in smaller size. On each page the rectagular frame into which characters were printed are double-lined, 27.2 cm in length and 18.4 cm in width. The book mouth, which was the opposite side of the spine, was black. Next to the medial line of each leaf there was one all-black double-lined fishtail-shaped sign which showed where to fold the leaf.

Zizhi Tongjian Gangmu is a history monograph by Zhu Xi, but he didn't finalize the book. The book was editted and finished by Zhu's disciple Zhao Shiyuan at Fanchuan Academy. There are 59 volumes in total. The book was one of the typical books printed by the Household Office, for its large-size characters, black book mouth, white tissue paper and double-lined fishtail-shaped folding sign.

In June 2010, the book was included into the third national rare ancient books list.

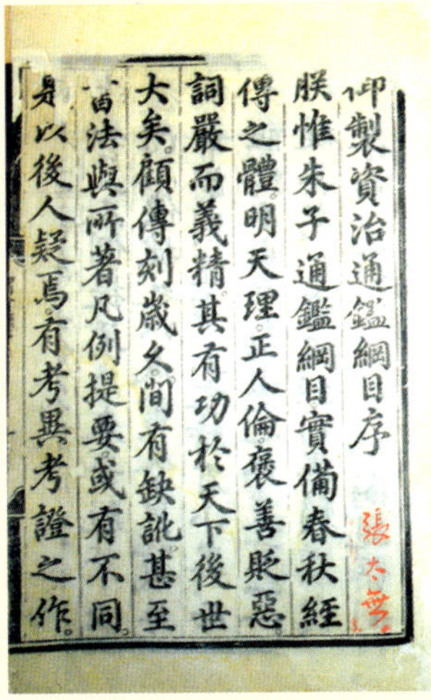
御製資治通鑑綱目序
朕惟朱子通鑑綱目實備春秋經
傳之體明天理正人倫褒善貶惡
詞嚴而義精其有功於天下後世
大矣顧傳刻歲久間有缺訛甚至
書法與所著凡例提要或有不同
是以後人疑焉有考異考證之作

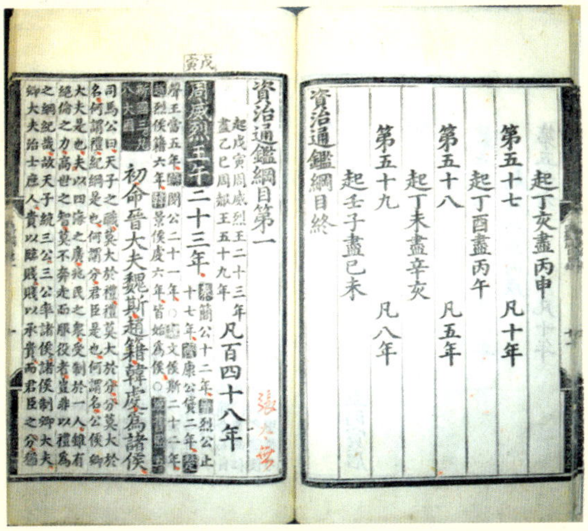

The Sequel to Zizhi Tongjian Gangmu of 27 Volumes, edited by Shang Lu (Ming Dynasty)

It was printed in 1476 by the Household Office of 15 items. There are eight lines per page. Each line has 18 characters, while 21 characters in smaller size. The book mouth is big bold black. The rectangular frame into which pages were printed are double-lined, 27.2 cm in length

and 18. 4 cm in width. The folding signs are double-lined fishtail-shaped.

It was an officially compiled history book in mid-Ming Dynasty as a sequel of *Zizhi Tongjian Gangmu* by Zhu Xi, recording the 408-year history from 960 to 1369. The book was divided into 27 volumes and was ordered to be compiled for twice in 1455 and in 1473, and finally finished in 1476.

In June 2010, the book was included into the third national rare ancient books list.

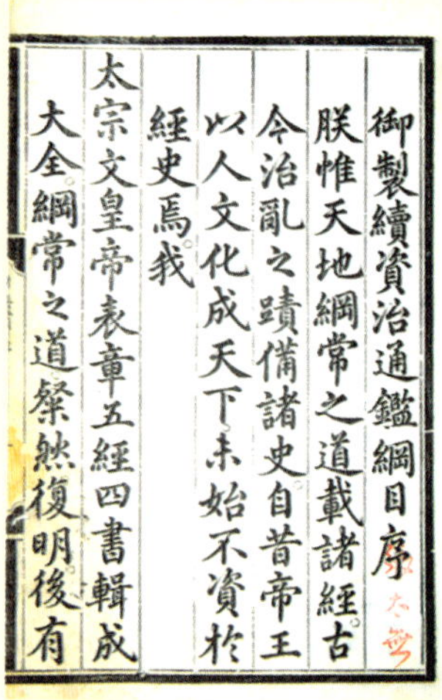
御製續資治通鑑綱目序
朕惟天地綱常之道載諸經古
今治亂之蹟備諸史自昔帝王
以人文化成天下未始不資於
經史焉我
太宗文皇帝表章五經四書輯成
大全綱常之道粲然復明後有

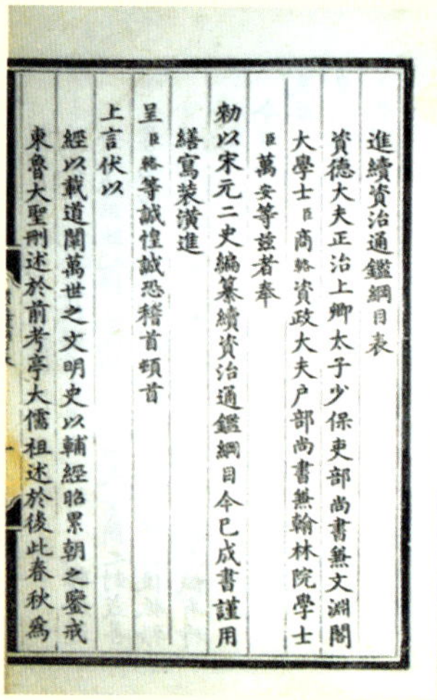
進續資治通鑑綱目表
資德大夫正治上卿太子少保吏部尚書兼文淵閣
大學士臣商輅資政大夫戶部尚書兼翰林院學士
臣萬安等並著奉
勅以宋元二史編纂續資治通鑑綱目今已成書謹用
繕寫裝潢進
呈臣輅等誠惶誠恐稽首頓首
上言伏以
經以載道開萬世之文明史以輔經昭累朝之鑒戒
東魯大聖刪述於前考亭大儒祖述於後此春秋為

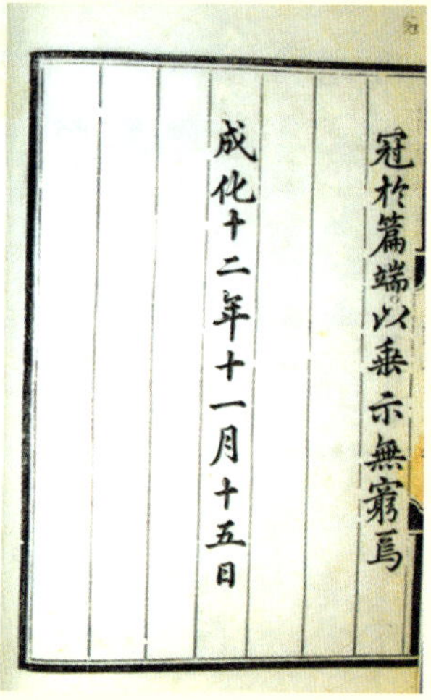
冠於篇端以垂示無窮焉
成化十二年十一月十五日

Official Memorials by Su Shi of Five Volumes written by Su Shi (Song Dynasty) and annotated by Qian Luping (Ming Dynasty)

It was printed with black and red ink during the reign of Emperor Wanli of the Ming Dynasty (1573-1620), composed of 5 items. There are eight lines per page. Each line has 18 characters. The book mouth was white. The rectangular frame into which pages were printed are single-lined, 20. 3 cm in length and 14. 5 cm in width.

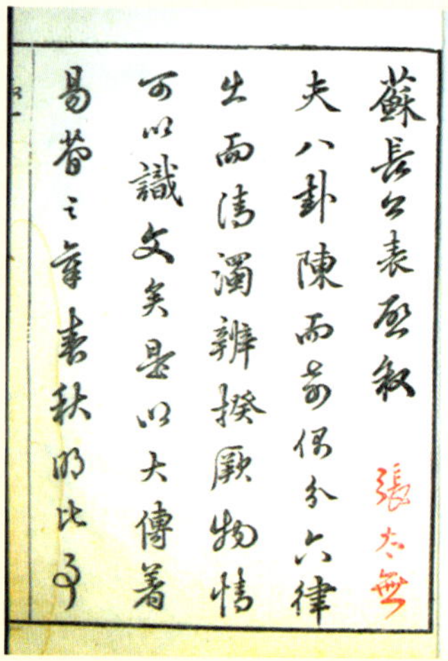
蘇長公表啟叙

The book was printed in ink and red. The dot, marks, the notes at the top of the page, the red seal next to the annotations at the end of the book were written by Sheng Wenming of Songling.

In June 2010, the book was included into the third national rare ancient books list.

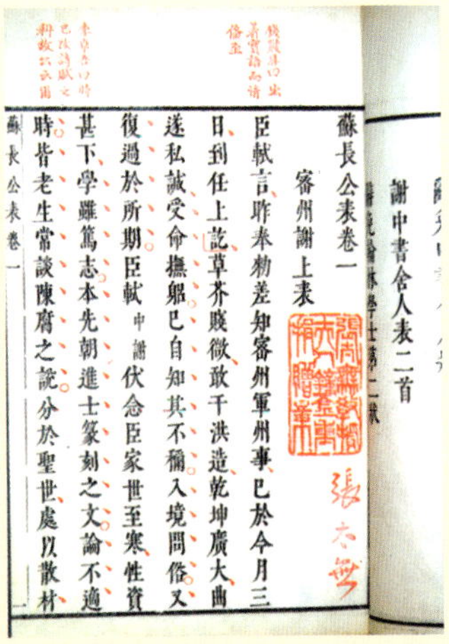

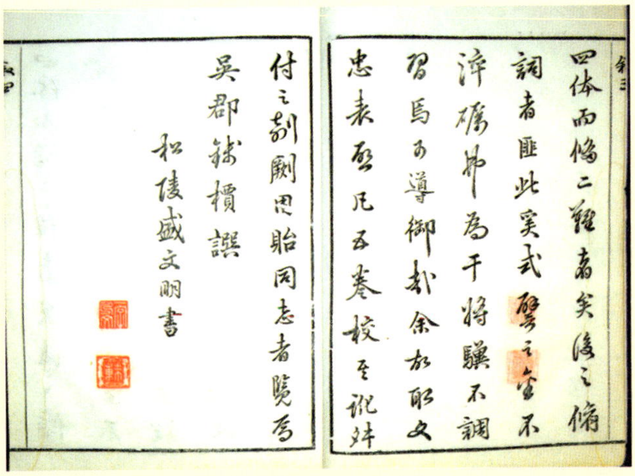

Selected Works on Policy by Su Shi of Twelve Volumes, written by Su Shi (Song Dynasty), annotated and commented by Mao Kun and Zhong Xing (Ming Dynasty)

It was printed in blue, red and black ink during 1621 to 1627, composed of seven items. There are ten lines per page. Each line has 19 characters. There were characters of smaller size at the margins of the pages and the end of the book. The book mouth is white. The rectangular frame into which pages were printed are single-lined, 20.3 cm in length and 14.5 cm in width. There are no fishtail-shaped folding signs.

The book was typically three-colour printed by Mao family, valuable as a distinguished version. The notes by Mao Kun was in red, while by Zhong Xing in blue, the essays on politics by Su Shi in black. There were no longitudinal deviding lines between characters.

In June 2010, the book was included into the third national rare ancient books list.

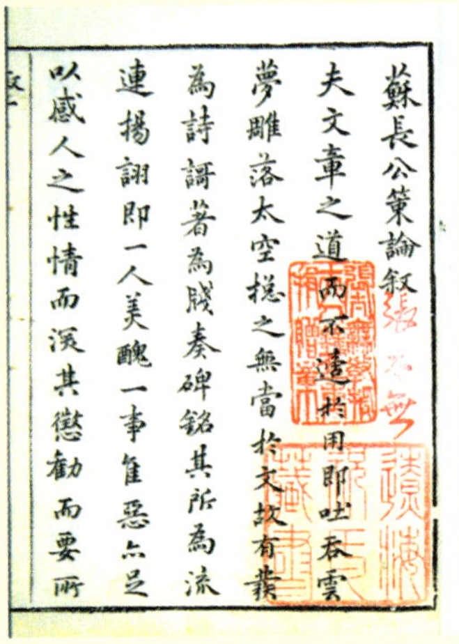

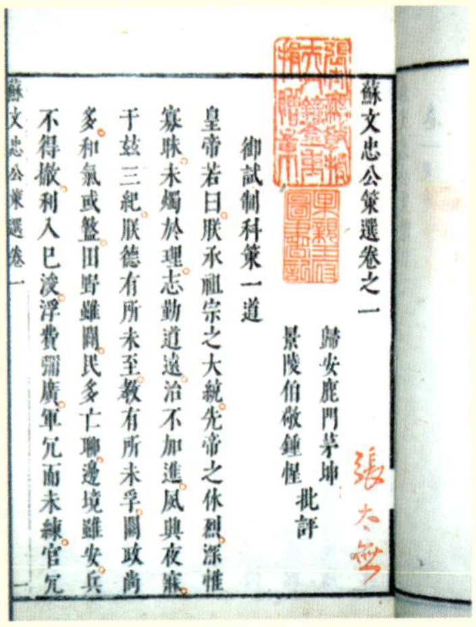

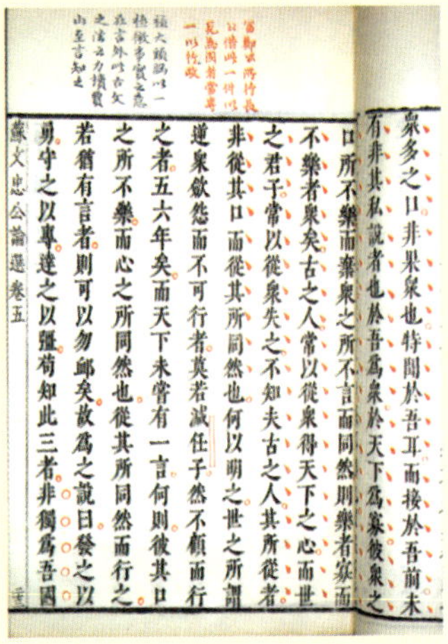

Daily Lecture Materials of 13 Volumes

It was printed during 1662 to 1722, Wuying Palace edition of 13 items. There are nine lines per page. Each line has 18 characters. The book mouth is black. The rectangular frame into which pages were printed are double-lined, 19. 1 cm in length and 14. 5 cm in width. The folding signs are fishtail-shaped.

Emperor Kangxi ordered Kulena, Ye Fang'ai and other Confucian scholars to compile and issue the book in 1678. Emperor Kangxi wrote the preface in 1680. Kangxi was a taboo in the book, while Qianlong wasn't. The printing paper was of high quality. The book was carefully collated and fine printed.

In October 2011, the book was included into the first provincial rare ancient books list of Guangdong.

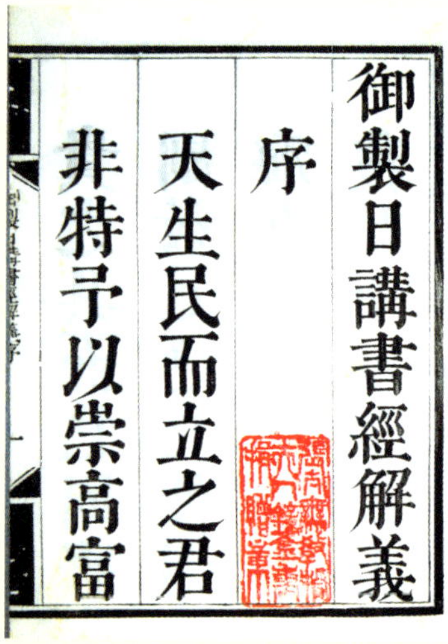
御製日講書經解義
序
天生民而立之君
非特予以崇高富

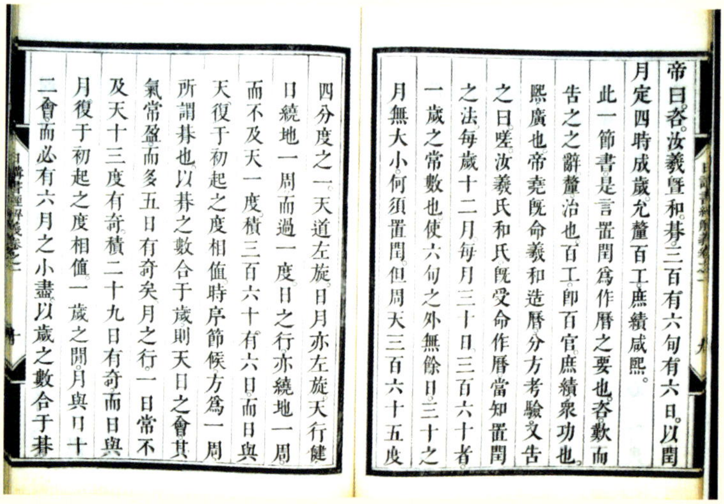
帝曰咨汝羲暨和朞三百有六旬有六日以閏
月定四時成歲允釐百工庶績咸熙
此一節書是言置閏爲作曆之要也咨歎而
告之之辭釐治也百工即百官庶績衆功也
熙廣也帝堯既命羲和造曆分方考驗又告
之曰嗟汝羲氏和氏既受命作曆當知置閏
之法每歲十二月每月三十日三百六十者
一歲之常數也使六旬之外無餘日三十之
月無大小何須置閏但周天三百六十五度
四分度之一天道左旋日月亦左旋天行健
日繞地一周而過一度日之行亦繞地一周
而不及天一度積三百六十有六日而日與
天復于初起之度相值時序節候方爲一周
所謂朞也以朞之數合于歲則天日之會其
氣常盈而多五日有奇矣月之行一日常不
及天十三度有奇積二十九日有奇而日與
月復于初起之度相值一歲之間月與日十
二會而必有六月之小盡以歲之數合于朞

Su Shi's Poems Annotated by Shi of 42 Volumes with 2 Volumes as Catalogues, annotated by Shi Yuanzhi (Song Dynasty), compiled by Gu Sili and Song Luo (Qing Dynasty)

It was printed in 1699 by Song Luo, of 12 items. The upper and lower parts of the book mouth is black. The rectangular frame into which pages were printed are single-lined, 18. 4 cm in length and 14. 3 cm in width. There are ten lines per page. Each line has 21 characters. The folding signs are single-lined fishtail-shaped.

The book was well-known in Qing Dynasty for its fine printing and excellent appearance. The font of the book was quite vigorous while pretty, unique from the books of sweet and pleasant fonts popular of the age. There is a portrait of Su Shi ahead of the preface, of which the lines are smooth, clear and natural.

In October 2011, the book was included into the first provincial rare ancient books list of Guangdong.

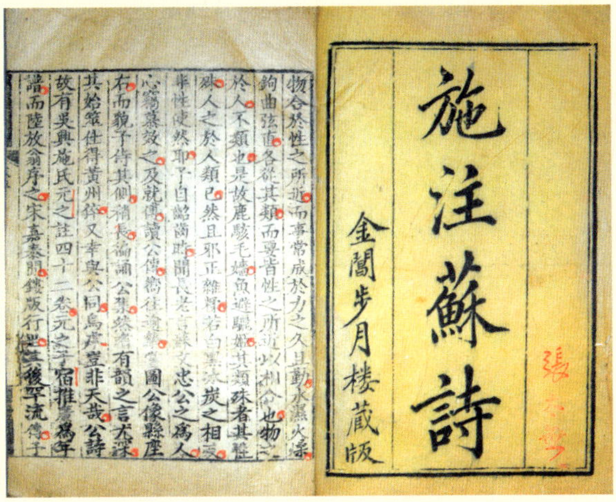

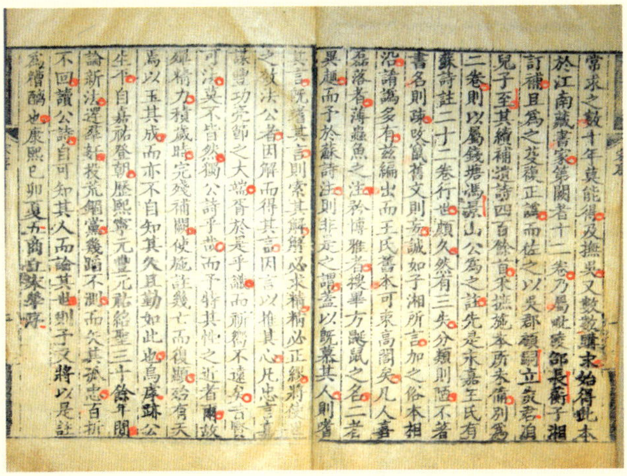

Selected Works by 103 Celebrities of Han Dynasty, Wei Dynasty and Six Dynasties, of 180 Volumes, compiled by Zhang Pu (Ming Dynasty)

It was printed during 1368-1644, of 67 items. The left and right sides of the rectangular frame into which pages were printed are double-lined. The frame are 20. 1cm in length and 14. 3 cm in width. There are nine lines per page. Each line has 18 characters. The book mouth is white. The folding signs are single-lined fishtail-shaped.

It was compiled referred to *Works By 72 Celebraties* compiled by Zhang Xie of Ming Dynasty, and *Pre-Tang Poem Records* compiled by Feng Weine, *Literary Records of Different Dynasties* compiled by Mei Dingzuo. Poem or essay works by 103 celebrities from Jia Yi of Han Dynasty to Xue Daoheng of Sui Dynasty were collected together by the authors, one author one unit. Fu, a Chinese genre of rhymed prose, was arranged first in each unit, then essays, and then poems. There were some comments about the life and work of the author by the compiler ahead each unit. There were only a few copies of Ming edition extant, so it was really valuable.

In October 2011, the book was included into the first provincial rare ancient books list of Guangdong.

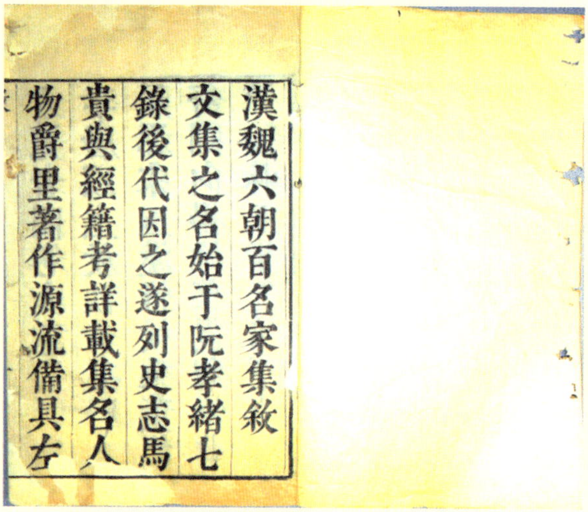

漢魏六朝百名家集敘
文集之名始于阮孝緒七
錄後代因之遂列史志馬
貴與經籍考詳載集名人
物爵里著作源流備具左

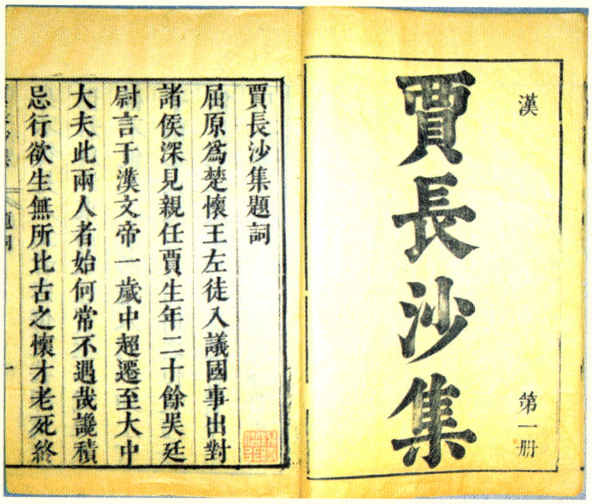

漢
賈長沙集
第一册

賈長沙集題詞
屈原爲楚懷王左徒入議國事出對
諸侯深見親任賈生年二十餘吳廷
尉言于漢文帝一歲中超遷至大中
大夫此兩人者始何常不遇哉讒積
忌行欲生無所比古之懷才老死終

Literary Anthology of 60 Volumes, selected by Prince Zhao Ming (Liang Dynasty)

It was photo-printed in 1809 by Hu Kejia, of which the original edition was printed by You Mao during Song Dynasty. It is composed of 24 items. The left and right sides of the rectangular frame into which pages were printed are double-lined. The frame are 20. 9 cm long and 14. 3 cm wide. There are ten lines per page. Each line has 21 characters. Some lines had smaller-sized characters but of the same number. The book mouth is white. The folding signs are double-lined fishtail-shaped.

It stood out among books which were photo-printed in Qing Dynasty from the books printed in Song Dynasty, fine and carefully printed, hard to be found, which was looked on as the edition representing the best quality of books printed in Qing Dynasty by books commenting on editions. Successive editions were mostly photo-printed from the edition of Hu, such as the edition printed by Zhonghua Book Company in 1977, and the punctuated edition by Shanghai Ancient Books Publishing House in 1986, and so on.

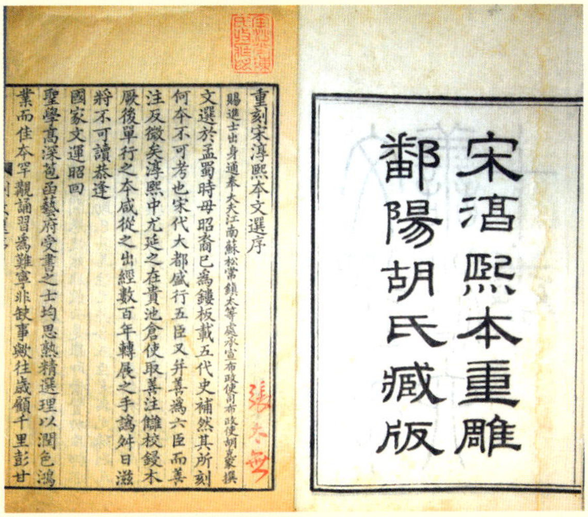
宋湻熙本重雕
鄱陽胡氏臧版

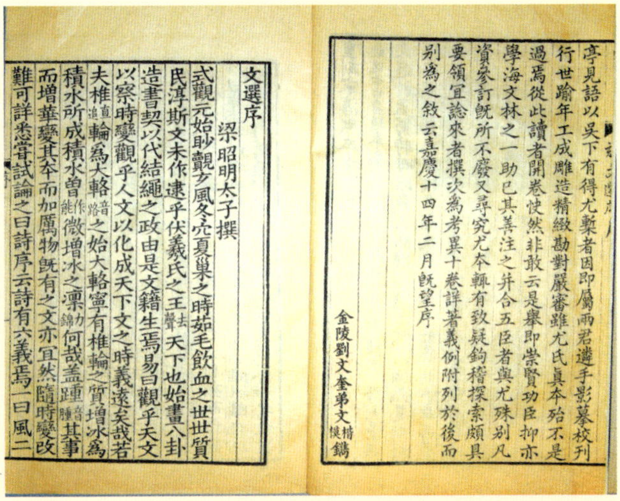
文選序
梁昭明太子撰

Emperor-Selected Essays of Tang and Song Dynasties of Qing Dynasty 58 Volumes, selected by Qianlong (Qing Dynasty)

It was printed in five colors by Wuying Palace in Qing Dynasty, of 20 items. The book mouth is white. The rectangular frame into which pages were printed are double-lined, 19.5 cm in length and 14.2 cm in width. There are nine lines per page. Each line has 22 characters. The folding signs are single-lined fishtail-shaped.

The book was printed on Tai Shilian paper, one kind of paper used for ancient books. It is a literary anthology of 474 works by ten great prose masters of the Tang and Song, Han Yu, Liu Zongyuan, Ouyang Xiu, Su Shi, Su Zhe, Su Xun, Zeng Gong, Wang Anshi, Li Ao, and Sun Qiao. The review by Kangxi is in yellow at the beginning of the chapters, while by Qianlong is in red at the end of the chapters, and reviews by others are in purple, green after that by Qianlong. It was one of the best-printed books among whichever was printed in the palace during the reign of Qianlong.

In October 2011, the book was included into the first provincial rare ancient books list of Guangdong.

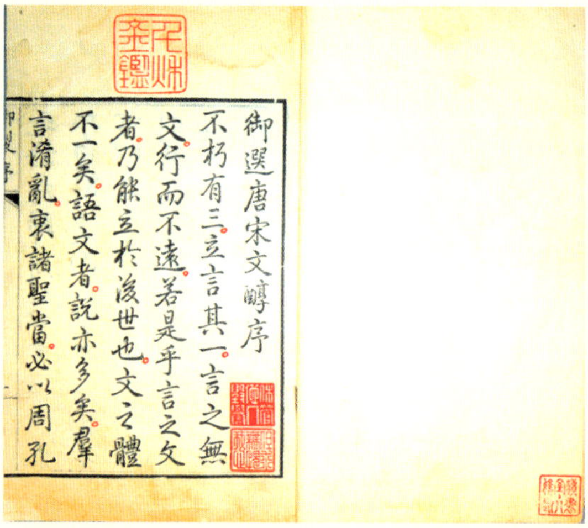

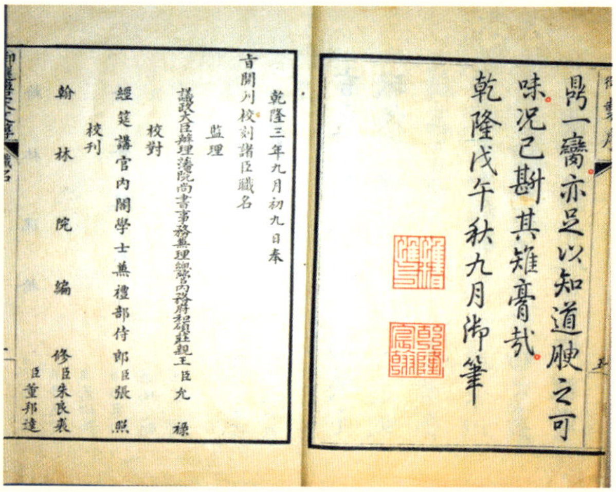

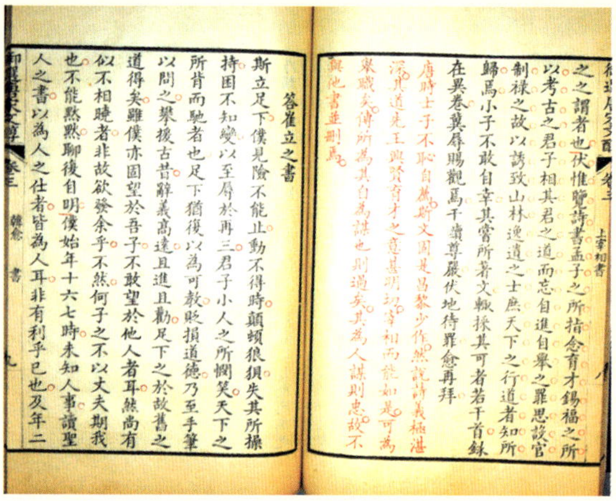

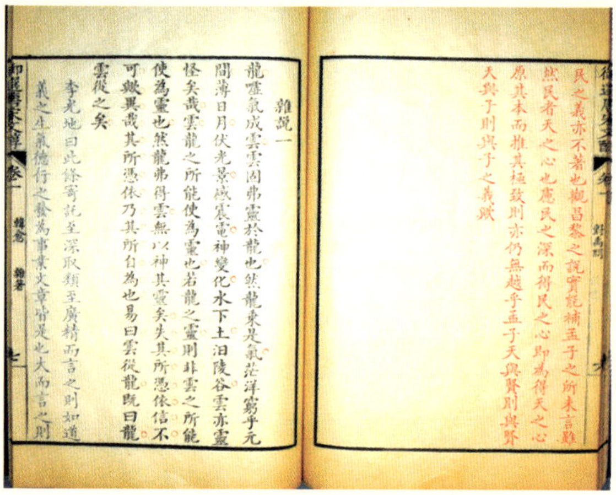

Complete Tang Poems of 900 Volumes with 12 Volumes of Catalogues, compiled by Emperor Kangxi (Qing Dynasty)

It was printed from 1705 to 1707 by Yangzhou Poetry Bureau, of 120 items. The upper and lower parts of the book mouth is black. The left and right sides of the rectangular frame into which pages were printed are double-lined. The frame is 16.9cm in length and 13.7cm in width. There are eleven lines per page. Each line has 21 characters, while the number of characters in smaller sizes is not 21. The folding signs are double fishtail-shaped.

The book was printed in pretty font and good color on snowy Kaihua paper, fine bound. It was one of the best official printed books by Qing offically.

In October 2011, the book was included into the first provincial rare ancient books list of Guangdong.

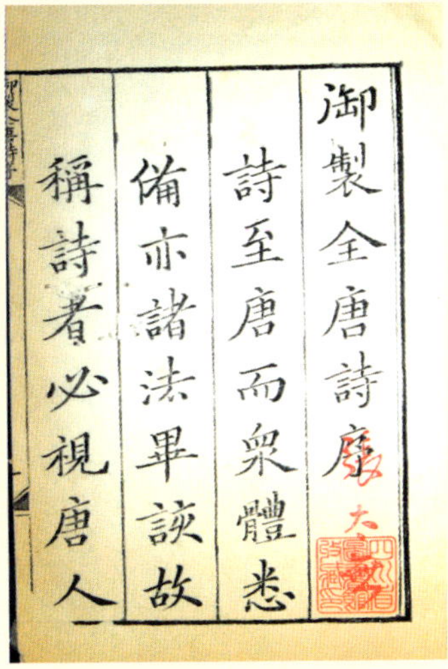

御製全唐詩序
詩至唐而眾體悉
備亦諸法畢該故
稱詩者必視唐人

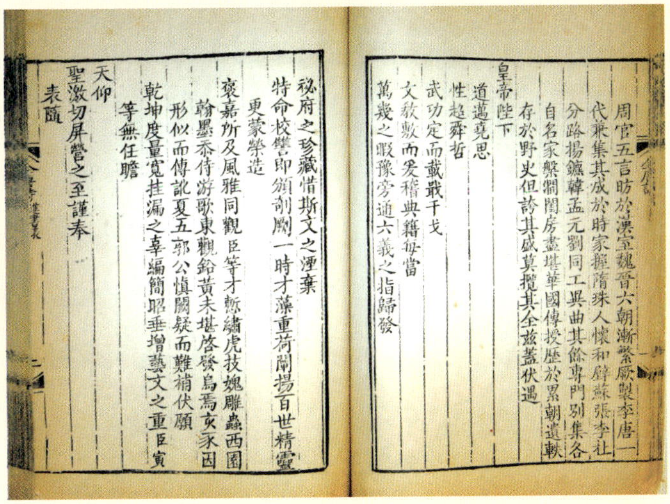

周官五言昉於漢室魏晉六朝漸繁厥製李唐一
代兼集其成於時家擅隋珠人懷和璧蘇張李杜
分路揚鑣韓孟元劉同工異曲其餘專門別集各
自名家槃㵎閨房盡堪華國傳授歷於累朝遺軼
存於野史但誇其盛莫攬其全茲蓋伏遇
皇帝陛下
道邁堯思
性超舜哲
武功定而載戢干戈
文教敷而爰稽典籍每當
萬幾之暇豫旁通六義之指歸發
祕府之珍藏惜斯文之湮棄
特命校讐即頒剞劂一時才藻重荷闡揚百世精靈
更蒙榮造
褒嘉所及風雅同觀臣等才慙繡虎技媿雕蟲西園
翰墨忝侍游歌東觀鉛黃未堪啓發烏焉亥豕因
形似而傳訛夏五郭公慎闕疑而難補伏願
乾坤度量寬挂漏之辜編簡昭垂增藝文之重臣寅
等無任瞻
天仰
聖激切屏營之至謹奉
表隨

2. Photo-Printed Ancient Books

Photo-Printed Wenyuan Pavilion *Siku Quanshu*

Siku Quanshu is an official-compiled book which best summarized and gathered the predecessors' works. There is only one copy for reproduction, divided into seven items according to the standard of Tianyi Pavilion of Fan family in Ningbo. *Siku Quanshu* by Wenyuan Pavilion was the first completed copy, which served as the second copy for reproduction. The edition by Wenyuan Pavilion was thought to be the most authoritative one by the academic circles. *Siku Quanshu* by Wenyuan Pavilion was finally bound up and completed in 1782 and then collected by Wenyuan Pavilion, the Forbidden City. The book was shipped to Taiwan during the war of liberation, collected in National Palace Museum, Taipei. The copy in Shenzhen Library was photo-printed by the Commercial Press, Ltd., Taiwan from 1983 to 1988, 1292 items in total.

Supplements for Siku Quanshu

Supplements for Siku Quanshu was a national publishing project approved by the State Administration of Press, Publication Radio, Film and Television of PRC and the National Planning Group of Ancient Book Editing and Publishing. It was another large-scale collection and organization of Chinese ancient books after the compilation of the *Siku Quanshu* in the 18th century by Qing government. Gu Tinglong, and Fu Xuanzong were the chief editors of *Supplements for Siku Quanshu*. The project started in 1994, lasted 8 years and finally completed in April 2002, 5213 titles of books collected. The book was divided into 1, 800 items in total, published by the Shanghai Ancient Books Publishing House.

The Siku Quanshu Extant List Collections

When *Siku Quanshu* was compiled during the reign of Emperor Qianlong in Qing Dynasty, a large number of ancient books were rejected for their ideas didn't adapt to the rule and moral value of Qing Dynasty. There were 6, 793 titles of books, of 93, 551 volumes listed in the Extant List, which meaned that these books were only listed by title. The books in Extant List were lost seriously since Qing Dynasty. There are a little over 4, 000 titles, of more than 60, 000 volumes, collected by over 200 libraries separately, 30% of which has become the only existing copy.

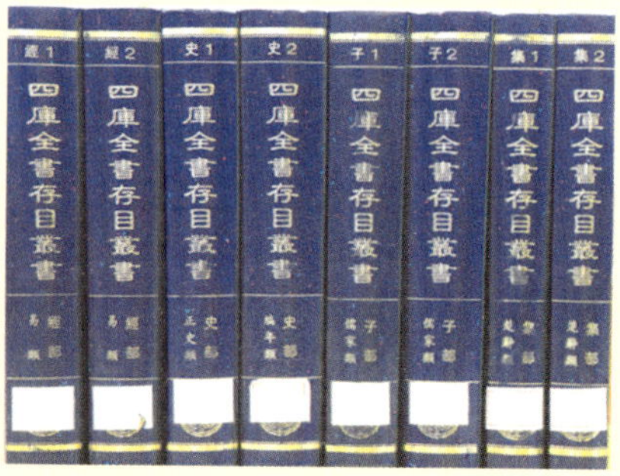

Ji Xianlin was the chief editor of the collections. The project lasted five years from January 1993 to October 1997. 4, 508 titles of books preserved by 116 libraries or museums, and book collectors at home or abroad, among which 15 titles were block-printed in Song

Dynasty, a manuscript in Song Dynasty, 21 block-printed in Yuan Dynasty, 2, 152 block-printed in Ming Dynasty, 127 hand-copied in Ming Dynasty, 1, 634 block-printed in Qing Dynasty, 330 hand-copied in Qing Dynasty, and 22 manuscripts of Qing Dynasty. Over 30% were the only existing or very rare copies. The collections were photo-printed and published by Qilu Press in October 1997, and made to sextodecimo hard-cover.

Chinese Reconstructed Rare Books

Chinese Reconstructed Rare Books belong to an important cultural construction project, which selected various of ancient books, to solve the contradiction between "storage" and "use", therefore let many rare ancient books be used and keep Chinese civilization inherited from generation to generation. *The Chinese Reconstructed Rare Books* was accomplished by two periods of engineering, with more than 1, 300 kinds. The compilation of the book is divided into five sections: *Tang & Song Dynasty Section*, *Jin & Yuan Dynasty Section*, *Ming Dynasty Section*, *Qing Dynasty section* and *The Minority Language Literature Section from Tang Dynasty to Qing Dynasty.* The layout of each book was based on *Chinese Ancient Rare Books Bibliography*. The entire set of *Chinese Reconstructed Rare Books* had over 600 kinds, near ten thousand volumes, the price of which is 3. 19 million Yuan. Shenzhen Library was the only public library below vice-provincial level that owned the collection of the book.

Essence of *Siku Quanshu* ordained by Emperor Qianlong

Since the innumerable volumes of *Siku Quanshu* were hard for retrieval, Emperor Qianlong decreed to pick the essence of *Siku Quanshu*. Therefore, an edit office of *Essence of Siku Quanshu* was set up, with Wang Jihua and Yu Minzhong taking charge of related affairs. The hard-cover *Essence of Siku Quanshu* ordained by Qianlong had 595 volumes, was photo-printed and published by Jilin Publishing Group Co. , Ltd. in 2005.

First Edited *Series Integration*

This *Series Integration* is a collection of ancient and modern series, so called: *Series Integration*. Selected books are about 100, of which the contentare about 6, 000 species, more than 27, 000 volumes. Eliminated the repetition, exists about 4, 100 species, about 20, 000 volumes. The book was published by Zhonghua Book Company in 2011, with 800 copies.

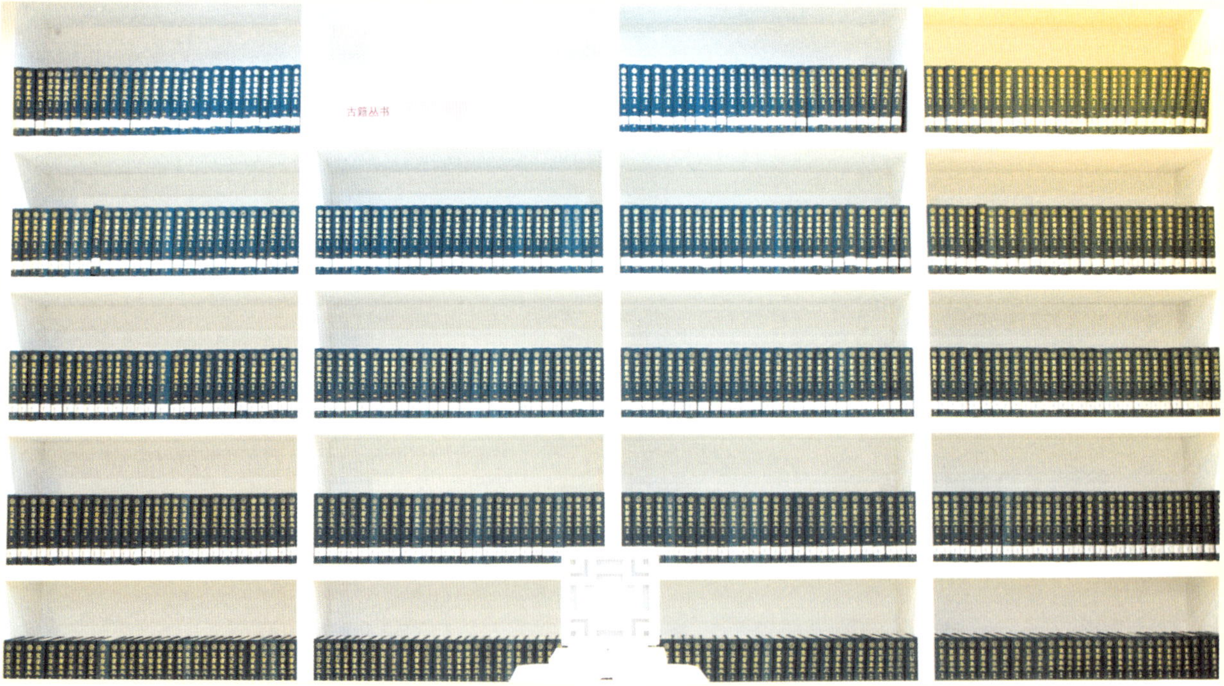

Section 2

Local Documents

Shenzhen city and district libraries are committed to collecting, sorting, storing, showing Shenzhen local documents, government public information and relevant information, in order to build local document special database. As the center of Shenzhen local documents, Shenzhen Library had collected over 50,000 volumes of local document, and led the joint construction of Shenzhen local document. Futian Library local documents reading area held near 6,000 volumes of local documents, built the "Futian full-text database of local documents". Bao'an District Library published *Bao'an literature records* (*volume one*), *Bao'an literature records* (*volume two*) and *Records of Bao'an Geographical Sculpture*. Longgang Library set up "Hakka literature area", and gradually established Hakka literature collection system and database. Nanshan Library collected 2,000 photos of Nanshan in several periods and themes and selected featured pictures to publish photo gallery *Advanced Nanshan with the Times* and built *Nanshan picture library*. Guangming New District Library launched subject of "looking for 'glary memory'", established "special collection room for glary memory". Through the joint efforts of city and district libraries, the construction of the local literatures in Shenzhen had taken shape. Local chronicles, genealogy, inaugural issue, Shenzhen scholars' special collection become characteristic aspects.

1. Local Chronicles and Genealogies

A country compiles history, a county compiles local chronicles, a family compiles genealogy, which is the three important parts of Chinese patriarchal society history. Local chronicles and genealogies are important literature material for studying local history and heritage.

Shixia Village Pan Clan Genealogy

The book was completed in 1854, and collected from Shixia Village. It was photocopy, informal publication, with a few number existing, and was precious material for studying Pan clan, in Shi Xia Village, Futian District. The book now is saved in Futian District Library.

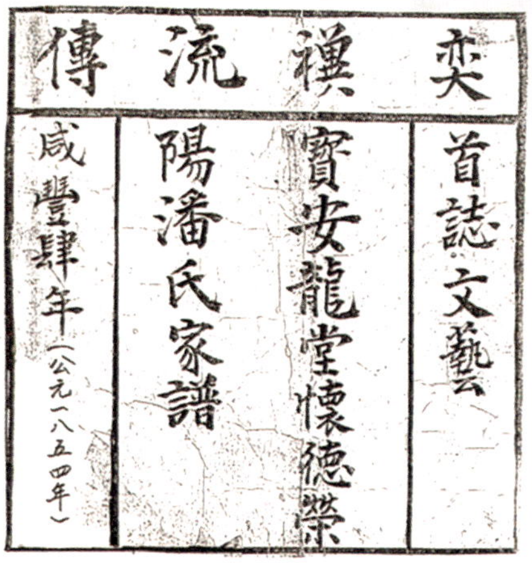
奕禩流傳
首誌文藝
寶安龍堂懷德榮
陽潘氏家譜
咸豐肆年（公元一八五四年）

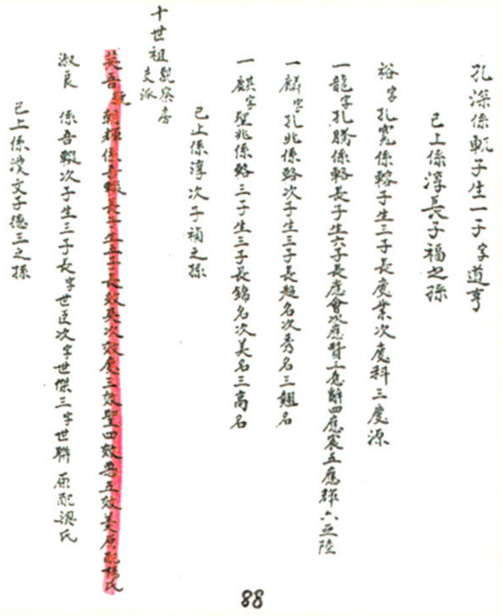
孔深係軏子生一子字道亨
已上係淳長子福之孫
裕字孔寬係輅子生三子長庚棠次庚科三庚源
一龍字孔勝係軫長子生六子長庶會次庶賢三庶解四庶寀五庶郛六庶陵
一麟字孔兆係路次子生三子長超名次秀名三翹名
一麒字聖兆係路三子生三子長錦名次美名三高名
已上係淳次子祿之孫
十世祖 煜容房 支派
英音 字耀係音毅長子生五子長效英次效彥三效聖四效恭五效美原配楊氏
淑良 係音毅次子生三子長字世臣次字世傑三字世耕 原配梁氏
已上係浚文子德三之孫
88

Shangsha Huang Clan Genealogy

The book was compiled by Meilin Jiangxia Huang genealogy compilation group of Shenzhen, and collected from Shangsha. It was photocopy, informal publication, with a few number existing, and was precious material for studying Huang clan in Shangsha. The book now is saved in Futian District Library.

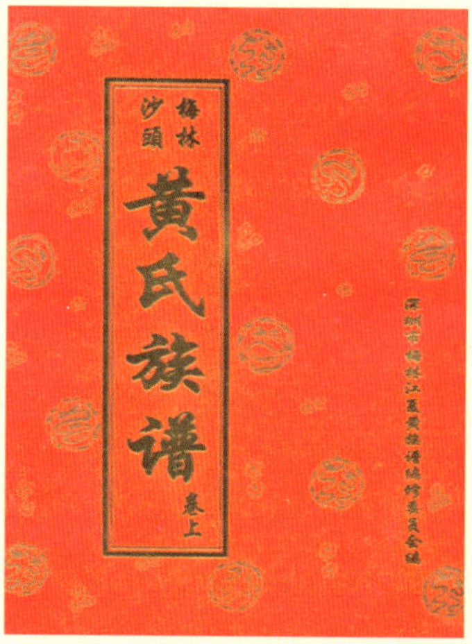

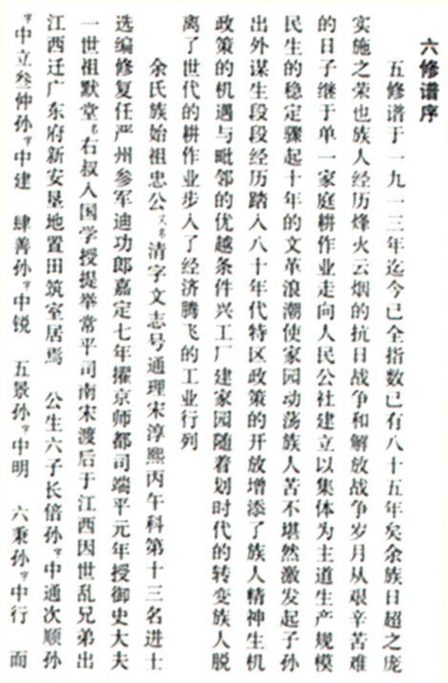
六修谱序

五修谱于一九一三年迄今已全指数已有八十五年矣余族日超之庞实施之荣也族人经历烽火云烟的抗日战争和解放战争岁月从艰辛苦难的日子继于单一家庭耕作业走向人民公社建立以集体为主道生产规模民生的稳定骤起十年的文革浪潮使家园动荡族人苦不堪然激发起子孙出外谋生段段经历踏入八十年代特区政策的开放增添了族人精神生机政策的机遇与毗邻的优越条件兴工厂建家园随着划时代的转变族人脱离了世代的耕作业步入了经济腾飞的工业行列

余氏族始祖忠公ⁿ清字文志号通理宋淳熙丙午科第十三名进士选编修复任严州参军迪功郎嘉定七年擢京师都司端平元年授御史大夫一世祖默堂ᵉ右叔入国学授提举常平司南宋渡后于江西因世乱兄弟出江西迁广东府新安垦地置田筑室居焉　公生六子长倍孙ᵧ中通次顺孙ᵧ中立叁仲孙ᵧ中建　肆善孙ᵧ中锐　五景孙ᵧ中明　六秉孙ᵧ中行　而

Zheng Clan Genealogy

The book was compiled by Zheng clan genealogy compilation group, and collected from Xia Meilin. It was photocopy and was precious material for studying Zheng clan in Xia Meilin. The book now is saved in Futian District Library.

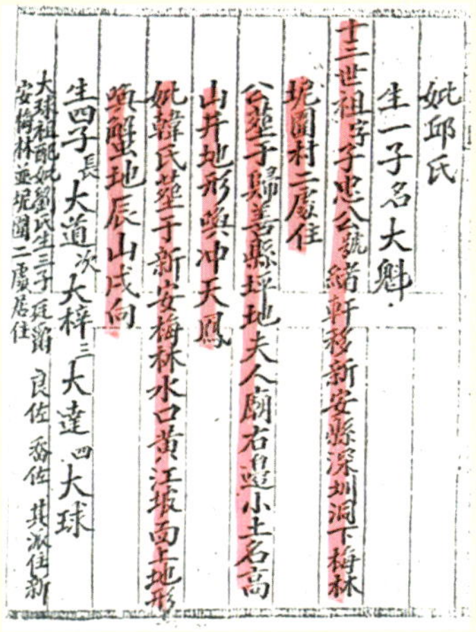

Xin'an County Chronicle (Kangxi Period, Mimeograph)

In 1962, Sun Yat-Sen Library purchased the microfilm of *Xin'an County Chronicle* from the Beijing Library, wrote with waxed paper and then mimeographed. The book now is saved in Shenzhen Library and Longgang District Library.

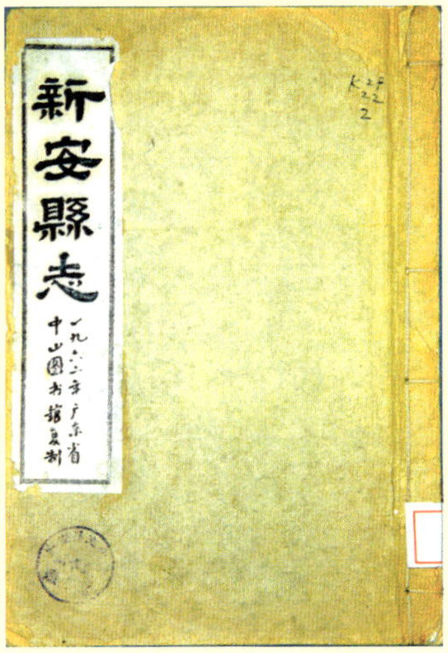

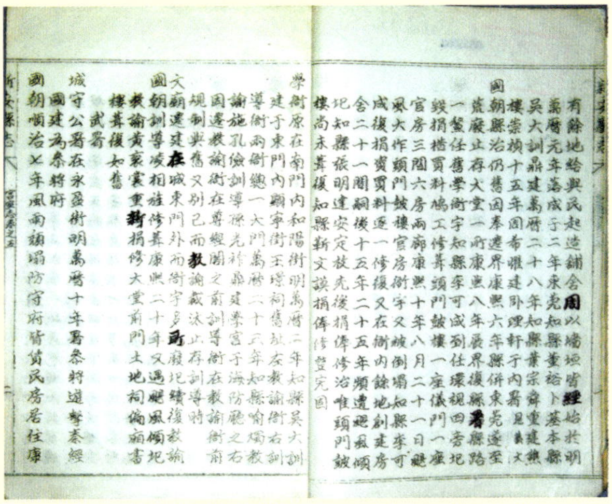

Xin'an County Chronicle (*Jiaqing Period*, *Mimeograph*)

Mimeograph edition of *Xin'an County Chronicle* was written by Shu Maoguan, Wang Chongxi in Jiaqing Period. In 1979, Huang Chengye, whose ancestral was Shenzhen, Chen Rixin, Liu Huangfa, Zhao Shuxun, He Xinrong, He Xinquan, Peng Kengran raised funds to reprint the mimeograph edition of *Xin'an County Chronicle*, and reissued in 1982. The book now is saved in Shenzhen Library and Longgang District Library.

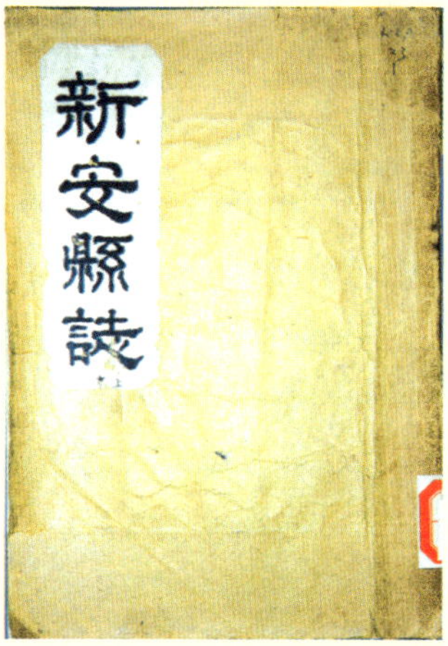

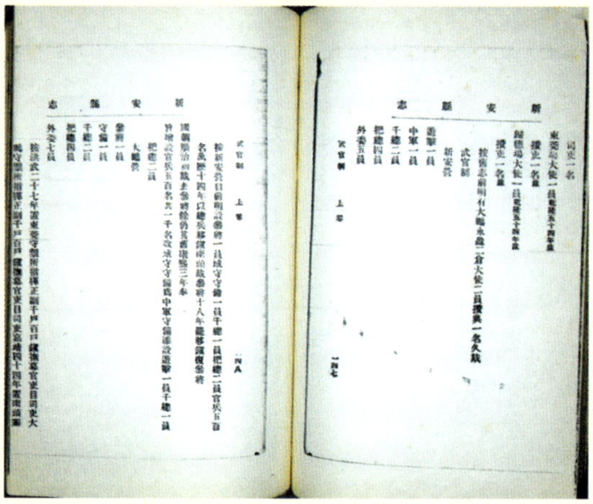

NiangongTang Huang Clan Genealogy

The book was compiled by Huang clan association and Xiasha Villages in 1986, collected from Xiasha. It was photocopy, informal publication, with a few number existing, and was precious material for studying Huang clan in Xiasha. The book now is saved in Futian District Library.

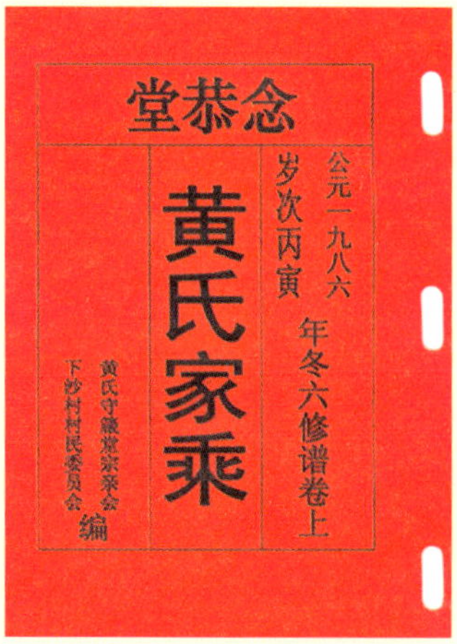

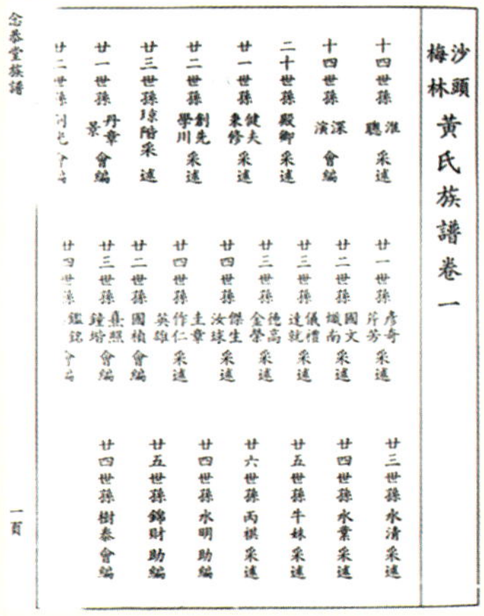

2. Inaugural Issue

Bao'an Farmers

On March 30, 1956, *Bao'an farmers* was first published. It was the first newspaper of Shenzhen (then known as Bao'an County) after the founding of the PRC. With publishing period of five days, *Bao'an farmers* was priced two cents and was the official newspaper of the county organ. Beside news, the contents were also closely related to agricultural production. It was ceased publication at early 1962. *Bao'an farmers* now is saved in Shenzhen Library.

宝安農民报

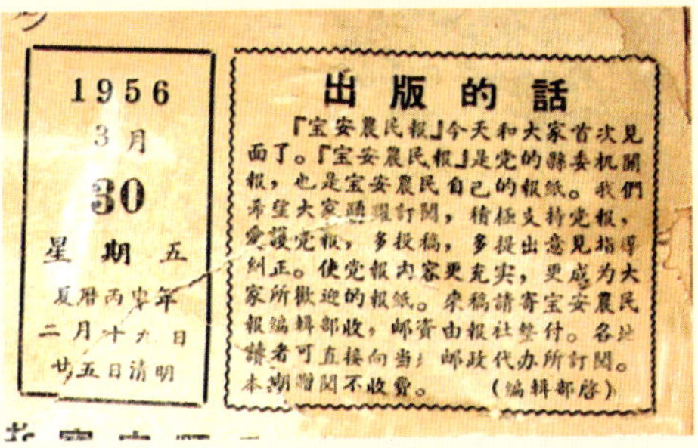
1956
3月
30
星期五
夏曆丙申年
二月十九日
廿五日清明

出版的話

「宝安農民報」今天和大家首次見面了。「宝安農民報」是党的縣委机關報，也是宝安農民自己的報紙。我們希望大家踴躍訂閱，積極支持党報，愛護党報，多投稿，多提出意見指導糾正。使党報內容更充实，更成为大家所歡迎的報紙。來稿請寄宝安農民報編輯部收，郵資由報社墊付。各地讀者可直接向当地郵政代办所訂閱。本期贈閱不收費。（编辑部啓）

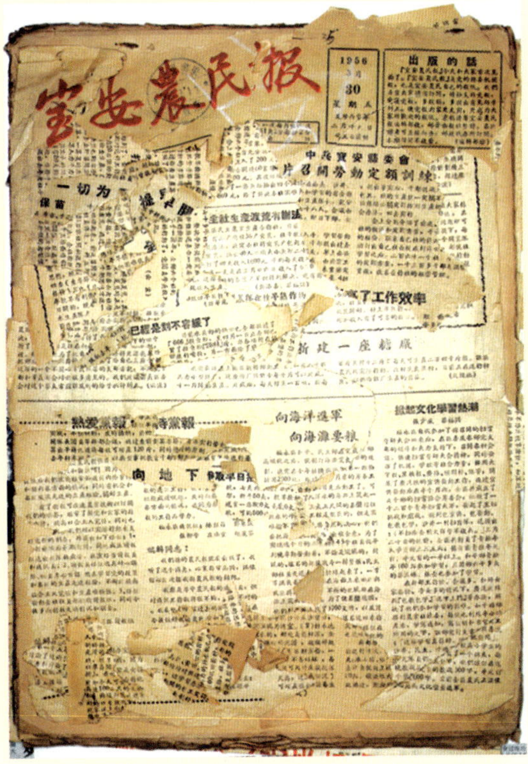
宝安農民报

宝安農民报
1956
4月
5
星期四

欢迎訂閱

再不能等待了

全縣插秧二万多畝

寶安縣人民委員會召開第二次財經會議

保証又快又早又好地完成插秧任務

除虫已經是刻不容緩了

Bao'an Literature and Art

In 1964, *Bao'an Literature and Art* was first published as tabloid. It was revised as pamphlet in 1974, edited and printed by Bao'an County culture center, mainly carried local folk songs, Cantonese operas, poetries, proses and folk literatures and so on, and was copied on waxed paper and mimeographed. While Bao'an county renamed as Shenzhen City in March 1979, *Bao'an Literature and Art* was renamed as *Shenzhen Literature and Art*. Mr. Mao Dun (a famous Chinese writer) hand-wrote inscription for the journal, while its first issued published in 1980. The public art museum of Shenzhen was inactivated in 1982, of which all the staffs were assigned to Luohu District Culture Center. *Bao'an Literature and Art* was renamed as *Luohu Literature and Art* and published until today. *Bao'an Literature and Art* is now saved in Shenzhen Library.

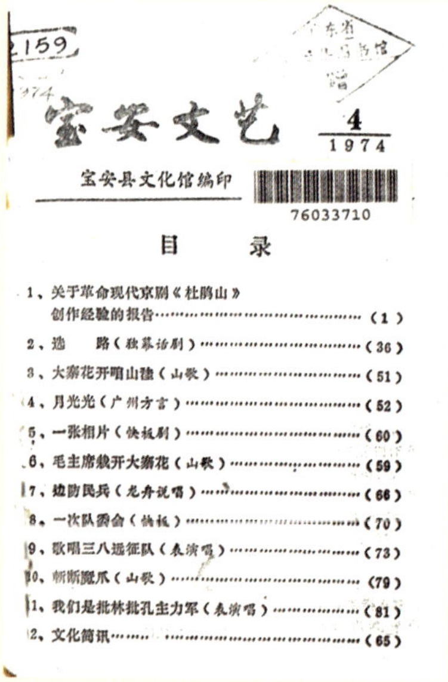
2159

宝安文艺 4 1974

宝安县文化馆编印

76033710

目　录

1、关于革命现代京剧《杜鹃山》创作经验的报告……（1）
2、选　路（独幕话剧）……（36）
3、大寨花开咱山毡（山歌）……（51）
4、月光光（广州方言）……（52）
5、一张相片（快板剧）……（60）
6、毛主席栽开大寨花（山歌）……（59）
7、边防民兵（龙舟说唱）……（66）
8、一次队委会（快板）……（70）
9、歌唱三八巡征队（表演唱）……（73）
10、斩断魔爪（山歌）……（79）
11、我们是批林批孔主力军（表演唱）……（81）
12、文化简讯……（65）

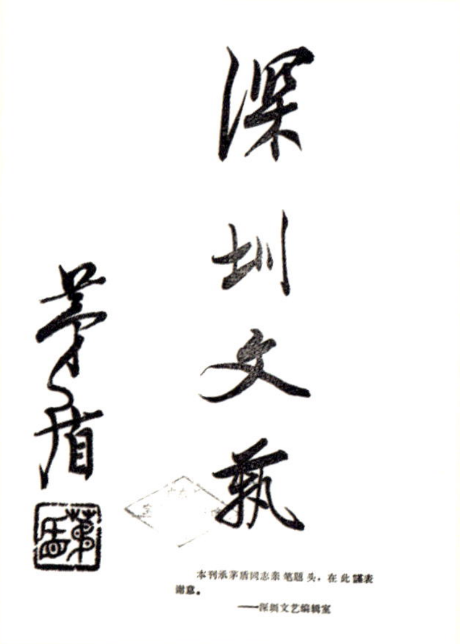

Shenzhen Special Zone Daily

When *Shenzhen Special Zone Daily* was at its early period, the work condition was very poor, with only more than 10 staffs, editors and journalists were crowded in a small tin room. Without printing equipment, the newspaper could only printed in Hong Kong, by the same printing machine with *Wen Wei Po*. From the hardness while creating the newspaper, to the great development today, the growth of *Shenzhen Special Zone Daily* was the same as Shenzhen Special Zone, was a process out of nothing and a process from small to big and then strong. The development of *Shenzhen Special Zone Daily* was the historical evidence of Shenzhen's growth. *Shenzhen Special Zone Daily* is saved now held in Shenzhen Library.

深圳特區報

大胆主動 開展工作

深圳特區建設全面展開 引進外資技術成效顯著

深圳特區報

11國40家公司投標南海油田 深圳赤灣建設最佳後勤基地

別開生面的有益嘗試

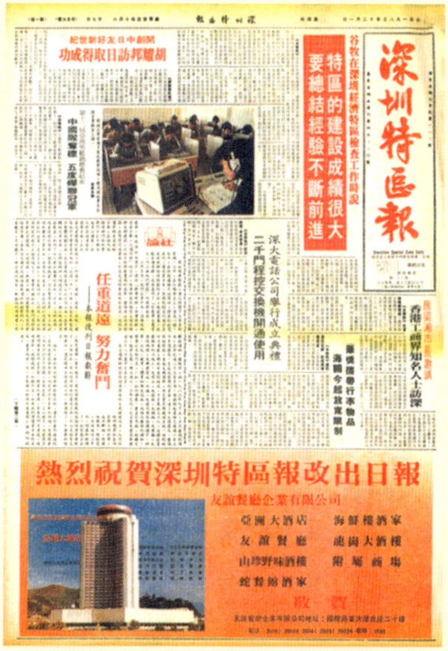

深圳特區報

特區的建設成績很大 要總結經驗不斷前進

熱烈祝賀深圳特區報改出日報

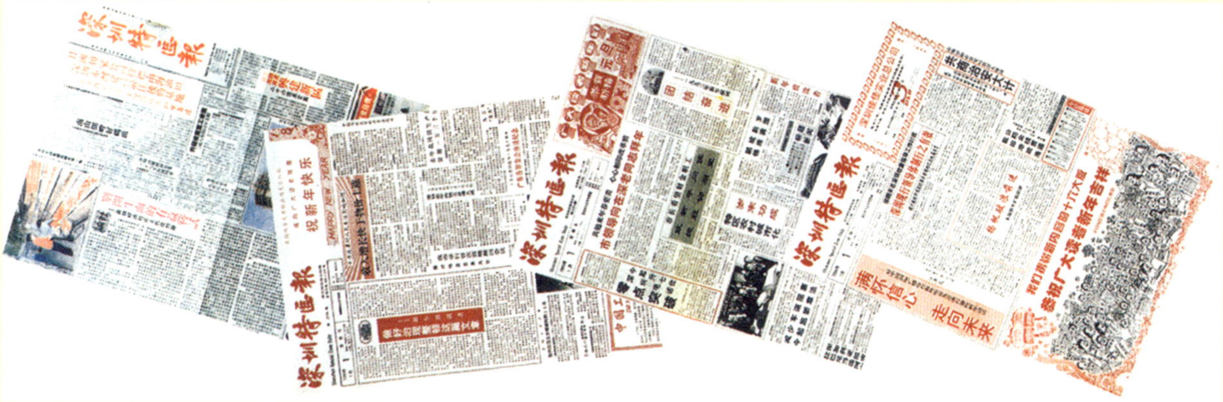

Special Zone Literature

In April 1982, *Special Zone Literature* started its publication, sponsored by Shenzhen Literature and Art Federation. It was published quarterly at first, and turned to bi-monthly in 1985. *Special Zone Literature* was the first literary magazine of Shenzhen Special Zone, aimed to reflect the construction image of the Special Zone, display social images of Hong

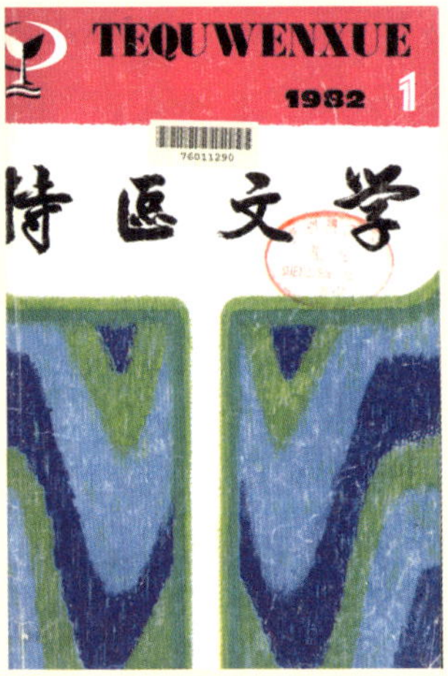

Kong and Macao, introduce inside and outside culture, develop literature talents. Speaking of content, it attached importance to Special Zone theme and authors, striving to involve more characteristic of the Special Zone. Also, literary works of writers from Hong Kong, Macao and overseas were chosen to be published. *Special Zone Literature* was now saved in Shenzhen Library, which is the first journal collection named after Special Zone.

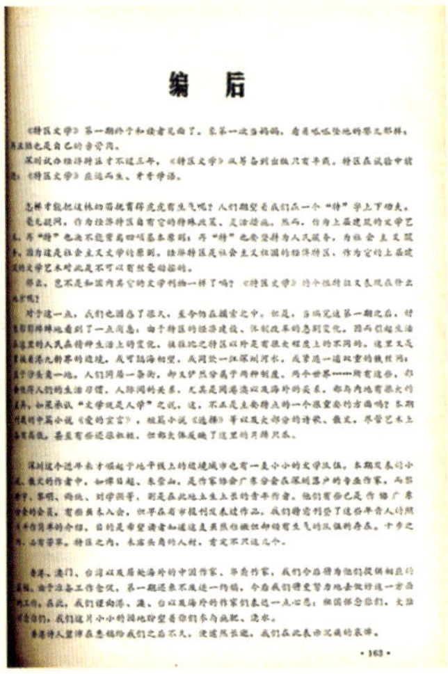
编　后

· 163 ·

Shenzhen University Journal

Shenzhen University was established in September 1983. In December 1984, the first issue of *Shenzhen University Journal* was published. This journal was intended to reflect the scientific research results of the University, promote domestic and international academic exchanges, raise academic standards, promote the development of teaching and research. The journal was also issued facing the public at home and abroad, and received both domestic and foreign contribution. In the first issue, there were three columns: academic papers, academic materials, Shenzhen University Forum. From the second volume, in June 1985, the journal was divided into social science version and natural science version. *Shenzhen University Journal* is now saved in Shenzhen Library.

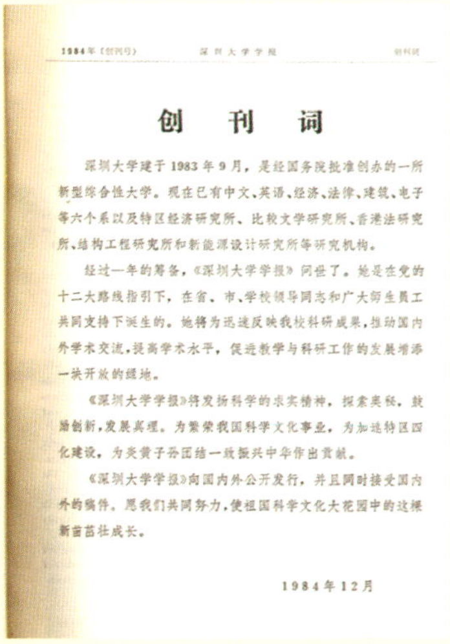
1984年（创刊号） 深圳大学学报 创刊词

创 刊 词

深圳大学建于1983年9月，是经国务院批准创办的一所新型综合性大学。现在已有中文、英语、经济、法律、建筑、电子等六个系以及特区经济研究所、比较文学研究所、香港法研究所、结构工程研究所和新能源设计研究所等研究机构。

经过一年的筹备，《深圳大学学报》问世了。她是在党的十二大路线指引下，在省、市、学校领导同志和广大师生员工共同支持下诞生的。她将为迅速反映我校科研成果，推动国内外学术交流，提高学术水平，促进教学与科研工作的发展增添一块开放的绿地。

《深圳大学学报》将发扬科学的求实精神，探索奥秘，鼓励创新，发展真理。为繁荣我国科学文化事业，为加速特区四化建设，为炎黄子孙团结一致振兴中华作出贡献。

《深圳大学学报》向国内外公开发行，并且同时接受国内外的稿件。愿我们共同努力，使祖国科学文化大花园中的这棵新苗茁壮成长。

1984年12月

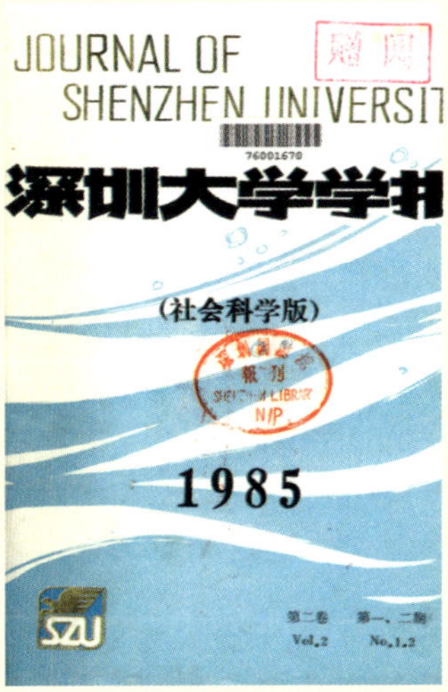

3. Shenzhen Scholars' Special Collection

Academic culture is the culture foundation of a city, is important indicator of soft power and core competitive power of the city. Shenzhen's development achievements in recent years are closely related to the diligent work of the local outstanding scholars: they make plans for the development of Shenzhen and inherit the culture of Shenzhen. After development of more than 30 years, the academic achievements of

Shenzhen have formed a considerable size, therefore a number of learned scholars have grown up in Shenzhen. Shenzhen Library is committed to building "School of Shenzhen" literature special collection, collects works of Shenzhen scholars. Now it has collected 486 kinds of monographic literatures nearly 1, 200 volumes of 146 experts and scholars of the city, nine academic journals, also holds precious manuscripts of some scholars.

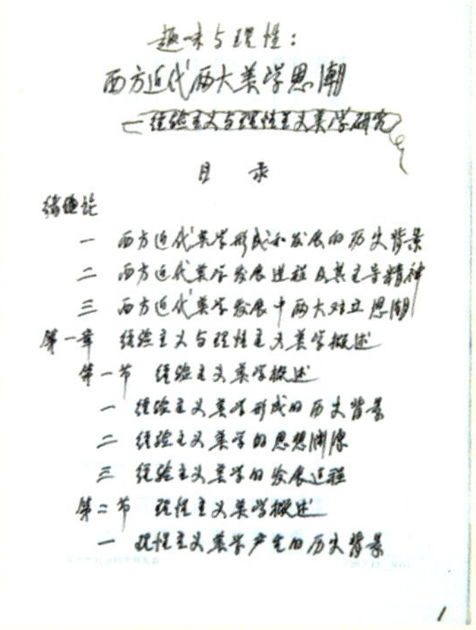

趣味与理性：

西方近代两大美学思潮

——经验主义与理性主义美学研究

目录

绪论

一 西方近代美学形成和发展的历史背景

二 西方近代美学发展进程及其主导精神

三 西方近代美学发展中两大对立思潮

第一章 经验主义与理性主义美学概述

第一节 经验主义美学概述

一 经验主义美学形成的历史背景

二 经验主义美学的思想渊源

三 经验主义美学的发展进程

第二节 理性主义美学概述

一 理性主义美学产生的历史背景

1

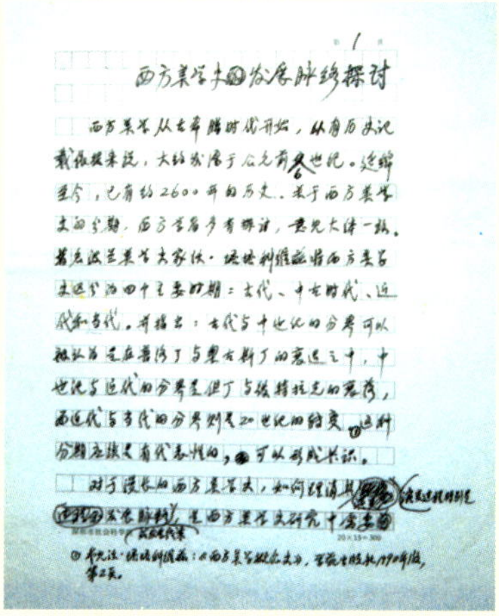

Section 3

Special Collections

Shenzhen city and district libraries cooperated together according to their own advantages, open up a series of distinctive documents area, or special library, formed with regional characteristics, multiple carriers, multiple languages, integrating research and popularization, provides a guarantee for Shenzhen's economic development and scientific research.

1. Literature of Hong Kong, Macao and Taiwan

Shenzhen is adjacent to Hong Kong and Macao, whose culture are diversified and inclusive. As the establishment of Shenzhen Library in 1986, literature of Hong Kong, Macao and Taiwan were constructed as characteristic collection resources. Therefore, Shenzhen Library has formed a rich precious collection of Hong Kong, Macao and Taiwan literatures.

Dunhuang Treasures

It was edited by Dr. Huang Yongwu. The main subject of the book was photocopied according to microfilm of Dunhuang old books held in the United Kingdom, France and China, also carried various of art works such as mural and silk painting and some research results. It was epitomized Dunhuang study material, and was currently the most complete Dunhuang historical material compilation, of which contents involved

language, religious, art, literature, medicine, and Central Asia ethnology, history and geography and so on. It was supreme treasure in academia. It was published by Xin

Wenfeng publishing company in 1996, with a total of 140 items.

Early Edited Important Historical Material of Republic of China

The book was edited by Taiwan Kuomintang (KMT) historiography center, Qin Xiaoyi as the chief editor. It was an important reference book for the study on War of Resistance Against Japan. This book was divided into seven series. The book carried the original information of decision-making by Chinese KMT and Republic of China Government, took most of the unpublished archives. General published history was not included. The historical data were collected as its original appearance without any modification. This book provided important information for people to understand and study the society and history of Republic of China. It was published by the History Committee of Chinese KMT Central Committee, with a total of 39 items.

Summary of the History of Republic of China

Summary of the History of Republic of China was a kind of chronicle issued by Taiwan Historica, recorded important history events by Republic of China calendar. The book was published per year since 1894 to 1984, and did not published any more since then. It included important construction, events, achievement and reforms on politics, legality, economy, diplomacy, national defense, boundary politics, society, culture, education, science, art and so on. It was published by Republic of China historical study center in 1986, with a total of 40 items.

Taiwan Historical Literature Series

In 1949, Chinese Kuomintang was defeated, Chiang Kai-shek group retreated to Taiwan. At that time, Taiwan was seriously influenced by the colonial education by Japan imperialism, therefore there were some people wanting to make Taiwan independent. In order to restore history and prove that Taiwan is always an inalienable part of China since ancient times, since 1957 to 1972, Chiang Kai-shek invited a group of patriotic scholars, with the president of Taiwan University Law School Pro. Zhou Xianwen as the leader and other Taiwan history scholars, experts (such as Taiwan expert Cao Yonghe), to search for various historical materials about Taiwan from Song Dynasty to Qing Dynasty, including local records, Ming Dynasty material, Qing Dynasty archives, personal monograph,

poetry series and so on, even including Taiwan archives from Holland, USA, UK and Japan. The book was named as "Taiwan Literature Series", and was sorted out 309 kinds of books and a synopsis, every book of which was sorted and proofed carefully by the scholars. The book was published by Taiwan Bank Economic Research Office.

Presidential Palace Communique of Republic of China

In 1947, Republic of China Government ended the period of political tutelage, enacted the Constitution, elected National Assembly by universal suffrage. Based on the Constitution "Presidential Palace" was established in Nanjing, on May 20, 1948 (ROC 37), the Constitution began to practice. *Republic of China Government Communique* was renamed as *Presidential Palace Communique*, and was printed and issued in Taipei. *Presidential Palace Communique* includes political, economic, financial, legal, military and other documents, all the ultimate decisions, decrees, personnel were recorded, were excellent sources of contemporary history. In 1981, Chengwen publishing company limited reprinted the *Presidential Palace Communique* of 1948-1981, edited 150 hardcover copies.

Third Edited Historical Materials of Modern China Series

Historical Materials of Modern China Series were issued by Taiwan Wenhai Press from October 1966 till now. With Shen Yunlong as its chief editor, the book had been published to

the third part, contained archives, memorial to the throne, encyclopedia dealing with government, note, dairy, letter, chronicle, poetry series, biography and so on. The book with rich and extensive content was of great value to the study of Chinese modern history. *Historical materials of Modern China Series* were photocopy. Shenzhen Library holds 950 items.

2. Buddhist Literature

Shenzhen is a city of migrants, with civil religion believers from all over the country, including many Buddhist believers. Shenzhen city and district libraries collect the Buddhist literature as special resources. Luohu District Library cooperated with the Hong Fa Temple to construct Shenzhen's first Buddhist library, which contains valuable Buddhist books.

The Avatamsaka Buddhist Sutras (*Sakyamuni*)

The Sutras was deluxe edition of Hong Fa Temple and was printed in 2009. In 1937, about twenty volumes sutras copied out by elder of Buddhist monastery, Ben Huan. But all of them were lost in War of Resistance Against Japan. The Avatamsaka Buddhist Sutras was brought back by collector fifty years after losing.

Qianlong Tripitaka

Qianlong Tripitaka was edited in 1733 and completed in 1738. It was the most complete Buddhist scriptures series. It was re-published in August 2007, with 120 volumes, donated by Hong Kong Buddha Education Association, was the hallmark treasure of Hong Fa Temple. The book is now held in Luohu District Library.

Two Thousand Years of Chinese Buddhism

With Zhao Puchu as its chief editor, the book was the biggest, thickest and heaviest classic Buddhism masterpiece.

The album was started its compilation on August 25, 1998, and published by Religious Culture Press in 1999. It was now saved in Shenzhen Library.

Chinese Tripitaka

Chinese Tripitaka was the sylloge of Buddhist Classics published by Zhonghua Book Company. It is now held in Shenzhen Library.

3. Documents of Fashion and Graphic Design

Fashion and graphic design industry is growing rapidly in Shenzhen. Shenzhen Library took fashion design as important collections in the mid of 1990s, and added graphic design categories in 2014, forming a special collection of fashion and graphic design literature. Shenzhen Library collected more than 200 kinds of professional newspapers and journals about the design and production, market news, development trends of costume, accessories, fabric, including 136 kinds of foreign and Hong Kong & Taiwan original journals, more than 200 species of fashion CD data at home and abroad, fashion manufacturer's product samples at home and abroad. Also Shenzhen Library held classic brand image, brochures, advertising design, poster design, book design, packaging design, graphic design and other literature resources, as well as domestic and foreign award-winning works, collection of competition, works of designing masterpieces, and so on.

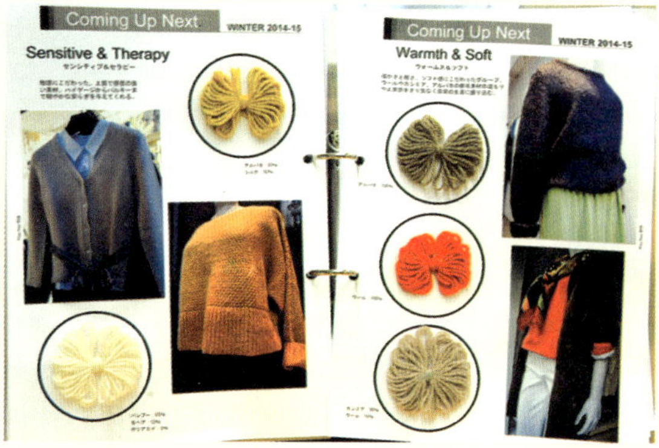

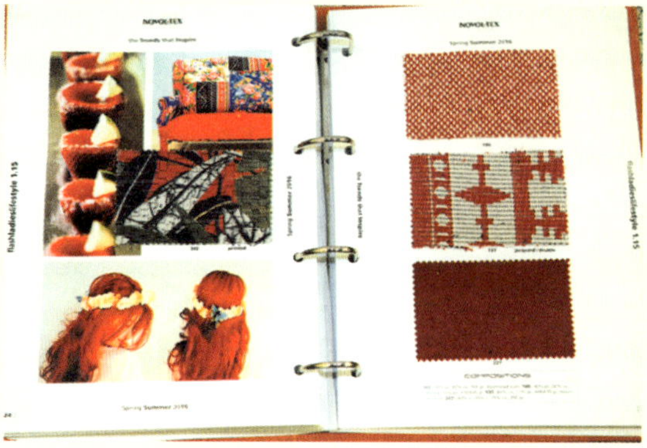

4. Legal Documents

In 1992, Shenzhen was empowered the local legislative power, therefore Shenzhen city and district libraries focused on legal literature resource construction. Special collection on Law of Shenzhen Library, Shenzhen University Town Library had a certain scale. Shenzhen Library mainly collects Guangdong Province and Shenzhen local legal documents, including government gazette, government information disclosure, regulations, case reports, and legal research materials, focusing on the laws and regulations of Hong Kong, Macao and Taiwan. The Shenzhen University Town Library Law Study Center, was founded by Shenzhen University Town Library and Transnational Law School of Peking University, holding about 8, 500 kinds of English paper book, in which literature of "United States Law" were especially rich.

Section 4

The Publications of Shenzhen Library

1. *Public Library Journal* Quarterly

Public Library Journal was formerly known as *Shenzhen Library Newsletter*, the internal publication of Shenzhen Library and Shenzhen Library &Information Institute. It was founded on April 28, 2003, published as newspapers and turned to quarterly in 2004, vol. 2, and added pages, color printed. At 2009 vol. 1, it changed its name to the *Public Library Journal*.

Public Library Journal mainly carries library & information science academic papers and news & information of the industry. The library "open, equal, free" service spirit proposed by the journal was respected by the library world. The journal owns considerable status and influence among the industry. Its publication reflects the rapid development of library & information research and in Shenzhen public libraries.

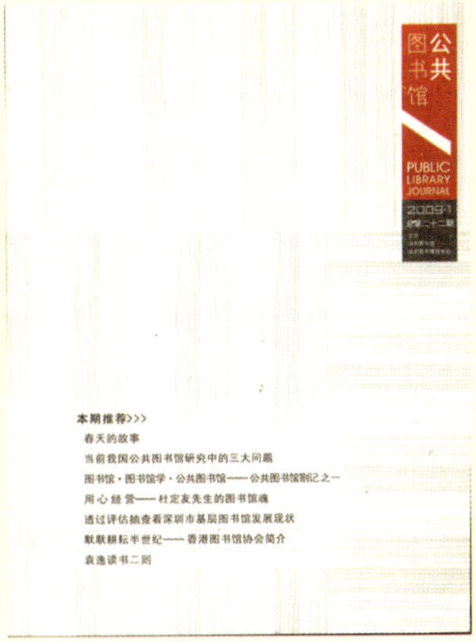

89034590

深图通讯

2003年4月28日　创刊号／总第1期　登记号：粤B第0109号　深圳图书馆　深圳图书情报学会　主办　主编　吴晞

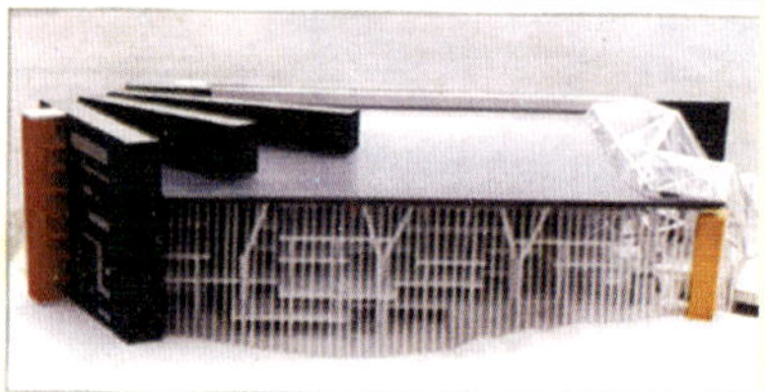

深圳中心图书馆雄姿

创刊寄语

吴　晞

春回大地，万象更新。承载时代的讯息，带着浓郁的墨香，《深图通讯》在图书馆人的期待中孕育诞生了。

多年以来，我们希冀有这样一块园地：传递、汇集深圳图书馆界的大事、要闻、动态信息，展现各馆工作的新思路、新举措、新面貌；催生、碰撞各种新思想、新观念、新观点，以启我们的思维和心智；归集、交流实践工作经验，为我们提供它山之石；营造科学与人文交融的氛围，给我们以文化的熏陶和滋润。

《深图通讯》的诞生，是我们迈出的可喜而坚实的一步。

这一株嫩稚的幼苗，需要我们全体图书馆人、广大读者的精心呵护、浇灌和培育，需要我们的共同参与和支持。

“合抱之木，生于毫末；九层之台，起于累土。”相信在图书馆界同仁、读者的倾力支持和共同努力下，《深图通讯》一定会长成枝叶繁盛的参天大树！

夯实新馆建设工作　打造国内一流图书馆

● 本报评论员

深圳中心图书馆是1995年由深圳市政府确定建设的首批符合国际城市水准，功能齐全、设备先进、布局合理的高层次文化设施。这座斥巨资兴建的新馆，在馆舍、设备条件上将成为国内最好的图书馆之一。

深圳图书馆新馆于1998年底破土动工，目前已进入紧张的内装修阶段。按照工程进度和市里要求，新馆将于2004年上半年对市民开放。新馆的建成与开放，决不是实现一次物理层面上的搬馆，而是实现深图的二次创业。新馆建设是一面旗帜，一次契机，藉此数年难得机遇，全面提升图书馆工作，创建“国内一流，国际领先”的大众型、研究型、数字型三位一体的现代化综合性图书馆。

回顾新馆建设工作，在市委、市政府的关心、支持和市文化局的领导下，全馆上下同心协力，共同奋斗，经过大量艰苦、细致的工作，深圳图书馆事业争取到了前所未有的发展机遇，全馆工作的重点逐步转移到新馆建设上来。

人才是事业发展的关键。2001年10月，市机构编制委员批准新馆增加编制150名，新馆定编320人，11月出台《关于中心图书馆人才引进工作的若干规定》，明确了新馆人才引进的条件、结构、程序与步骤。“高筑梧桐树，引得凤凰来”，我们为新馆人才发展战略赢得了3-5年的政策空间。

经费是事业发展的基础。新馆的建设、数字图书馆系统的研发、文献资源的建设都离不开资金的保证。在这方面，市政府给予了极大的支持和政策倾斜，新馆开馆的软件研制费与购书费两大瓶颈问题得以有效缓解。2002年12月，于幼军市长视察新馆工地，对新馆的建设和开馆提出了很高的要求，并寄予殷切的希望，给我们以极大的鼓舞。

当前全馆最大的任务，就是把市委、市政府对新馆的关心与支持转化为工作的动力，紧紧把握新馆建设的整体目标，振奋精神，理清思路，统一思想，把新馆建设这篇文章作好。

新馆建设是一项复杂的系统工程，事情千头万绪，情况错综复杂。这就要求我们要有创新的思路、科学的方法，要有敢于冒险、勇于创新、不畏挫折、追求成功的理念。首先要有创新的思路与精神，数字化、网络化是21世纪社会发展的主流。世纪之初国内外先进的图书馆都在积极引进新技术，构建知识管理体系，力求成为社会第一信息源。无论是OHIOLINK网络化数字化图书馆联盟的新型态，QUESTIONPOINT虚拟参考咨询的新模式，还是TP1等数字图书馆系统平台的出现，这些新的尝试、新的事物，都是我们借鉴与追赶的目标。一项事业只有保持创业激情，才能不断发展，创新精神是深圳图书馆的灵魂。我们还要将新的观点、新的理念用制度使之系统化，用方案使之可操作化，勇于尝试引进新的管理方法。项目管理就是一个科学的方法，在统筹全盘工作基础上，将任务分解为项目，将项目落实到个人，责权清楚，赏罚分明。在新馆功能布局、软件研制、网络工程等方面我们实践了这一方法，在资源建设、读者服务等方面，也要积极运用项目管理方法推动开馆前的建设工作。

明年的今时将是新馆开放之际，我们将打造一个怎样的新馆呈现于全体市民与全国同行面前？相信再经过全馆一年的努力，凭藉一座智能化、网络化、模数式的辉煌建筑殿堂，将实现网络数字环境下对知识的管理、转化与传播，传承物质文明与精神文明，保障公民文化权利的实现。不久的将来，新馆将成为深圳文化的沃土，精神的家园。

深圳三年内将建成“图书馆之城”

【本报讯】日前，《深圳市图书馆之城建设规划草案》论证出台。根据《规划草案》，从2003年起，我市将用三年的时间，初步把深圳建设成为以全市地域区划和数字网络为基础，联合市内各大图书情报系统，建立与小康社会相匹配、面向大众、覆盖全城、资源充分共享的“图书馆之城”。

深圳的图书馆事业经过20多年的发展，一个以市图书馆为龙头、区图书馆为骨干、镇（街道）图书馆为节点、遍布全市的社区（村）图书馆（室）的4级公共图书馆网络已初步形成，已初具“图书馆之城”雏形。到2002年底，全市有市、区公共图书馆8座，其中国家一级馆4座，基层图书馆（室）315座，总藏书量超过620万册，户籍人口人均藏量4.4册，常住人口人均藏量达1.23册，远远超过全国0.33册和广东0.27册的指标。目前还有多座公共图书馆正在建设之中，其中，将于2004年落成开放的中心图书馆，将成为我市标志性的文化精品。

许多图书馆界专家认为，深圳图书馆事业的发展现状，城市信息化良好的基础，以及市民群众强烈的阅读需求等，都是建设“图书馆之城”得天独厚的优势。

深圳建设“图书馆之城”的总体目标为：图书馆整体水平达到省内领先、国内城市位居前列，主要指标接近发达国家大城市水平。至2005年末，全市公共图书馆总量要达到40座，各社区（村）都有一座规模不等的图书馆（室）或文献信息服务站，每12至15万常住人口拥有1座公共图书馆，每1.5万常住人口拥有1个社区（村）图书馆（室）或数字式文献信息服务站。建立全市文献资源保障体系，实现全市常住人口拥有藏书2册，户籍人口拥有藏书6册的指标。

实现全市文献资源共享是建设“图书馆之城”的首要任务。因此，我市将建立“深圳图书馆之城”门户网站，把全市各大图书情报系统都连接起来，形成1个市中心、10个以上分中心（少儿、高校、情报、各区）或专业中心以及300个以上社区基层网点的网络，初步形成“数字图书馆”网络架构，从而实现全市文献资源共建共享，全市书刊借还“一卡通”。　（余　胜）

相约凤凰山　有氧登山行

【本报讯】4月18日下午，由深圳市文化局工会主办、宝安区图书馆承办的2003年“深圳市公共图书馆杯登山比赛”在宝安区福永镇的凤凰山隆重举行。来自深圳图书馆、市少儿馆和宝安、南山、龙岗、罗湖、盐田等5个区馆的7支代表队共69名参赛队员同场竞技、共叙友谊。

根据安排，比赛方式以从起点到终点时间最短者为胜。为获得最好成绩，各馆皆全力以赴，赛前组织队员进行集训，并纷纷选派出各自的最佳阵容参加比赛。

裁判员一声令下，比赛正式开始。参赛队员们如离弦的箭冲上了长约2公里的赛道。赛道上，参赛队员们一个个你追我赶，努力拼搏；同时也互相勉励，互相帮助。经过约20分钟的奋力拼搏，所有参赛队员都到达终点。南山图书馆、深圳图书馆、罗湖图书馆分别获得本次比赛团体总分第一、二、三名。男子个人第一名被南山馆的队员以约半分钟的优势夺得，女子个人冠军被罗湖馆的队员捧走。市文化局社文处处长王晓东、宝安区文化局陈局长、深圳图书馆副馆长、工会主席卢秦心等到现场观看了比赛并为获奖者颁奖。

登山队员们在赛道上你追我赶奋力拼搏。（摄影　张尧）

此次比赛加强了我市各公共图书馆间的了解和协作，丰富了图书馆员工的业余生活，同时也对促进深圳市公共图书馆事业的发展和全民健身计划的实施起到了重要的作用。为了秉承“增强体质、增进了解、增加友谊”的宗旨，“深圳市公共图书馆杯”系列赛事活动自2002年起已被组委会确立为一个常设项目，于每年的四至六月间由各馆轮流承办举行。　（张　尧）

简　讯

■　“广东省公共图书馆工作会议”3月24日至25日在梅州市召开，省文化厅副厅长杜佐祥、社文处处长陈小明等领导出席会议并讲话。会议的主要议题是总结成绩，交流经验，部署今年的评估定级工作。按省厅统一安排，深圳图书馆、市少儿馆在7月底之前做好自评，迎接文化部领导、中国图书馆学会专家组评估检查。我市各区图书馆在5月底以前进行自评，8月中旬迎接省专家评估组进行复评。（深图）

■　4月2日，在深圳市信息化办公室召开的“深圳市2003年信息化重点工程发布暨技术交流会”上，深圳图书馆承担研制的《地区性数字图书馆》项目被列为2003年度“深圳市信息化重点工程”。深圳图书馆副馆长王大可参加会议并接受证书和牌匾。（深图）

■　地方版文献联合采编协作网深圳网络中心举办的“CRLNET执证编目员培训班”3月中旬在深圳图书馆举行，20名来自福建图书馆、厦门图书馆的业务人员参加了培训。（深图）

■　4月1日至25日，宝安图书馆组织业务骨干深入全区10个镇（街道）、126个行政村进行图书馆基础知识和ILAS小型版系统的巡回业务培训。这次培训贴近基层，现场为基层图书馆解决业务工作中的问题，深受管理员欢迎，取得了较好效果。（宝安图书馆）

■　充满儿童气息的宝安图书馆少儿阅览室从4月12日起正式对读者开放。少儿阅览室有各类少儿图书15000种，报刊30种，儿童玩具60件。室内设儿童游戏区、亲子阅览区、少年阅览区、上网区等功能区。（宝安图书馆）

■　日前，深圳图书情报学会、深圳图书馆培训中心被市民政局授予2001－2002年度“优秀社会团体”和“优秀民办非企业单位”光荣称号。（深图）

编辑　王冰　余胜　寇美杰　　美编　张浩

2. *South Space Reading Journal*

During "World Reading and Copyright Day" in 2014, Shenzhen Library established which holds "classic reading" and "deep reading" as its theme.

The journal is of 32 format, with 72 pages and has been published for three issues. There are columns such as celebrity reading opinion, classic reappearing, classic reading, librarian reviews, my reading experience, and so on. The first issue took "family classic readings in south study room" as a special plan, released 30 family classic readings and selected reading experience of domestic and foreign celebrities such as Liang Xiaosheng, Bi Shumin. The second issue carried *Reading Experience for Me* of famous philosopher Feng Youlan. The third issue carried the United Kingdom novelist Somerset Maugham's Reading Should Be a Pleasure. In addition, the journal recommended librarians' and readers' reading experience of classics such as *Dream of the Red Chamber*, *Shiji*, *Tao Te Ching*, in order to guide reader to read and understand classics deeply.

Postscript

After writing and modifying for several months, *Shenzhen Library* in *Series of China's City Libraries in the 21st Century* is finally finished. This book shows the overall image of Shenzhen from the perspective of city and library's historical development. The book systematically summarizes the construction of Shenzhen Library and Shenzhen " city of library".

Shenzhen, whose birth and development are both because of reforms, is the representative of Chinese economic reform, creating " rare miracles in the history of industrialization, urbanization and modernization of the world". The "top ten concepts" of Shenzhen concentrate on the spirit of innovation, struggle and inclusiveness of Shenzhen and even the whole China. Shenzhen has not only created an economic miracle but also is creating "cultural miracle". Pengcheng (Shenzhen) is "respected by the public because of reading" nowadays, is interpreting the title of "nationwide reading model city" in practical actions.

Shenzhen Library was the backbone and important promoter of Shenzhen public cultural service system. Accompanied the growth of Shenzhen, Shenzhen Library had achieved development greatly, and left a significant chapter in the history of Chinese modern public library development. Shenzhen Library consistently pursued the concept that library was "set up by services, developed by technology", advocated and practiced the service spirit of "open, equal and free". Shenzhen Library constantly advanced business reform and service innovation through new technology development and application, first created "self-service library system in city blocks", constantly deepened "city of library" construction, achieved "one library" in the city. Moreover, Shenzhen Library advocated classic reading, built a culture highland, provided the city with diversified public reading and communicating space ... Shenzhen Library was loved by people because of service and praised by the society because of innovation.

The works of chapter design, final compilation and content validation were completed by

Zhang Yan, Wang Lin. The chapter one, two, three, four, five were written by Ni Lianhong, Hong Guangzong, Wang Yang, Cai Qing, Li Jing, who were all the staff of Shenzhen Library. Ma Jie, Hong Guangzong, Cai Qing were participated in the compilation work of the book. The book was compiled by the cooperation of various departments of Shenzhen Library, and also was supported by member libraries of Shenzhen "city of library" with a wealth of material. We would like to express our sincere thanks to them all. Meanwhile, thanks to the editors and Tianjin University Press for their efforts on the books. Limited by time and space, there may be omissions in the book, please understand.

Editorial Board of Book